U0573566

中国工业设计园区基础数据与发展指数研究

THE STUDY ON BASIC DATA AND DEVELOPMENT INDEX OF CHINESE INDUSTRIAL DESIGN PARK（2018–2023）

（2018—2023）

蒋红斌　著

江苏凤凰美术出版社

图书在版编目（CIP）数据

中国工业设计园区基础数据与发展指数研究 . 2018—2023年度 / 蒋红斌著 . ——南京：江苏凤凰美术出版社，2025. 1.

ISBN 978-7-5741-2059-4

Ⅰ . F426

国国家版本馆CIP数据核字第2024Y0K273号

责 任 编 辑　唐　凡
责 任 校 对　孙剑博
封 面 设 计　焦莽莽
责 任 监 印　于　磊
责任设计编辑　赵　秘

书　　　名　中国工业设计园区基础数据与发展指数研究（2018—2023年度）
著　　　者　蒋红斌
出版发行　江苏凤凰美术出版社（南京市湖南路1号　邮编：210009）
印　　　刷　盐城志坤印刷有限公司
开　　　本　787mm×1092mm　1/16
印　　　张　20.75
字　　　数　451千字
版　　　次　2025年1月第1版
印　　　次　2025年1月第1次印刷
标准书号　ISBN　978-7-5741-2059-4
定　　　价　98.00元

营销部电话　025-68155675　营销部地址　南京市湖南路1号
江苏凤凰美术出版社图书凡印装错误可向承印厂调换

序

比尔·盖茨也不得不承认："如果创新仅凭市场驱动，我们都不关注不公正现象，那么我们的重大发明将令世界的两极分化更加严重。无论我们掌握多少科学秘密，都解决不了世界上最棘手的问题，我们只是在玩智力游戏。"

有两类抒情诗人，一类诗人，他热爱生命，但他热爱的是生命中的自我。而另一类诗人，虽然只热爱风景，热爱景色，热爱冬天的朝霞和晚霞，但他所热爱的是景色中的灵魂，是风景中大生命的呼吸。他们流着泪迎接朝霞，他们光着脑袋画天空和石头，让太阳做洗礼。这是一些把宇宙当庙堂的诗人。从"热爱自我"进入"热爱景色"，把景色当成"大宇宙神秘"的一部分来热爱，就超出了第一类狭窄的抒情诗人的队伍。

光有"商品"是不够的！好像一条河，你热爱河流两岸的丰收或荒芜，你热爱河流两岸的居民，你也可能喜欢像半神一样在河流上漂泊、流浪航行，做一个大自然的儿子，甚至你或者是一个喜欢渡河的人，你热爱两岸的酒楼、马车店、河流上空的飞鸟、渡口、麦地、乡村等。但这些都是景色——"物欲"。这些都是不够的。你应该体会到河流是元素，像火一样，它在流逝，它有生死，有它的诞生和死亡。必须从景色进入自然的呼吸和言语，要尊重自然的秘密。你不仅要热爱河流两岸，还要热爱正在流逝的河流自身，热爱河水的生和死。有时热爱他的养育，有时还要带着爱意忍受洪水的破坏。忍受他的秘密。忍受你的痛苦。把宇宙当作一个神殿和一种秩序来爱。忍受你的痛苦直到产生欢乐。这就是真正的人类文明之"诗"！这诗歌的全部意思是什么？要热爱生命不要热爱自我，要热爱风景而不要仅仅热爱自己的眼睛。这诗歌的全部意思是什么？做一个设计师，你必须热爱人类的秘密，在神圣的黑夜中走遍大地，热爱人类的痛苦和幸福，忍受那些必须忍受的，歌唱那些应该歌唱的。

必须克服"设计"的世纪病——对于表象和修辞的热爱。必须克服设计中对于"炫耀"的追求、对于视觉和器官感觉的刺激，对于细节的琐碎的描绘——这样一些"疾病"的爱好。

设计不仅是视觉。甚至不只是语言。她是精神的安静而神秘的中心。她不在修辞中做窝。她只是一个安静的本质，不需要那些"土豪金"来扰乱她。她是单纯的；她是安静的；春雨润无声，有她自己的呼吸。设计是一场静悄悄生存方式革命，而不是修辞练习，更不是游戏人生！

假如"大师"使你们恐惧，向伟大的自然请求忠告吧！

美国人的"个性"本分展现在"创意"和"营销"，而非"制造"上。因为有的是比他们的土壤和个性更适合去"制造"的国家。于是，他们在将"制造"不断外包给全世界的同时，美国成了拥抱互联网及其思维的国家，它无须为"品质"而操心。抓住创新和营销的制高点，对于美国人来说，至关重要。美国是为创新而生的体系，注定只会催生少数塔尖上的明星公司。

我们"加工型的制造"机制还未摆脱，更未超越引进的标准、品质；我们的机器始终与维修如影随形；当我们连基本的人性包容和品质需求都满足不了时，我们却突然像美国人一样高谈个性化定制、云计算服务，是不是太"奢侈"了呢？在"创新"与"品质"两方面，中国企业会不会最终像中国足球一样不伦不类呢？

我们无意否定任何潮流，而只想提及潮流的另一面。

我们则更应坚信人类无论如何创新，都颠覆不了中华民族复兴的根本需求，颠覆不了对优秀而稳定的品质的需求。想想看，要将一个几乎每台机器都需要的普通轴承做到使用寿命至少半个世纪，一台不管是否智能化的冰箱至少10年内不会有故障，一个很普通的房子至少在100年里不会倒塌，真的需要借助互联网来"交互"实现吗？

为"品质"而生的扎实的工业化机制，却使其绝大多数中小企业都拥有强大而持久的生命力。我们知道人类永远需要制造，我们也应该知道人类已进入信息化时代，因此把基础数据统计的信息融入自己本来的优势上，以创造出我国自己符合时代与个性的进一步优势。

随着我国社会主义市场经济的不断深化，国民经济体系也随之发生了重大变革，促使社会各界越来越重视"工业设计"在整个国民经济体系中所起的作用和地位。"工业设计"逐渐深入人心，与整个国民经济之间的联系日益紧密，在企业登上世界经济舞台的过程中，越来越发挥其在产品创新、品牌建设等领域的重要作用。

近十年来，特别是2006年至2013年，我国工业设计产业已经进入快速发展轨道。目前，我国初具规模的专业工业设计公司计已从初期简单的产品外观设计发展到企业发展战略、产品研发、市场营销等全方位的设计策划。上千所高等院校设立了工业设计专业和相关专业，每年培养设计人才30多万人。各省、市的工业设计协会（促进会）组织得到发展和加强，至今全国 31 个省、市自治区中已有 18 个建立了工业设计行业组织。初步建立起以企业为主体、市场为导向、产学研相结合的设计创新体系，并呈现出设计与科技、设计与实体经济深度融合的发展态势。

依据工业设计产业的阶段性分析，可以初步将目前我国工业设计产业定位于从"推广化阶段"向"规模化发展"过渡的阶段。更准确地说，我国工业设计产业目前处于"推广化——接单式的游击战""规模化——与企业捆绑的阵地战"与"市场化——与产业链相关集成的服务型产业结构创新"相互交叉的历史阶段，又亟须明确"战略化"，以"国家发展需求"主导工业设计产业的发展。我国需要尽早规划工业设计产业在我国经济战略布局中的角色。这样一种交叉因素驱动的产业发展模式从工业设计发展的历史来看是十分特殊的。

我国地域辽阔，经济和文化发展的程度不平衡，使得设计发展在区域上尚不平衡；但为了满足 13 亿人口的基本需求，追求大、多、快的发展模式也是我国在发展中不可避免的。加工型"制造"大国在社会经济产业链中淡化了"制"——自主知识产权、标准等设计战略方面的创新。从产业链的上端——国家战略需求研究、政策扶持、民众衣食住行用本质需求即"人"的研究、设计目的的研究、基础研究、市场战略策划和服务体系等，到产业链的末端——商业策划、营销策略、营销渠道、品牌塑造和回收机制等缺乏规划指导和政策管理力度。多年来产业链结构上的缺陷，致使工业设计在产业链上作为"轴线"的贯穿、协调的作用得不到体现，沦为"美化""造型"的代名词，或片面地成为技术的"包装"、商业促销"噱头"。

改革开放以来，我国在经济建设中取得了巨大成就，社会工业化程度也明显提高，但是产业结构问题却日趋尖锐。在改革开放初期，廉价的劳动力、丰富的资源以及主导性的体制使我国企业在很长一段时间内都具备可观的成本优势，而在资金、技术和人才资源短缺的状况下，依靠成本优势自然便成了我国企业在特定历史时期的必然选择。但伴随着经济的进一步发展和工业生产规模的进一步扩大，产业结构与现代市场演进的矛盾开始显现，传统的劳动密集型产业和加工型制造业难以向更高的价值生产层面迈进，在制造创新性、突破性产品的挑战面前困难重重。

在当今经济全球化的时代背景下，随着高新技术产业和现代服务业的发展，为顺应国际竞争环境及国际市场需求的变化，我国经济也必将从低成本时代进入高成本时代，企业原有的成本优势正逐渐消失，以往劳动密集型的产业结构将向技术密集型、智力密集型艰难转变。经过对发达国家促进工业设计产业战略和举措的学习研究，结合我国产业发展的自身特点，我国的工业设计产业近年来在这一转变过程中得以迈向高速发展时期，并且初步具备了适合自身发展的专业技术、政策环境以及社会环境。

工业设计产业的"综合发展环境"，包括工业设计扶持政策、工业设计推广政策、工业设计公共服务政策等三个主体部分构成的公共配套政策。公共配套政策是引导工业设计产业良性、快速发展的机制保障。在当前产业结构亟待调整的时期，明确、合理的政策规划意义明显。

为了使中央政府在宏观上对我国工业设计的发展有一个更加清晰的认识，同时也帮助各级地方政府建立一个可以量化归档的工业设计发展评价体系，提炼出与工业设计园区健康发展相关的若干核心指标并建立一套可纳入国家统计的发展指标体系十分重要。

我国的工业设计研究和统计起步较晚，而作为工业设计强国的英国、德国、美国、日本都早已开始着手建立本国的工业设计 DNA 数据库，并将其作为衡量国力和经济发展水平的重要评价标准和预测未来国家发展方向的重要参考依据。

长期以来，虽然在学界和企业界都有大量的对于工业设计概念、方法、流程等的研究，但是却很难统一出一种适用面广、比较客观的通用概念。同时，我国的设计相关产业发展不均衡和地区产业发展差异也使得工业设计的基本概念存在多种误读，比如：

（1）工业设计等同于造型和产品外观设计。虽然在设计学界和产业界关于设计价值、工业设计的广义和狭义定义已经经过了长时间的推演和研究，但是经过沉淀的知识并没有很好地传达到设计之外的更多领域。

（2）工业设计产业的直接经济规模不大，不适合作为国家发展的重要参考因子，表面上看工业设计只是现代服务业的补充内容，实质上中国的经济转型、升级只有工业设计连贯"制"与"造"，真正地成为"制造—流通—使用—回收"经济结构全程序的牵引，才有可能使中国的企业拥有自主知识产权，以形成我国经济的核心竞争力。

（3）工业设计需要企业发展到一定规模，遇到同质化竞争时才需要认真考虑。在此之前，发展技术、优化管理更加重要。当前的"产能过剩""结构转型升级"迫切需要工业设计提升企业的自主创新能力和促进产业结构调整。

（4）但是，一定要明白：工业设计并不是企业转型升级的灵丹妙药，工业设计是一种"设计拉动企业创新的机制"，该机制要融入企业的决策、研发中，要掌握主动定义市场的能力，就要加强"潜在需求"的研究和以"潜在需求"定义前提下的材料、构造、工艺等的基础研究准备，这样才可能帮助一个濒危企业通过重新定义的产品设计而起死回生。只有通过重新定义的产品系列在用户心中的沉淀——"品"的塑造，才会有真正的"品牌"形象，快速提升产品的商业价值。

类似的对于工业设计的错误解读很大程度上源于客观上很难对设计的流程和成果进行评价，又对"创新"急于求成，忽视基础研究的积累；此外，国家统计局等职能部门还未建立针对工业设计的统计标准和数据采集方案，进而使得设计在国民经济发展中的价值难以被量化和重视，工业设计的理念和方法难以得到有效的实践和传播。

工业设计产业园区作为设计产业的公共服务平台，起到了承上启下的作用。对于"工业设计园区"的考察一定程度上反映了设计产业链的整体状况，并基于此进一步辐射至企业、设计师、各个行业中。设计园区最主要的特点就是"政产学研商"相结合，依托所在地的产业集群，在跨界、交叉学科、人才"集聚"的基础上，逐渐融合、构筑合理的产业链系统，以形成"园区"所在区域的产业创新机制的孵化温床。政府亦可通过"园区"这个公共服务平台，以"四两拨千斤"，扶持、引导区域产业链中各个方面的对接与整合，加快经济转型升级的步伐。

我们希望通过持续性的统计研究，并综合运用设计学、统计学等不同方法，逐步建立一个可持续的工业设计产业研究方向，拓展工业设计研究的理论和实践价值。

需要说明的是，本报告中涉及的大量数据一方面来自研究人员的采集，一方面则来源于各园区的自主上报，我们力求用一个经过不断积累的数据进行研究、验证，以完善、健全的评价模型和系统框架来承载各种客观汇聚的数据。数据的客观排序结果可以作为园区之间互相学习借鉴的参考，并不直接代表我们对于园区孰优孰劣的判断依据，并将在今后数年数据日趋丰富之后，具有更强的趋势指导意义。

> 工业设计园区的数据统计分析
> 是一项寂寞、枯燥又乏味的工作，
> 然而中国工业设计的基础工作
> 恰恰需要有人默默地耕耘，

土壤改良好了，
工业设计的根才能深深扎入
中国产业的土壤中，
坚持！坚持！坚持！
根深叶茂，
开花结果！

柳冠中

前　言

以工业设计为核心动力的中国设计园区，逐渐成为当今中国社会创新汇集的重要平台和机构。在一定程度上，它代表着中国设计事业形态中以设计为主导的新型动力机制和独特的生态方式。

全面了解中国工业设计园区，以及由此延伸开来的，以设计创新为核心力量的设计园区建设，是对当代中国设计发展情况所展开的具体研究中的重要领域。

自 2010 年起，清华大学设计战略与原型创新研究所启动了"中国工业设计园区基础数据与发展指数"研究专题。每年以年度研究报告的形式，持续考察全国各地工业设计园区的基础建设、组织形态以及经营方略等方面的情况，并以发展指数的形式呈现给社会。对这一具有中国特色设计事业发展的领域作出一个长期的、基础的和真实的描述和分析，为进一步科学而系统地研究中国自己的设计发展学问打下基础。

持续十多年的研究，通过对这个领域的事业形态的深入了解，获得了与中国社会发展高度相契合的设计学研究成果，从一个较为宏观的层面上，对我国工业设计的发展与国家战略、地方经济、设计服务、设计创业以及设计人才的培养等方面的关系有了一个更加清晰的认识。在建立和完善中国工业设计园区基础数据和发展指数的框架过程中，我们十分注重如何将工业设计作为一种动能，融合于当今国家发展战略之中，成为各区域经济发展的新机制；融合于各地产业转型与升级的实践之中，成为创业、创新人才养成的关键因素予以考察。

每年，我们组织近 30 位研究人员，分别从北京、上海、广州、重庆、成都、长沙和郑州等中国主要城市，辐射性地展开实地调研、资料收集和主题专访。行程几万千米，录音几千小时，全面了解和整理中国工业设计园区的建设情况。同时，我们依托志同道合的高校教师和中国工业设计协会专家工作委员会的资深专家，联络中国工业设计园区联盟成员单位，系统收集他们的观点和意见，以扎实的工作态度呈现每年的研究报告。

以工业设计为核心动力的中国设计园区，逐渐成为当今中国社会创新汇集的重要平台和机构。在一定程度上，它代表着中国设计事业形态中以设计为主导的新型动力机制和独特的生态方式。

全面了解中国工业设计园区，以及由此延伸开来的，以设计创新为核心力量的设计园区建设，是对当代中国设计发展情况所展开的具体研究中的重要领域。

自 2010 年起，清华大学设计战略与原型创新研究所启动了"中国工业设计园区基础数据与发展指数"研究专题。每年以年度研究报告的形式，持续考察全国各地工业设计园区的基础建设、组织形态以及经营方略等方面的情况，并以发展指数的形式呈现给社会。对这一具有中国特色设计事业发展的领域作出一个长期的、基础的和真实的描述和分析，为进一步科学而系统地研究中国自己的设计发展学问打下基础。

持续十多年的研究，通过对这个领域的事业形态的深入了解，获得了与中国社会发展高度相契合的设计学研究成果，从一个较为宏观的层面上，对我国工业设计的发展与国家战略、地方经济、设计服务、设计创业以及设计人才的培养等方面的关系有了一个更加清晰的认识。在建立和完善中国工业设计园区基础数据和发展指数的框架过程中，我们十分注重如何将工业设计作为一种动能，融合于当今国家发展战略之中，成为各区域经济发展的新机制；融合于各地产业转型与升级的实践之中，成为创业、创新人才养成的关键因素予以考察。

每年，我们组织近 30 位研究人员，分别从北京、上海、广州、重庆、成都、长沙和郑州等中国主要城市，辐射性地展开实地调研、资料收集和主题专访。行程几万千米，录音几千小时，全面了解和整理中国工业设计园区的建设情况。同时，我们依托志同道合的高校教师和中国工业设计协会专家工作委员会的资深专家，联络中国工业设计园区联盟成员单位，系统收集他们的观点和意见，以扎实的工作态度呈现每年的研究报告。

具体研究的思路，主要有以下几点：

第一，以国家发展战略和地方产业发展目标为主要视野，建立一个较为宏观的、呈现中国工业设计的发展特质的研究主题。帮助我们从设计发展的人才培养、设计事业的发展机理，以及设计与产业、设计与城市、设计与组织方式等多维度的社会环境中审视要求。通过各地政府和设计园区的支持，建立一个可量化采集的中国工业设计园区发展指标体系，以提取和呈现中国工业设计园区发展的关键指标，建立一个客观描述的体系。

第二，为了良好地建立指标体系，研究组参考了其他行业的数据统计与发布机制，例如福布斯榜单、中国品牌榜、手机互联网等行业蓝皮书以及麦肯锡等研究机构的相关发布体系，在研究的方法上注重样本的全面覆盖性、调研的常年稳定性、发布的公开性、评价的客观性、体系的完备性，以及与"政产学研"等社会各领域紧密结合的系统性。

第三，中国工业设计园区作为产业发展的一个重要枢纽，一定程度上反映了地方的主体经济对设计创新的需求和产业形态。我们依托中国工业设计协会专家工作委员会推荐的"中国工业设计园区"成员名单，将工业设计园区的发展情况与其所在地区的主体经济联系起来考察。因此，工业设计数据统计与发布系统将首先集中于"中国工业设计园区"推荐单位的园区经营情况和园区公司的发展情况。进而，再拓展到中国设计园区的经营机制和发展情况。

第四，由于反映设计发展的相关因素区别很大，即便在同一领域内的各个指标也有诸多差异，很难从一个方面将之覆盖。所以，我们依据设计园区的特质，分别从信息流、资源流、人才流、服务流和市场流等四个方向，将知识产权、发展机制、商业模式、辅助资源以及设计研究等多个维度编织了一个评价系统。以"四个力 + 基本情况"的模型来制作调研问卷，并据此进行综合分析和描述，各地园区的发展情况。

第五，为了建立和建设起一个符合中国社会发展需要与社会经济、文化健康发展目标的设计研究主题，我们积极联合社会各界的研究力量，以本专题为主线，与十多个中国设计高校的教师相协同，形成辐射全国的研究者联盟。在初期咨询、中期分析和最后成果评价等环节，也建立起了一个涵盖统计学、经济学、社会学和设计行业专家的高端专家委员会。在学术成果的发布与推广方面，我们与清华大学艺术与科学学术月、清华大学出版社、广东工业设计城"设计日"、《视觉中国》《设计在线》《设计》《装饰》《人民日报》等学术活动、设计活动以及主要学术媒体紧密联系，并在其上组织内容，发布信息。

本书的基本思想是希望中国人建立和研究自己的设计问题，将设计的智慧深植于今天中华文明伟大振兴的光荣事业中。通过关注当今中国社会设计发展的独特主题，真实调研和挖掘其中的实践经验与智慧，团结致力于工业设计发展研究的各界人士和研究者，破除一味迷信外国、牵强移植和套用他们理论的做法。

蒋红斌

目　录

第 1 章
综述

Overview

　　工业设计园区，作为工业化社会系统中一种新兴且充满活力的有机组织形态，在中国各地的迅速崛起承载着深远的意义。本研究以工业设计理念为基石，旨在推动并深入研究全国设计园区的建设与发展，进而形成具有年度性的中国工业设计园区发展指数专题成果。这一研究不仅有助于我们形成对中国设计学发展的独特见解和认识，更在于它能够引领我们更深入地探索现代工业设计在中国的发展脉络。在探讨现代工业设计的基础上，我们绝对不能忽视对当今中国各地工业设计园区蓬勃发展的考察。这些园区不仅是设计的摇篮，更是政府、市场、管理、人才、创业和产业等多个环节相互交织、共同发展的平台。通过对这些园区建设的深入剖析，我们能够更好地理解这些环节在园区中的互动与演进，从而为中国工业设计在面对未来数字化经济、社会创业创新等新因素时提供有力的支撑和指引。

1-1

探索中国设计园区的社会发展机制

今天，全球经济已经进入高度知识密集型和服务型产业形态。每一个现代工业经济体，都十分需要这种能够促进匹配，以实现综合、跨领域、跨地区的发展机制。

作为全球最快的发展中国家，中国其实也已经触及了这样的生产形态，并正在迅速地展开转型。20世纪末开始，全国纷纷建立的工业园区和高新技术产业园区。之后，工业设计园区、设计创意与产业发展园区、文化创意产业园区、创客公园等等，各种主题的设计类园区、园地如雨后春笋般地铺陈开来。

设计园区，作为社会工业现代化建设系统中不可缺少的组成部分出现在当今中国各个省市。其意义不仅在于当今中国工业企业自主创新事业蓬勃兴起对它的需求，还在于设计与生产、设计与流通、设计与销售、设计与服务、设计与创业等现代经济系统运行本身对它的需求。从企业的发展目标，到最终产品品质的提升，都离不开设计的作用。不仅如此，地方经济、城市发展、人才流动和文化建设等社会机能，也都开始深度依赖设计这个软实力。

但是，设计园区虽然在当今中国社会的建设中方兴未艾，其如何更有效地发挥汇聚社会资源，汇集创新要素等关键的机制，以及如何深层次调动产业创新能量、提升设计经济水平等方法，尚需我们认真探索和悉心总结。

1-1-1

工业设计园区

众所周知，工业现代化是世界上任何一个现代化国家的主体经济方式。深度的现代工业经济，早已摆脱了之前盲目的大规模批量生产方式，以及单纯地固守在产业链系统的某一段或者某个领域。工业设计，成为打破此类僵局和瓶颈，以积极、主动的方式去把握市场、反映未来和追求理想的途径。

现代工业社会，设计不仅与人们熟知的生产、流通、销售、服务等企业生产环节相关联。而且还与城市的文明、社会的文化建设等目标相关联。企业输出什么样品质的产品，深层次地与社会创造力、工业信息资源的方式，以及科技、设计人才的汇集相关联。如何成为产品概念和创新，如何对受众需求作出前瞻性的回答。社会各工种、各专业、各利益集团所形成的生产关系，由于其角色、领域和信息集成的性质不同，在一个完善的工业化系统中，这些可以连接的生产关系，会以生产要素的形式自由匹配。但在实际运行中，这种完善的自组织只是一种理想。真实的社会环境中，要素之间远没有那么容易能够形成匹配。各种生产集团要在一个产品生产体系中成为关系要素，要依靠社会中间促进力量。

工业设计园区，作为工业化社会系统中的一个有机的新型组织形式，它在当今中国各地的迅猛发展有其独特意义与价值。

清华大学设计战略与原型创新研究所，多年来一直致力于以工业设计理念为核心，推动和研究全国设计园区建设与发展，并形成年度性的发展指数专题成果。呈现和分析以现代工业为基础的设计、文化、创业、产业类园区所面临的机遇、挑战和考验。考察其发展过程中出现的关键问题，从各地园区的工作中，考察来自政府主导投入的建设方式，以及来自社会自由资本为主导的建设方式；从园区如何可持续经营的角度，考察设计创新到底可以带给当地产业、经济、城市等怎样的活力。

从工业设计园区如何能够成为当地资源整合的一个枢纽，到工业设计园区如何与当地产业、企业间建立并形成新产业生机和力量的机制。通过这样的关注，以期探索园区的组织形态与整个社会的经济系统、产业系统、城市系统和文化体系等的有机关联。

1-1-2
探究设计园区的组织形态意义深远

随着服务型社会的不断发展，社会组织创新备受关注。以工业设计为核心的园区组织就是极具中国特色的新型组织形态。它可以定义为设计在园区组织层次上新思想与新行为的产生与实现。

我们将考察和分析的焦点集中于此，目的是探索中国工业设计发展之路的实际路径、经营方略和社会价值。一方面，所有的文化、创意、知识产权、多媒体或工业设计等主题园区的成长与崛起，其最核心的要点是如何与本地区的主体经济相融合。工业设计园区已经成为当今中国经济生活中生产性服务业的重要部分，其发展水平，既与中国整体工业水平的提升相关联，又与中国的企业自主创新能力和工业竞争环境日趋升级相对应。要保持这一态势的良好发展，关键是彻底与地区主体经济相融合。

"工业园区"是 19 世纪末工业化国家作为一种规划、管理、促进工业开发的手段而出现的。作为工业发展的一种有效手段，"工业园区"在降低基础设施成本、整合产业链，以及刺激地区经济等方面有着重要的作用。地区性规模经济集聚发展是工业文明深度发展的一种表现。

工业化与城市化协同发展亦以现代社会综合效益提升的面貌呈现在世人面前。

在我国，改革开放后"工业园区"作为区域经济发展的新举措，如雨后春笋般兴盛起来。不少工业园区取得了高度的经济效益和社会效益，成为各个地区、城市工业化水平的核心基地和重点工程。截至2010年年末，我国国家级高新区有83家，国家级经济技术开发区有107家。"工业设计园区"则是改革开放三十年，中国加入世界贸易组织，经济改革进入深水区之后的新生事物。截至2013年，中国工业设计协会下属的中国工业设计园区联盟成员就有近40家。到2015年底，以全国设计创新为核心要素的园区已近千个。其中有一半以上是融汇在当地"工业园区"范围之中的。2016年中国各省主要经济活跃地区，甚至部分区县，都已开始筹划和建设自己的"工业设计园"或"设计创新、创意产业园"。

通过我们调研发现，国内工业设计园区这一适应产业条件应运而生的组织形式尚十分欠缺，特别是能够反映和链接当地产业良性发展需求的则更为稀少。从"工业设计发展整体状况的基础数据"统计来看，自发经济建设的设计园区尚在少数，许多是依靠当地政府的资金和政策兴办的。建立起来之后，有很长一段时间需要与地方产业磨合，其中，设计公司与企业、设计创新与知识产权维护等均是问题。

全国第一家工业设计园区——无锡（国家）工业设计园于2003年5月被国家科技部批准以来，中国的工业设计事业和园区建设得到了快速发展，列入中国工业设计协会的全国工业设计园区联盟的已经达到近40家，在社会影响力和发展目标上与国家的经济转型和转变发展方式高度一致。

目前，园区已形成了以产品设计、建筑设计、艺术设计、平面设计、模具设计、工业计算机应用设计、精密零件设计、汽车及工装设计等为主要内容的工业产品研发和孵化新兴产业的初步格局。其主要分布在珠三角经济区、长三角经济区和环渤海经济区。工业设计整体事业形态，已经从原来的学校、企业为主体，向着社会公共服务平台、园区、公司等组织形态更为灵活、丰富和复杂的方向发展，并向设计咨询、产业对接、文化创意和产权维护等领域衍生。正如2010年7月由工业与信息化部联合了教育部、科学技术部、财政部等国家十一个部委下发的《关于促进工业设计发展的若干指导意见》中所述："目前，工业设计已初步形成产业，特别是在经济发达地区已初具规模；一批制造业企业高度重视和广泛应用工业设计，取得明显成效；专业从事工业设计的企业发展迅速，设计服务水平逐步提高，一些优秀设计成果已经走向国际市场；专业人才队伍不断扩大，工业设计教育快速发展。"

我国工业设计事业的发展，虽然仍处于相对初级的阶段，与工业化的发展要求和发达国家的工业设计水平相比还存在着较大的差距，但是，"工业设计园区"的出现与迅速成长在许多方面却萌发出了独具特色的发展方式和经营理念，并受到来自世界同行们的关注与尊重。回顾自 2013 年各地大力发展"设计园区"的事业形态，极大地丰富了工业设计呈现给社会的经济形态和服务途径。从原来以某个企业为中心的、以其产品的具体设计服务中跨越出来，而以一个地方经济的产业环境为背景，从产业转型和行业升级的更为宏观的层面上展开工作，形成市场。成为政府转变地方经济发展方式和企业转型升级的重要手段，整个社会对工业设计有了一个更为全面、客观的认识与评价。

1–1–3
形成全国范围内的年度性发展情况比较研究

总的来说，人们对工业设计的作用，从认识不足到高度重视；从缺乏高水平的专门人才，到各国"海归"踊跃集聚；从政策支持、行业管理和知识产权保护，到各地区政府部门充分设计扶植政策，积极推动工业设计事业，切实有效地推动了工业设计事业的发展。

从一个正在从经济发展洪流中急速成长的经济形态来看，我们也必须冷静地思考和辨析工业设计园区到底应该何去何从。结合全国园区年度发展势态和基本统计情况来分析，其特点首先表现为依托各级政府支持或扶植建立起来的工业设计园区，正在迅速地与当地产业展开深度融合。

"设计园区"作为一个独立的经济体，它的存在已经开始脱离"政府哺育期"。来自市场法则和自身组织机制的合理性等关键问题，开始经受经济环境、产业形态、市场需求的严厉拷问。

我们知道，中国的工业设计产业自 20 世纪 80 年代开始起步，先期经历了专业化发展，工业设计的教育机构和人才充当了当时的产业基础。到了 90 年代后期，迫于市场竞争的压力，企业内设计部门和职业化的设计公司开始露出端倪，共同构成了工业设计产业的主体。21 世纪以来，特别是 2007 年政府高层高度重视工业设计之后，工业设计产业的形态开始呈现国家战略化。一时间，工业设计或独立或嫁接着文化创意平台、高新科技园区的再建设项目，或以各种促进中心、创新园区的方式，如雨后春笋般地发展起来。

工业设计产业的主体形态开始趋向多种方式并存。主要表现为以企业为代表的应用性工业设计领域，以职业设计公司为代表的服务性工业设计领域，以专业设计人才培养的大专院校、职业培训等综合性人才养成的领域和以产业园区为代表的、与区域经济相对接的集聚性工业设计领域等，共同形成了中国工业设计产业第三个阶段的主体结构。其中，工业设计园区是最具特色的一个，总体特征呈现以下两点：

首先，大规模地高速增长阶段园区数量高速增长（全国已有设计创意类园区超过 1000 家），以工业设计为主的园区已有 40 多家，其辐射的设计企业和企业设计部门超过 6000 家。人才辐射数量也高速增长（全国已有设计类专业院校超过 1700 家，工业设计院校超过 500 家，在校学生总人数超过 140 万）。与园区相关联的设计企业数量高速增长，以北京和深圳为例。北京工业设计产业起步较早，规模和技术服务水平都处于国内领先地位。统计在册的结果显示，2009 年，北京工业设计及相关业务收入已达 60 亿元，目前有 200 余家综合企业建立了自己的工业设计部门；全市专业工业设计公司 400 余家，主要集中在 IT、通信设备、航空航天等领域。这些单位都与园区建立了多形式的联结。同样，2009 年深圳工业设计专业的单项产值近 2 亿元，各类工业设计企业超过 3500 家，有 5000 余家设计型单位与园区发生深度联结。

其次，设计园区数量高速增长。其中，工业设计园区已日益成为产业聚集和创新创业的重要载体。近年来，在各地方政策的引导下，一些有条件的地区陆续建立了工业设计或设计产业园区，全国设计创意类园区已突破 1000 家。以工业设计为主体的园区有 40 多家。较有代表性的园区有：北京 DRC 工业设计创意产业基地、北京 751 设计公园、尚8 系列文化创意产业园、无锡工业设计产业园、深圳工业设计产业园、上海 8 号桥设计创意园、顺德北广东工业设计城、宁波和丰创意广场和鄞州大学生创意与创业产业园等。

这些园区在当地政府的大力支持下，吸收国有资本、民营资本和外资共同投资兴建，采取市场化运营方式，形成了明显的聚集效应。其在人才辐射上也形成了一个高地，拉动并影响了劳动力数量的增长。据不完全统计，我国工业设计从业者年龄结构主要在 20~30 岁，所占比例达到总人数的 93%。主要分布在经济发达城市。其中，华北、华东、华南地区分别为 24%、22% 和 20%，西南和东北地区分别占 8%，西北地区为 4%。目前，北京、上海、浙江、江苏、广东等经济发达地区的设计从业人员迅速增长。截至 2015 年，北京的设计相关人员已近 35 万人，其中工业设计相关从业人员超过 4 万人；在广东，工业设计的从业人员已超过 20 万人；在上海，工业设计人员也已超过 18 万人。根据不完全统计，全国直接从事工业设计的总人数约 70 万，这种规模与增长速度十分可观。从设计人才培养数量上看，2006 年全国设有工业设计专业的院校有 260 多所，相当于 2000 年的 2 倍。截至 2015 年，全国设有工业设计的院校已超过 500 所，每年毕业生约 3 万人，为我国工业设计产业的高速发展提供了丰富的人力支持。

经过 2016 年之前的十多年发展，无论是中国经济发展和产业转型升级的社会需求方面，还是设计人才的培养与人才梯队的建设方面，都已经具有相当良好的基础，为迈上下一个经济发展的台阶做好了准备。

当今任何一个国家的主体经济，其实都是有主导、有计划和需要控制的。单纯依靠市场机制来实现目标的几乎不存在。但是，独断的计划机制亦没有出路。智慧的方法是在社会经济体中建立中间组织，以嫁接目标与目标之间的纽带，既连接国家政治经济，又顾及行业、产业自身情况。这就需要社会形成一种有效的组织形态，让政府的作为是推动而非管理，去培育而非主导地发挥力量。

1-1-4
设计园区与国家整体发展战略的融合

设计园区作为科学性与艺术性高度结合的一种活动策源地，除了对解决人类生产过程与社会发展中的资源、环境、能源、经济创新、生活质量和社会就业等问题具有积极的催化作用以外，在国家产业调整、新型产业体系建立等方面也具有十分关键的意义。

扶植与本地区主体经济相融合的设计、文化、创意类园区，要与国家产业发展战略目标和产业发展相协同，以建立能够汇集政策和社会公共资源的平台为主要发力点。设计园区对产业水平的提升，以及所产生的高价值回报等被越来越多的国家所重视，成为国家意志在全球竞争环境中获得胜利的重要利器。

关于设计竞争力和国家竞争力之间的关联性，新西兰国家经济研究院早在 2002 年就发布了研究结果，并得到广泛认同。从中我们可以看到，重视设计竞争力在本国的战略提升，其综合排名靠前的国家，它的国家综合竞争力也都靠前。这反映出一个国家在整体经济发展战略中，将设计创新作为一个抓手，使之越来越多地与本国工业设计产业的战略目标发生紧密联系，综合国家实力得到迅速提升。如果只依靠企业或行业自身的市场行为，在设计创新领域与国家产业战略相协同就十分难以展开。因为，企业可以看作处在两种环境中的社会性生存体。一个环境是市场，另一个是产业。每个企业所处社会性产业链地位十分重要。在这个闭环中，其上下游的衔接决定了它们的科研系统。从事工业原材料的研究与生产、发展基础与新材料产业、提升产业间紧密协作的能力是企业最关心的事情。更好地进行产业化调整，打造全新的产业合作，寻求创新模式，以及产业间新成果共享往往是鞭长莫及、难以实现的。

跨领域、跨行业的战略协同与联系，必然需要政府的力量。我们做过一个调查，表明即便是产业内的重点企业，由于市场的压力，其投入的开拓力量往往都是在产能和技术改进之上的。

从国家发展和设计对于地方经济带动作用的角度来看，清华大学设计战略与原型创新研究所近 6 年的研究成果表明，影响我国工业设计发展的重要因素是经济贡献力、发展力、服务力和品牌魅力的综合评价。这是在对全国园区中的设计公司和设计师进行大量调研，在翔实的一手资料基础上整理出的国家管理视角。也就是说，政府可以对园区从"基本情况、经济贡献力、服务力、发展力、吸引力和园区魅力"六个角度进行政策设计与成效分析，而不是简单进行基地建设投入或免税补助。

自 20 世纪 80 年代开始，通过引进工业设计教育和建立一系列的设计院以及在企业中设立设计中心，设计在中国经历了 30 年的发展。这期间并非一帆风顺，其间，设计反复地摇摆在艺术、装饰、文化产业之间，甚至连工业设计的基本概念也始终无法在学界形成统一意见。实际上，对于工业设计的概念及其内涵、外延，20 世纪 50 年代末的美国工业设计师协会（ICSID）已经给出了明确的定义，并且，随着时代的发展和工业设计师工作内容的更替，特别是经历了以计算机技术为代表的第二次产业革命和正在发生的以互联网和移动商务模式为代表的第三次产业革命的冲击下，工业设计作为艺术、创新、大规模工业化生产的交叉领域，越来越被重视。然而，中国工业设计发展的尴尬却在于我们用极短的时间通过技术引进和人口红利等方式建立起来的制造业根基并不牢固,虽具产能上的规模,却难有成熟的自主工业体系来支撑,工业的发展缺乏工业化的良好社会土壤。

正是这些因素,使得 2013—2016 年的工业设计事业领域表现出了不同凡响的特征。其主要背景有三:首先,中国工业设计的发展,正在通过建立国家管理体系的方式积聚力量。我们在吸收国外先进经验和技术时,经常会后缀一个定语——"基于中国国情的"。研究中国问题,确实具有一定的特殊性。2012 年中国经济总量跻身世界第二,但财富、资源、人口、教育等分布尚处于极不均匀的状态,很难将创新、创业等要求简单地植入原有的加工型经济体中。

如何利用强大的国家机器来推动社会创新、创业,让国家管理高效地发挥作用,将工业设计作为改变国家经济发展方式和摆脱依赖国外技术、设备支撑企业发展的模式,成为摆在我们面前的一大课题。目前,中国工业与信息化部、文化部、国家科学与技术促进中心等机构正极大地重视和启动相关政策,以国家管理的形式推动地方各部门在企业层面和产业层面,运用设计的能量来获得经济、文化等领域的建设力量。其次,更为科学的、专业化的工业设计评价体系,正在受到全社会的关注。我国设计行业中不缺乏具有商业操作能力和规模化效应的大型公司和企业,却奇缺从国家层面到区域、企业、设计公司、设计师各个层面的基础性研究和新形势下对于中国未来设计发展方向的战略性研究,因而很难从宏观层面提出适合经济转型和发展的相关设计策略。从一个技术加工型的经济形态,迈向以知识经济为核心的创新型社会,必然需要建立一个科学的分析体系,让整个社会客观而真切地认识到工业设计价值评价体系正在不断受到关注。由于我国的工业设计行业与其他发达国家的成长过程不同,因此,英国、美国、日本等国家的评价体系只具间接的参考意义,建立基于我国国情的评价模式依然亟待出炉。

再次,工业设计园区作为地方经济发展的新型方式,单纯依靠政府直接出资、出地建设,大量依靠从外地甚至外国引进设计创意公司、团队和个人,以此作为产业转型和企业升级的抓手是不得要领的。工业设计园区作为中国设计产业的重要枢纽,起到了承上启下的作用。从数年前的政策导向来看,国家鼓励发展创意产业,这个概念比较大,包含了工业设计在内的大量与创意相关的复合产业的发展。2012 年最新提出的文化大发展战略又进一步将文化与国家发展政策进行了对接，大量的文创园区正是在这样的背景下浮现。工业设计作为"十二五"规划的重要内容、被重点提出需要扶持的几大创新产业之一，"工业设计园区"的发展在一定程度上反映了设计产业链的整体状况。

与本地区主体经济相融合，要从设计创新的基础资源入手，落实为设计研究、产业能量、科技成果，以及和企业战略发展需求相协同的组织机制和枢纽作用。

设计产业园区作为社会产业经济的重要枢纽，起到了承上启下的作用。对于"工业设计园区"的考察一定程度上反映了设计产业链的整体状况。基于此，进一步辐射至企业、设计师、各个行业中。设计园区最主要的特点就是"政产学研商"的社会性结合。他们各自依托所在的集群，通过园区这个公共服务平台，在社会性生产的组织形态中发挥着各自的作用。

创新已经渐进为创业，设计不再停留在服务经济的层面上，而是发展到了产业层面上引发的转变。从产业结构上来看，目前我国初具规模的专业工业设计公司超过 2000 家，工业设计已从初期的产品外观设计，发展到产品研发、企业战略等全方位的设计策划。同时，随着产业升级和企业对于设计的认识提升，许多设计公司已经转型为更加偏重企业战略和品牌设计等，一些领先的设计公司更是将其产业链向上下两端进行了延伸，覆盖从融资到生产、渠道和销售等各个方面。

从工业设计学界来看，上千所高等院校设立了工业设计和相关专业，每年培养设计人才 30 多万人。以前工业设计仅在艺术院校作为与艺术设计相互补充的专业开设，或者在部分工科院校的机械或者计算机学院下设相关的工业设计专业。近年来，大量的学校开设了工业设计专业，甚至包括一些文科和专科院校，在广东沿海地区还出现了专门的工业设计培训学校，专门向企业定点定向输送专门人才。学科规模的扩大固然可喜，但是快速发展同样带来了大量问题，如师资水平、课程配套、实习基地建设和实际就业等都是阻碍我国工业设计学科进一步发展的阻力。

再从与工业设计相关的科研开展情况来看，由于多年来，我国依靠技术引进和模仿制造来维系经济发展，在各个生产制造环节已经形成了重技术轻设计，重短期收效轻长期战略发展的惯性思维。设计研究对于大多数科研机构来说都是一个非常新型的概念和变化。可喜的是，国内已经有一大批学者在进行相关研究，产学研合作也取得了一些成绩，有了一些积累。随着文化大发展战略的实践，更多的与设计和文化相关的科研工作还将继续推动这一合作领域的发展。

1–1–5
作为枢纽的设计园区

设计创新型园区作为社会产业经济的重要枢纽，起到了社会创新机制中承上启下的纽带作用。对于"设计园区"的研究分析表明，设计在整个产业链环境中，是最活跃，也是最具拓展力的融经济、文化和科技成果于一体的力量。工业设计强国英国、德国、美国、日本等都早已着手建立国家推动机制，以推动本国工业产业领域的升级和创新。我国的设计相关产业发展不均衡，地区产业发展差异使得工业设计的概念存在多种误读。在学界与产业界之间缺乏关于设计与经济规模适合的重要参考因子。现代服务业的核心内容是考虑技术、管理、企业通过重组而获得振兴的机制。设计的园区经济形态与之息息相关。创新的平台化和集约性正渐进成为社会的主要组织形态。任何激进的创新正在面临严峻的市场拷问。渐进的、平台式的互助创新脉络清晰，呈可控趋势。激进的、不可测的、不确定的大规模投入正在受到来自智能运算的否决。

设计园区将成为中国未来社会创新交流与汇集的一个重要舞台和环节。在一定程度上，以设计为主导的新经济形态将成为撬动主体经济转型和升级的引擎。

1–2
各个年度的研究成果说明

以工业设计为核心动力的中国设计园区建设，逐渐成为社会创新的重要汇集平台和环节。在一定程度上，它代表着中国经济形态中以设计为主导的新动力的一种存在方式。全面了解中国工业设计园区和以设计创新为核心力量的园区建设，是对当代中国设计发展情况展开研究和推动的重要方面。自2011年启动的"中国工业设计园区基础数据与发展指数"研究专题，以年度报告的形式，持续性地考察其基础建设、组织形态和经营方式等方面的发展情况与特质。目的是对这一中国设计事业发展的独特领域——设计园区作一个基础性的、较为全面的描述和分析，为今后进一步科学而系统的研究建立基础。

持续十四年的研究，更深层次的目的是，希望通过对这个领域事业发展形态的深入了解，获得具有中国特色的，并与中国社会高度相契合的设计学研究，以此推动全社会的健康发展。

2011 年是本专项的首创之年。首要的目标是如何搭建中国工业设计园区基础数据和发展指数的分析框架，如何建立与描述它成为撬动当地，乃至区域主体经济和产业转型的引擎。

于是，我们组织近二十位设计研究生，分别以北京、上海、广州为核心城市，以辐射性的方式展开实地调研和专访。行程几万公里，录音几千小时，开始全面了解和整理工业设计园区的建设情况。

同时，我们依托此专项的核心研究教师，启动中国工业设计协会资源，并组织成立"中国工业设计园区联盟"。

具体本年度的研究情况，总结为以下几点：

（1）提机制，搭框架。为使政府在宏观上对中国工业设计的发展有一个更清晰的把握，同时，也帮助我们在各地方政府的支持下建立一个可量化采集的工业设计园区发展指标体系，以提取出与工业设计健康发展相关的若干关键评价指标，并建立一套客观的数据描述体系是本年度的首要任务。

（2）背景研究和知识储备。为了良好地建立采集和指标体系，参考了其他行业的数据统计与发布体系，如福布斯榜单、中国品牌榜、手机互联网等行业白皮书以及麦肯锡等研究机构的相关发布体系，发现其共有的几大特征：大样本调研、常年稳定发布、公信力和客观性、评价体系完善、配合发布行业趋势，以及与"政产学研商"各领域紧密结合共同完成内容发布和更新推广。

（3）园区联盟单位摸底。设计产业园区作为设计产业的重要枢纽，对于"设计园区"的考察，一定程度上能够反映设计产业链的整体状况。"中国工业设计园区联盟"的各成员单位将作为"工业设计数据统计与发布"的主阵地和数据来源。因此，工业设计数据统计与发布系统将首先集中优势资源进行"中国工业设计园区联盟"成员的园区经营情况和所辖园区设计公司的数据收集与整理，进而，再到"中国工业设计园区联盟"之外的设计园区的情况了解与采集等。

（4）提出园区"四个力"与设计公司基本情况框架。基于数据分析、设计产业的相关方实际需求，以及报告最终送达部门的需求反推，研究组综合归纳出"四个力 + 基本情况"的模型来展开分析与描述，得到了各方的支持与肯定。

（5）第一版园区和设计公司问卷制作和修改。由于"政产学研商"各个领域与设计相关的因素区别很大，同一领域内的不同单位也有诸多差异，很难提出一个普适性的评价系统。我们依据设计的一般规律分别从"信息流、资源流、人才流、服务流和市场流"以及"知识产权、机制、商业模式、相关资源和设计研究"几个领域节点规范了一个全流程评价系统。基于此，分别给园区和设计公司制作了问卷。

（6）组建专家委员会、研究组和执行组。基于研究所和外协的9个设计高校的研究力量，建立了辐射全国的研究组；基于课题初期咨询、中期分析和评价以及课题最终审核，建立了一个涵盖统计学、经济学、社会学和设计行业专家的高端专家委员会。基于清华大学和广东工业设计城人力建立了专项研究小组予以执行。

（7）利用网络和其他媒体，初步形成了社会影响力。基于视觉中国、设计在线、《设计》杂志、《装饰》杂志，以及国内多家媒体进行大量报道。百度、谷歌等都有大量的文章和搜索链接。

1–2–2
2012 年度的研究情况

该年度主要基于研究所和外协的9个设计高校的研究力量，建立了辐射全国的研究网络。在咨询、分析和评价等环节上更注重实际情况的采集和分型。建立个一个完整的量化体系，并优化了四个力的分析模型。

（1）国际合作加强，与英国设计委员会深度对接。基于清华大学艺术与科学学术月的成果，将英国设计委员会就设计统计和趋势报告方面建立合作课题的事项提给了学院管理机构，并争取将英方研究资源与设计研究进行对接。

（2）重视数据统计，提出园区的初步量化评价体系。一期项目获得了评价园区的基本要素，结合二期项目的园区深度走访，进一步确定评价指标，形成评价体系。同时，希望从统计学角度加强量化指标的采集与分析。积极动员各地园区提供准确数据和专项事业的基础信息。

（3）进一步扩大项目与设计城的影响。利用已有的设计网媒和纸媒，同时结合微博等新媒体，加上外国媒体的联系，进一步扩大影响力。在广东工业设计城建立中国工业设计园区信息收集基地，与媒体展开联系，动员更专业化的组织为本研究注入新生力量。

（4）扩展"四个力 + 基本情况"的模型。更加偏重对地方经济贡献和文化大发展相关的作用，紧跟国家发展和政策精神，研究组进一步浓缩已有模型，并偏重基础数据的展示和设计产业如何促进地方经济和文化发展的量化说明。主要将设计园区的基础数据与其发展数据相分离，这样的统计将更为客观地把握和描述园区的基础建设和实际发展水平的情况。

（5）形成一期与二期的数据比较。这里的一期，指的是 2011 年度的研究，二期则是 2012 年度的工作。

一期作出国内工业设计园区分析和评价领域第一份可以进行数据比较的文档，具有行业示范作用。同时，我们启动年度性发展比较。由于两年的持续研究，积累起来了可以展开年度比较的优势，进而，战略性地将这样的研究方略作为客观描述和追踪中国设计事业在社会组织层面，远远大于一个公司、一个企业的活动情况。

（6）工业设计园区的全样本采集，建立园区联盟的联动机制。一期主要用"研究组走访＋外协调研"的方式。二期则采用研究组直接走访方式，调研所有的 24 家园区单位，达成共识基础上建立信息和商业模式的联动机制。

（7）问卷更加精简合理，着重最基础的数据。在一期建立的模型基础上，采集大量数据，但是，一期没有对于最基础的设计和经济指标进行说明。二期项目中我们着重采集最重要的基础数据，如园区的产值、人数、公司规模、专利与获奖的具体数目、商业模式的简要说明等。

（8）发布会的形式与流程创新。在一期研究中，我们主要采用传统的开会方式，到了二期，我们更多借助网络直播，从研究阶段即开始跟踪报道和邀请嘉宾，这样更加注重实际，强化了参与调研的各个园区的负责人对自己园区情况的描述，以及政府相关职能部门的人员对本地区情况的反映。

（9）建立项目研究与北滘政府的联动合作。针对园区和其内的设计公司，以及园区的经营理念的整理。通过两年的联系研究，积累了一定程度的经验与数据，并更加清晰地专注于中国工业设计园区情况的整体了解与全面描述。以此为基础，我们与广东工业设计城有限公司以及其上级主管单位广东省顺德区北滘镇政府联合，利用我们在 11 月至 12 月期间的"清华大学艺术与科学学术月——'北滘论坛'"，向社会公开发布"中国工业设计园区基础数据统计与发展指数研究"的专项报告。

1–2–3

2013 年度的研究情况

基于研究所和外协的设计高校研究力量，建立了辐射全国的设计园区数据采集系统。基于咨询、分析和整合，将数据采集的深度和广度作了拓展。建立的以大数据为目标的发展指数研究专题。希望以此能更客观地采集和分析各地设计园区的发展情况，以便于我们更准确地予以分型分析与综合描述。本年度主要的力量是着重于这一点的突破。

（1）重新设计了调查问卷。课题明确提出 2013 年"设计园区发展指数"的建立要求。这一要求对问卷进行了更加明确的类型划分，因而问卷的结构有了更条理性的分型，内容有 30% 左右的重新设计。

（2）进行"全国示范基地"的评比。与"中国工业设计协会"合作协同评价，评比结果在"中国工业设计协会"年会上发布，增强了《数据统计发布》的权威性。2013 年恰逢协会需要对于全国工业设计园区进行评比和管理，我们两年多的研究可以作为主要的评价标准使用，并且将在协会年底的发布会上进行同步展示。

（3）使用数据可视化来增强说服力。为了更好地进行成果展示和传播，2013 年课题组和有经验的图形设计师进行了合作，用了相当多的精力来将园区数据统计的成果用信息可视化图表进行呈现，大大增加了成果的可读性。

（4）运用大数据的方式来看待工业设计园区的发展情况。运用大数据来帮设计行业把脉，提出新思路；通过设计思考来给大数据的方法、流程和结果带来更多的感性思考、用户认知和感情因素，将冷冰冰的数据洪流转化为纷杂用户需求和市场机会的良性输出。

（5）引入国际一流文献，结合中国实情解读。文献研究和实际操作往往是脱离的，因此设计学术界和实业界进行创新型研究的合作比较困难。课题组在前两年的研究基础上，提出了一系列问题。2013 年我们专门花时间重新检索了几个主要发达国家的与设计创新相关的文献，找到了进行下一步研究的借鉴内容并在本期报告中有所体现。

（6）打通社交媒体。尤其在报纸媒体上全程跟踪报道，大大增强《数据统计发布》的影响力和参与性，为了保证本课题的研究成果能够比较快地被应用到园区创新的实践中，我们与国内几家主要的报纸和新闻媒体进行了沟通，对于工业设计、园区创新和机制研究将产生深远的影响。

1-2-4
2014年度的研究情况

基于研究所和外协设计研究力量，更完善地建立了辐射全国的研究团队。调整了以大数据为背景的分析模型。数据采集依然回归到创立园区基础数据和发展数据的两类架构上来。但是，深化了大数据分析所建立的分析模型，更客观地采集和分析得到的数据整列与交织。从实际出发，从作为新生事物的呵护与养成出发，力求更客观地描述、考察与反应每个被采集园区的实际情况。

（1）为工业设计园区创新力构建出创新力评估模型。基于三个年度的研究成果，我们对园区发展已有一定的系统认识。本期构建园区创新力评估模型，设立了能够匹配发展规模、发展模式与发展方向各不相同的园区联盟成员的通用评估方式。

通过"定模块、分细项"的方式，从工业设计园区自身与驻园企业两个角度解构出能够对创新力进行描述的相关要素，设立具体的数据采集项，并分别针对模块、细项与采集项给予相应的权重或分值，以助计算与分析。

（2）为工业设计园区建立了2013—2014年度园区创新力指数。发展指数一直是本研究最核心，也是最具创新性的内容。因为工业设计园区刚刚作为一个新生事物出生在中国这块土地上。设计虽然也正以前所未有的势头在社会文化、经济等领域广泛铺开，但是，设计毕竟是一个柔性的，文明与艺术等人为事物性质上的事情。对她的发展程度的描述，诉诸于一个简明的、数字性量化实在是个难题。事实上，本专题在开始之初，就想以量化的方式来展开发展指数的呈现。因为这样，客观上还能与现有的国家统计局管理系统相对接。

通过三年的实践，我们正在调整和改用人文类学科和社会科学类研究所常用的定性与定量相结合的方法更为现实。所以，我们在对各工业设计园区创新力的调研数据进行汇总与对比分析时，是以计算出2013—2014年度工业设计园区创新力理想数据状态，以此作为评估标准，采用百分制的方法对各园区的创新能力进行换算与排序，从而生成出园区的创新力指数的方式来开展的，并发现这样的方法更为客观和与实际相符合。

（3）为工业设计园区的创新典例进行采集与解析。通过结合我国工业设计最新发展现状、园区所在地区的产业发展情况、园区实地专访成果与园区创新力调研表数据内容，从五大模块对所调研的园区的创新力及其典例进行解析，总结各园区创新基础、创新能力与创新特色。

（4）以"大数据"方式关联数据深化分析，加强数据可视化。延续三期的核心方法，是运用"数据"方式对园区的创新能力进行多维度的评估与分析。通过加强所采集数据的关联性，从采集到定性，再到定量的指数化呈现，全面系统地探究了设计园区在创新能力等发展要素之间的因果关系。在成果的可读性方法上，我们开始采用更合理的数据可视化手段，以便更多的园区管理者和经营者对各个园区创新力指数的理解。

（5）设置"春雨奖"与"园丁奖"。在调研的过程中，受到许多专家和园区管理者的热心建议和帮助，其中，有一种建议既强烈又明确，即希望通往我们每年这样的研究与指数发布，最好应该配合成果指出若干个年度优秀园区作为标杆，以此促进各地园区的相互交流与学习。为此，我们在整理数据的同时，利用中国工业设计协会专家委员会的全国专家资源，对国内各地方政府中积极推动、促进工业设计园区发展的部门或管理人员进行业绩与经理成果的评估与褒奖，以此激励各部门在工业设计园区建设上的经验分享和积极拓展。

（6）编撰前三年项目研究成果并出版。我们把三年来的"中国工业设计园区发展指数统计与发布"研究成果总结、整合、编撰，形成正式出版物，将第一年的"基础数据"、第二年的"园区发展同比和环比规律"、第三年的"园区发展指数与排名"结合，以健全中国工业设计园区统计和研究体系。

1–2–5
2015 年度的研究情况

本年度依然基于研究所和外协设计研究力量，进一步完善辐射全国的研究对象与研究团队。及时调整了以发展数据为成果目标的分析模型。通过国家一级出版机构对成果予以正式出版。

研究成果通过一级出版社的出版和专门递呈，在政府管理部门形成专业的学术信息通路，形成能够专门传递中国设计园区发展情况的专业分析材料，良好地传递中国各类设计创新园区的发展动态。其中的优秀典例和真实情况，在战略上促进和推动了中国设计园区的政策建设与发展方略的调整与梳理。

（1）优化分析模型，建立全国设计类园区的综合经营力的指数分析模型，总结已有研究成果，系统解析园区发展状况，基于园区创新力分析模型，不断深化，使其更具科学性、合理性，建立匹配不同园区发展类型的分析模型，细分数据采集项，优化传统工业设计园区分析模型的同时，拓展其适用性，以应用于新增园区的数据分析统计当中，突破原有的局限性，系统全面地分析设计类园区综合经营力。

通过对各设计类园区综合经营力的调研数据进行汇总与对比分析，计算出 2014—2015 年度传统工业设计园区及新增园区的综合经营力理想数据状态，并建立评估标准，生成出园区综合经营力指数。

（2）丰富设计类园区的综合经营力典例类型，全面系统采集与解析宏观分析中国工业设计发展状况，从"设计之都"、设计园区等多角度解析不同地区产业发展状况，通过项目组对不同地区园区实地专访成果及园区综合经营力调研问卷等数据内容，总结各园区综合经营力的共性及特性。

（3）运用数据手段，深度解析数据性质，运用信息可视化方式作有效而生动的呈现。坚持运用数据手段对调研反馈的情况和数据进行验证与分析，并通过信息可视化的方式充分、直观地展现园区综合经营力的研究成果。

（4）纳入新增园区数据统计。在保留原有传统工业设计园区的基础上，纳入一定数量的新增园区，在建立指标体系过程中，综合考虑不同园区的结构特点，进行合理的数据分析与统计，拓宽设计园区统计的覆盖范围，丰富数据统计的内容，使得研究成果更加具备全面性及可操作性。

（5）调整园区奖励机制，提升奖项含金量。为提高与激励各级政府部门推动我国工业设计园区建设的积极性，依然延续第四期设立奖项的活动方式，重新调整升级奖项内容，减少评奖数量，提升奖项含金量，对国内各地方政府中积极推动、促进工业设计园区发展的公务人员进行嘉奖。

该年度主要基于研究所和外协的 19 个设计研究机构的通力合作，建立了辐射全国的研究网络。在咨询、分析和评价等环节上更加注重与当地各个园区的实际情况相对照，形成数据的采集与分型。建立起了一个相对完整的数据采集体系，并优化了中国工业设计园区发展能力的"四个力"分析模型。

1-2-6
2016 年度的研究情况

2016 年，是一个承前启后的关键年度。一方面，2015 年下半年随着双创政策的深入执行，社会相关的层面都开始进入实质性的推动期。各地创业创新的园地、园区纷纷启动建设。设计类园区的数量激增。另一方面，既要依照既定的基本研究框架，进而又要将探索的重点汇集在提取新园区的信息上。简单地沿用上一年度的问卷和统计方法，已经难以反映园区发展情况。所以，及时和务实地调整年度统计方式，重新布置分析权重等工作显得十分关键。为了建立一个相对稳定的、可持续的调研架构，在调研上增加了一个独立的，关于政府对推动设计创新相关政策的部分。进而，增加了对各地园区综合的、囊括园区对政策利用情况和园区管理与组织方式情况的采集。同时，还增加了对驻园企业数量、三年以上驻园企业数量和发展情况的了解。增加了以社会环境、人才汇集和设计园区自主孵化的创业类项目等方面的情况采集。总之，该年度以大力拓展和强化多维度、多层次的信息收集为主要进步，将"上报式"的问卷调研方法，改以访谈实际工作在园区一线的管理者与事业者们为基本的"访问式"调研。

1-2-7
2017 年度的研究情况

基于之前历年的研究经验，2017 年度的研究方案作了一定的调整和改进。通过听取各个园区的反馈意见和研究成员的认真总结之后，主要强化了这样几个方面：

第一，由于近年来设计类园区的迅猛增加，全国涌现出许多以设计创新、设计创业和文化创意等为主题的设计类园区，并开始向二线城市蔓延。在研究样本的甄别上，我们调整了对研究对象的选择范围。选择的标准不再苛求和只压缩在一定以工业设计来命名的园区，而是强调了其发展的实际内容和发力基础的性质。只要以现代工业产业和当代设计为基础的，以推动设计人才的汇集和事业的，都被纳入此次的考察对象之内。

第二，进一步优化调研方式和分析方式，优化了中国工业设计园区发展能力的"四个力"分析模型。一方面将容易填报的各项基础数据固化为问卷的第一部分之外，其他关于能力调查的方法作了重大的改进。尤其是如何描述设计园区的发展情况，以及如何以填报的合理方式更为真实地给予反映。

第三，与社会上的设计研究机构通力合作，建立起了辐射全国的研究网络。在咨询、分析和评价等环节上更加注重与当地设计研究者们的沟通。不简单以数据采集来反映发展情况，而是进一步强化建立一个相对系统的分析体系。主要有与各地区研究者们的深度访谈，有园区经理人的深度访谈和经验总结，以及各个园区驻园企业的情况了解。

第四，2017 年研究成果已以专著形式出版。

1-2-8
2018-2023 年度的研究情况

结合我国工业设计类园区的快速发展，以及国家对于园区发展的高度重视，从 2018 年开始，研究所延续 2017 年度的调整，进一步深入开展了全国范围内设计类园区的综合考察。整个工作由于疫情原因，从 2018 年延续至 2023 年，最终完成我国新阶设计类园区的发展研究，本次研究主要有以下几个方面：

第一，2018—2023 年间，在研究内容上综合考察了全国范围内的设计类园区，由于园区类型的快速变化、细分发展，考察范围不局限于园区名称，而根据园区内驻园企业的行业性质确定，包括文化创意类、创新孵化类、新媒体创意类以及其他细分创意类的行业范围。经过近两年的园区考察，我们十分欣喜地发现我国设计园区在宏观的发展特征及微观的运营模式上都发生了很大的改变，尤其是在 2022 年后，由于疫情的原因，园区不得不突破空间的局限，反而更加释放了园区的资源配置和协作能力，这种改变是出乎我们意料的。

第二，在宏观整体的考察基础上，为了进一步验证园区发展特征及趋势，2022 年底，疫情结束后便通过中国工业设计协会专家工作委员会及各部委的推荐，筛选了国内典型的 50 家设计园区，并通过这 50 家园区的指数研究进一步洞悉我国工业设计园区的发展动向。

第三，通过中国工业设计协会专家工作委员会及相关部委的推荐，在典型的设计园区当中筛选出一些园区典例，进一步考察这些园区的发展模式，并对园区的经理人做深度访谈，考察其对于园区宏观发展及园区运营的看法。

第 2 章

方法与路径

Method and Path

考虑到我国工业设计园区已经进入全新的发展阶段，2018 至 2023 年的研究在继承过往调查经验的基础上，进一步聚焦于园区发展数据的系统收集与客观呈现，同时深度关注园区的产业发展状况，以揭示和描绘中国工业设计园区未来的发展趋势。我们全面采集并分析了各地园区在不同环境、背景下的发展能力与水平，确保研究的全面性和深入性。在评估设计园区的整体运作成效时，我们不仅关注其当前的发展状态，更展望其未来的潜力与可能性。研究路径和要点控制上，我们特别强调了研究的全面性，以及研究成果对各地园区经营和政策制定的真实参考价值。通过此次研究，我们期望能够树立中国设计园区发展的典范和标杆，展现中国设计领域的独特魅力和高水平发展。这不仅是对过往成就的总结，更是对未来发展的展望和引领，体现了中国设计行业在全球化背景下独特的组织发展形式。

2-1
研究思路

2018至2023年间设计园区研究,我们的研究延续之前的研究思路,并在其基础上进一步完善。

首先,确保园区研究与我国的国情紧密结合,不同的发展模式及政治体制背景,应当有针对性地进行分析与研究,在具有中国特色的社会主义国家的国情背景下,应该建立适用于我国国情及工业设计发展状况的评价体系与分析模型。工业设计行业在我国产生较晚但发展迅猛,为了能够更加有效地遵循我国工业设计行业特性,需要掌握整个行业现状的"核心指标",而非一般的统计学和经济领域的统计惯例,以有效地匹配专业特征,使数据结构及产出成果更具科学性、合理性。

其次,考虑到工业设计行业在我国虽然起步相对较晚,但发展迅速,我们的研究方法将聚焦于行业的核心特征和内在规律。我们将摒弃一般统计学和经济领域的常规统计方法,而是深入挖掘并掌握能够真正反映行业现状的"核心指标"。这一转变将确保我们的研究更加贴近专业特性,使数据结构及产出成果更具科学性和合理性,为工业设计行业的持续健康发展提供有力支撑。

2-1-1
园区综合发展力研究框架

我国设计园区的发展已经迈入崭新的阶段,由过去注重"量"的扩张逐渐转向追求"质"的提升。在这一阶段,园区的发展机制日趋精细化,运营管理更加科学化,与驻园企业的培育形成了深度的融合与协作。这种转变不仅标志着设计园区整体质量的飞跃,也预示着园区未来发展的强劲势头和广阔前景。在此背景下,对设计园区发展的探究,亟须一种全方位、多层次的分析视角,旨在能够从宏观至微观,系统性地剖析我国设计园区的转型与成长轨迹,因此构建起这样一套综合发展研究框架,便显得尤为关键。该框架由四大核心层次构成,每一层如同探针,深入肌理,逐步揭示我国设计园区的全貌及其前行的方向(如图所示):

第一层:各部委园区发展相关政策层

政策是引导园区发展的风向标。此层次聚焦于国家及各级政府相关部门出台的一系列政策措施,如何为设计园区的发展提供导向和支持,解析政策环境对园区转型升级的推动作用,以及政策落地实施的实际效果。

第二层:基础园区发展状况层

这是研究的基石,犹如广角镜般扫视全国设计园区的布局与现状,收集并分析园区的基本数据,包括但不限于规模、产业结构、基础设施建设等，为后续的深入探讨奠定实证基础。

第三层：样本园区综合发展指数考察层

选取具有代表性的设计园区作为深入分析的样本，通过构建综合发展指数体系，量化评估园区在创新能力建设、产业集聚效应、生态环境、运营管理效率等方面的综合表现，以此揭示园区高质量发展的实践路径与模式创新。

第四层：典型优秀园区深度考察层

最后，通过案例研究的方式，深入挖掘那些在设计创新、管理运营、国际合作等方面表现突出的优秀园区，对其园区经理人进行深度访谈，剖析其成功经验与特色亮点，为其他园区提供可借鉴的范本，同时，也为理论研究与实践探索之间架设沟通的桥梁。

这一层层递进的研究框架，如同剥洋葱般细腻而全面，旨在不仅描绘出当前我国设计园区综合发展的全貌，更预见其未来发展的无限可能，如图 2-1 所示。

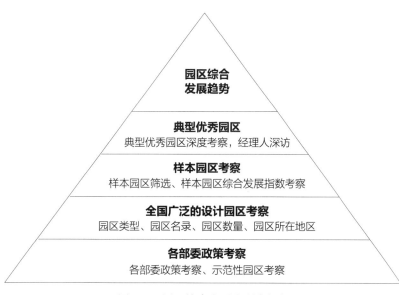

图 2-1　园区综合发展力研究框架

2-1-2
重点考察综合发展能力

经过十多年的考察与积累，研究组对于国内工业设计园区的发展路径有了较为系统的认识，通过研究组的不懈努力，基本构建起了以工业设计园区为核心园区的中国设计园区发展指数研究的分析框架，并逐年优化完善，不断筛选出具有实用性、针对性和可操作性的研究方法，使研究任务的实施和推进有了坚实的基础和得力的工具。

综合考虑团队知识结构、时间、空间和经费等因素，以及调研对象的复杂性和差异性，研究组采取了文献研究、实地调研、深访和追访、焦点组、面访、网络电子问卷、统计交叉分析、信息数据可视化相结合的综合研究方法，通过组成分研究群来覆盖全国与设计相关的园区。

2–1–3

基础数据与发展指数分型分析

我国园区仍然处在高速发展阶段，园区的类型、运营方式都处在快速变化的时期，因此对于我国园区整体综合发展能力的考察仍然是关键。本次对园区的基础考察工作更着重强调园区与关联产业的深度融合程度，旨在全面且深入地剖析和衡量各个园区在推动产业协同发展、强化资源配置效率以及提升整体服务效能等方面的具体表现和实际成效。通过这一系列精细化的评估调整，我们得以更准确地把握和解读各园区的发展态势与潜力，为未来制定更为科学有效的园区发展战略提供有力的数据支撑和决策参考。

因此，在 2018 年开展此项研究时，我们强化了包括园区"综合经营力""园区社会化服务能力""园区自主立项与产学研能力""园区产业协同配置能力"在内的不同层面和角度的信息，尽量收集和整理来自"政产学研商金"各个领域的信息。园区的产业集聚是园区改革转型发展的。同时我们更加关注园区在产业集聚方面的成果。在稳健地延续之前有价值的研究方法的基础之上，建立更加系统完整的分析模型，提升研究成果的可读性和包容性，使研究更能深入探讨和反映中国设计园区的综合发展能力和经营水平。

研究组运用数据手段，对调研反馈的数据进行验证和分析，充分分析影响园区综合经营力的内外因素，并通过信息可视化的方式客观、易解读、易操作地展现园区综合经营力的研究成果。对于各园区综合经营能力的研究，将从"园区基础情况"、"园区服务能力情况"、"园区自主创新和创建能力情况的信息"及"园区产业协同配置能力情况"四个层面构建园区创新力评价体系与展开数据收集，随后组织专家委员会对各园区所填数据和情况进行评议，之后由作者和具体研究人员归纳总结而成。

（1）园区基础情况层面。该层面主要对园区基础层面展开调研，将从园区基本资金状况、园区的基本配备及驻园企业发展、园区人才结构、设计类公司所占比例、园区经营配套等方面进行数据收集及分析。

（2）园区服务能力情况层面。该层面主要对园区社会化服务层面展开调研，将从园区自主立项创新项目、园区创新服务平台建设、产学研联合孵化活动、园区培训及讲座举办情况、园区设计国际交流等方面进行数据收集及分析。

（3）园区自主创新、创建能力层面。该层面主要对园区创新成果展开调研，将从园区自主创立的项目和园区企业化情况等方面进行情况收集与分析。

（4）园区产业协同配置能力方面。在探讨园区的发展动态与核心竞争力时，产业协同配置能力已成为衡量园区最新发展力的关键指标。随着我国设计园区建设的不断深化，我们不难发现，园区内部的企业已逐渐形成了紧密的产业集聚效应，企业间的产业互补性也日益显著，园区与其周边区域的产业配置也越发协同和高效。这种发展趋势不仅是园区改革发展的内在要求，更是推动区域经济持续、健康、协调发展的重要力量。为了全面、准确地评估园区的产业协同配置能力，本次考察特别设立了相关指标，旨在深入剖析样本园区的产业配置现状，挖掘其内在的发展潜力。

2-1-4
研究的步骤与要点

2018 年至 2023 年的研究步骤汲取了之前的调查经验，将研究的重点集中在了数据的系统收集和客观呈现，以及更注重整理和分析各地因不同环境和背景，所形成的发展能力与水平上。从整体的运作成果上考察设计园区的发展情况。在研究路径和步骤要点的控制上，我们更突出了全面性和本研究成果对各地园区经营和政策制定等具有真实价值。

我们在采集园的信息和背景上增加了对全国政策的汇总，并进行了按年度序列的整理。在建立和甄别研究对象即具体的样本园区时，我们扫描了全国各种与设计相关的、不同名称和背景的设计类关联园区，尽量将当前具有社会推动力的优秀园区都纳入这个时代的考察，以全面、真实地反映设计创新、设计创业在中国这个发展蓬勃时代的真实身影。

研究的步骤和要点与研究架构相呼应，分别从政策、园区基础发展、典型样本园区研究、典型优秀园区深度考察几个阶段进行。

1. 园区相关政策考察

研究团队首先持续跟进我国各部委设计园区相关政策的考察，我国设计园区的发展目前仍然是国家政策导向的，政策性的指向十分关键，一方面政策可以反映我国设计园区目前的发展阶段，另一方面可以反映我国设计园区未来的发展方向。政策相关整理成果已经梳理并于本书第3章发布。

2. 我国园区基础发展状况

我国各部委发布了很多政策性扶持的相关示范性园区，研究团队将这些内容进行了汇集，这些示范性园区很大部分表明了我国设计园区的未来发展方向。研究团队于2018年开始进行广泛的全国设计类园区考察，考察主要通过线上资料、新闻报道、官方网站以及线下考察的方式展开，研究团队尽可能考察了我国各地区最新立项成立的相关园区（截至2023年），对这些园区资料进行了分类与梳理，并将成果分别整理到本书第4章与第5章当中。

3. 园区样本综合发展指数研究

我们广泛听取了中国工业设计协会专家工作委员会专家及各部委的意见，听取他们对发展最亮丽园区的分析和推荐，并在此基础上形成我们专访和调查的重点园区名录。研究团队在沿用前期构建的园区发展分析框架基础上，针对该框架以及包含"四个力"在内的评估体系进行了深度优化和调整，以实现对各园区发展状况的更为精准细致的评价。新的评估体系聚焦于园区发展改革的核心要点，不仅保留了对园区基础设施配置、社会化服务功能、自主立项与产学研能力等方面的考量，而且做出了创新性改进，即将原设计经理人模块调整为评估园区内在产业协同配置效能的新维度。原设计经理人模块则调整到优秀园区典例章节当中，通过对于中国工业设计协会专家工作委员会专家甄选出的典型园区进行深度考察，对于这些典型园区的经理人进行访谈，进一步的去了解这些在设计园区发展前线功勋卓著的领导者们对于我国园区发展的看法，以供大家参考。

4. 典型优秀园区深度考察

在深度剖析和评估园区发展力的过程中，我们特别聚焦于那些经过专家精心推荐、具备显著优势和特色的重点研究园区。从这份重点园区名录中，我们提炼出了最具典型性的几个园区，并将它们确立为典型优秀设计园区的典范。对于这些标杆园区，我们进行了全面的考察，不仅深入了解了它们的历史沿革和发展轨迹，还详细分析了它们的运营特征。

我们从园区的定位、运营理念、运营方式、发展状况等多个角度进行了全方位的深度考察。此外，我们还对园区的管理团队进行了深度访谈。通过与这些来自前沿一线的领导者进行面对面的交流，我们获取了他们的独到见解和宝贵经验。他们分享了园区在运营过程中的挑战与机遇，也为我们揭示了园区成功的关键因素和未来发展的方向。

2-2
整理方法

中国工业设计园区基础数据统计研究（2018—2023）是自2018年1月启动，一直持续至2023年12月，2020年由于疫情的原因，整个考察过程暂缓，于2022年初恢复研究，历时4年。其中2018年为筹备阶段，主要内容包括制订整体计划、与各界专家建立联系、制订园区深访计划及访谈大纲，设置和完善园区综合经营力调研表等重点工作，占项目总时长的20%。2018年下旬至2019年为调研及协调阶段，主要工作包括实地进入园区深入访谈、收发园区综合创新力调研表、跟进各园区中填表人的表格填写情况、对填表人所反馈的问题进行解答、建立及优化园区综合经营力评估体系、优化审核制度等重点工作，占项目总时长的40%。

2-2-1
背景信息的全面考察

2022年开始进行2018—2019年间考察成果的整理，同时也对国内园区发展情况进行补充考察。整个考察成果整理工作包括组织各界专家开展申报材料评审工作、整理分析园区访谈资料、录入园区综合经营力调研表采集项数据、开展园区综合经营力分析评估、对本期项目白皮书进行视觉编排等重点工作，占项目总时长的40%。

2-2-2
研究团队的结构与分工

本次跨年度的研究参与人数众多，除了项目组核心成员，还包括各界专家、各园区对接人员与各阶段的其他外部协助人员，共计逾130人。

本研究工作，其中以柳冠中教授为核心指导者，蒋红斌教授为著作人和核心骨干。研究组人员共21人，其中，金志强是整理助手，另外有16人负责规划流程、设置制定园区综合创新力调研表和深入园区实地访谈。另外有4人负责解答填表人在填写调研表过程中所遇到的问题、构建园区综合经营力数据模型、分析评估园区综合经营力数据。有4人负责将成果视觉转化，制作成果和在学术月数据发布现场的演示文件。

2-2-3
实际数据采集情况

经过项目组的多次深入讨论及优化，并抽取一定比例的试点园区进行测试，基于会议及填写的反馈结果，预测各数据采集项的覆盖度，通过增设、合并与拆分等手段重新调整定性调查内容与定量调查内容之间的比值，争取各园区在正式填写调研表时普遍能有 70% 以上的内容适填。最终，本期项目的综合发展力调研表设置了以下两个方向。

方向一，主要针对往期数据统计当中计入数据的园区进行调研，用于保证园区数据统计的连续性。调研表以"两大层面、四大模块、模块细项、具体采集项"的结构进行设置，其中采集项为园区实际填入数据。由于园区综合经营力受到时间、地域、政策等外部要素与驻园企业业务类型、人力资源配置、资金投入等内部要素的影响而各具特色，因此方向一主要以调研表的反馈情况，如是否及时反馈、材料内容的填写完整度等，作为最终数据录入的衡量标准，而不能仅仅把注意力聚焦在材料的数量上。为保证园区数据统计工作的顺利进展，经项目组讨论，制定园区问卷反馈筛选标准及截止时间。在工业设计园区基础数据统计研究项目当中，园区连续两年未进行调研反馈的，将不再计入数据统计；针对未能得到有效反馈的采集项内容，将默认与上一期统计内容基本一致，录入数据将参照上一期内容保持不变。

方向二，主要针对今年新增的数据统计园区进行调研表的发放。拓展新园区用于丰富项目研究对象，拓宽项目覆盖面，完善设计园区数据统计体系。由于新增园区不再局限于中国工业设计园区，而是新增了设计类相关的文化创意产业园区等，因此，调研表基于方向一所提及的内容，针对新纳入的园区进行了相应的调整。调研表中的采集项与新纳入园区覆盖的业务范围有所差异，内容填写方向不同、不足或空白时，将根据园区的业务内容调整相应采集项，并在指标体系当中作相应的调整，从而形成针对新增园区的评价标准。

此外，由于园区发展状况有所差异，因此即使是相同方向的不同园区所填写的采集项内容也不同，且在对回收的调研表的初步阅览中，项目组发现部分调研表内容并不完整，与该园区在往期研究成果中的发展状况差异较大。因此，出于对园区综合经营力数据整合分析的需要，项目组须事先对每一份调研表的内容质量与完整度进行评定，避免因填写空缺或不完整对数据整合分析造成影响。

针对本次回收的综合经营力调研表填写情况，项目组根据填写的完整程度分为"优秀""良好""无变化"三个等级在模块细项层面对内容质量与完整度进行分类评定。本年度研究开展以来，研究组通过网站、实地调研、收发调研表和专家访谈等方式对全国 17 个省市自制区、20 多个典型工业设计园区汇集城市、30 家传统工业设计园区和新型的 15 家新增园区进行了全面调查与对接。

2-2-4
据采集项的分型说明

本次综合发展力调研将从四大模块展开考察，因此调研表的建立将基于四大模块的结构进行细项与采集项的设置。在展开具体的建立方式之前，先罗列出本次综合经营力调研表建立的要点并进行解释和说明。模块，即，四大模块，用以描述园区综合经营力的各类特征。细项设置了每个模块中的具体内容。采集项中的细项数据采集为调研表的"基层"内容。由于采集项内容过多，本书不作详细介绍，本节重点对综合经营力调研表中四大模块及其细项的设置进行说明，分以下四个模块。

模块一的主题是园区综合经营力基础情况调研。经初稿设置、抽取园区试填与开设专家商讨会，综合经营力基础情况主要考察以下两方面：

（1）考察驻园企业各类型业务的营业额与园区每平方米利润额。通过考察营业额与利润这类可被量化的直观"成绩"，有助于项目组评估园区及其驻园企业的创新效益，能在一定程度上让园区及驻园企业因创新而产生的"价值"明朗化，甚至能从各类型业务的营业额中细分出各园区的综合经营力偏重。

（2）考察驻园企业类型与人员配置结构。经营能力，归根到底须由人来实现，而驻园企业是园区内人员的主要载体。因此了解园区内各类型企业的数量与各类专业人员的数量配置，有利于判断园区综合经营力的"驱动"特征，也有利于分析园区综合经营力发展策略的侧重点。

模块二的主题是园区社会化服务能力情况。经初稿设置、抽取园区试填与开设专家商讨会，园区社会化创新服务情况主要考察以下四方面：

（1）考察园区非平台建设的自主立项情况。"产业综合体"、"二房东"、"企业保姆"等一直是工业设计园区被大家所认知的头衔，同时也反映出部分园区在模式上的运营"隐患"，即园区只作为载体或联络体存在，其"生存"状态对入驻企业与政府支持过分依赖，自身缺乏价值产出能力，难以造血。因此为确保园区的持续运营与健康发展，园区自主投资或通过产学研联合的方式开展非平台建设的立项，将其成果作为知识储备，将是提高园区"生存"能力的重要举措，考察园区在该层面的动向与成绩正是出于上述原因。

（2）考察园区公共服务平台建设。公共服务平台建设是本次园区综合经营力考察的重要部分，作为地方产业整合升华的聚集地，公共服务平台的建设能为行业提供创业孵化、资讯共享、技术提升等服务支持，甚至能以杠杆效应带动地区经济、科技与文创水平的发展。

（3）考察园区讲座、培训与国际交流活动开展情况。园区的平台服务往往是非物质的、不可见的、场所非固定与时间非固定的，是一种为人与资源建立联系的"静态"服务。而讲座、培训与国际交流等活动则需要在特定空间与时间进行，是一种为人与人建立联系的"动态"服务。因此，我们不能仅仅了解服务平台的"静态"功效，考察园区在拉近或聚拢人才方面的"动态"成绩也十分必要。

（4）考察园区产学研联合孵化活动开展情况。产学研相联合孵化亦属社会化服务的一种，是科研、教育、生产不同社会分工在功能与资源优势上的协同与集成化，是技术创新上、中、下游的对接与耦合。其意义在于促进产业、学校、科研机构等相互配合，发挥各自优势，形成强大的研究、开发、生产一体化的先进系统，并在运行过程中体现出综合优势。因此极具考察意义。

模块三的主题是园区自身企业化成长情况与发展水平的信息采集。经初稿设置、抽取园区试填与开设专家商讨会，入驻企业的发展情况主要考察以下两方面：

（1）考察园区自主孵化企业或创业项目的水平情况。

（2）考察园区联合社会资源，共同立项，合作发展事业的企业化水平与情况。

模块四的主题是园区产业协同配置能力情况。园区产业协同配置能力是园区在推动驻园企业在产业间合作与协同发展过程中，通过优化资源配置、提升产业链效率、促进技术创新和市场共享等方式，实现园区整体产业竞争力提升的能力。这一能力对于园区的可持续发展和经济增长具有重要意义，园区产业协同配置能力无疑是衡量其发展水平的关键指标。其主要考察以下几个重要方面：

（1）考察园区内驻园企业间业务的互补性。

（2）考察园区驻园企业产业链协作能力。

（3）考察园区周边产业辐射能力及产业培育能力。

（4）考察园区产业集聚情况。

2-2-5

权重分析的划分说明

综合发展力分析数据模型虽然与调研表一样基于四大模块及各项模块的细项建立，然而从审阅早期回收的调研表中可知，表内所设置的采集项并不适宜全部被采纳且进行计算分析，原因有二：

（1）园区发展状况不同。发展状况的不同将导致园区的每一份调研表中采集项几乎都会呈现一定程度的空缺，且空缺位置无聚集，特别是对于新纳入的园区来说，业务范围与传统的工业设计园区有一定程度上的差异。因此数据模型须基于调研表的实际填写状况进行框架细化与调整。

（2）不可避免的理解误差。园区填写人对调研表内容存在解读与理解上的差异，该情况暂无方法避免，因此所回收的调研表往往会出现部分采集项所填写的内容、格式、单位、形式不统一的情况，这将导致部分采集项信息采集不全，不可被纳入到模型当中。

因此，构建综合发展力分析数据模型的第一步，是基于前期回收的调研表，重新基于"模块"、"细项"、"采集项"的思路，选出能进行统计的采集项，并设定相关采集项之间的计算方式，以确定模型的最终框架。

当模型框架确定好之后，即各个相关采集项之间的计算方式被搭建完善之后，则需要对"模块"、"细项"、"采集项"分别设置权重或分值。设置方法为先分别针对"模块"、"细项"、"采集项"的内容进行重要度排序，随后基于排序分别对其给予不同类别的权重值。

本次数据模型的建立将采用两类权重，一类可称作关系权重，另一类可称作比例权重。二者虽然都起到调整分值大小以便计算出更合理结果的作用，然而其具体作用存在差异。

主要表现在这样三个方面：

1. 权重数值的设置对象。关系权重值主要针对"模块"与"细项"设定。由于"模块"由"细项"组成，而每个"细项"并非同样重要，因此需要规划出"细项"的重要程度，明确其关系，才能求出每个"模块"的合理分值，此时再同样结合"模块"之间的关系权重比例进行计算，就能得到每个园区的创新力合理分值。此外，由于部分采集项为选择题，选择不同的选项后须匹配不同的分值，此时也需要关系权重。

2. 比例权重针对"采集项"设定。设置比例权重的核心作用在于让不同单位或尺度的数据能够在合适的范围内进行计算。例如，某个"细项"分数需要由 A 采集项与 B 采集项相加构成，二者重要程度相当，然而 A 的数额过万，而 B 的数额正常情况下为个位数。相对于 A 而言，B 的数字无论各园区怎么填写，最终算出的"细项"分值所受 B 采集项的影响微乎其微，导致 B 采集项的存在失去意义。因此需要调整 A 与 B 的比例，如为 A 赋予 0.001 的比例权重，使 A 与 B 能处于较接近的数额区间内进行计算。此外，由于部分采集项为选择题，选择不同的选项后须匹配不同的分值。

3. 经项目组多次商讨、调整，及联系相关专家与园区代表进行咨询，确定数据模型中各项"模块"与"细项"的重要度排序与权重值。

由于采集项内容过多，下文将不作其排序与分值展示，本节只重点描述调研模块及其细项的权重设置说明。

2-2-6 园区综合发展力指数建立说明

为了使政府部门在宏观层面上对我国工业设计的发展有一个更加清晰的认识，同时也帮助各级地方政府建立一个可以量化归档的工业设计发展评价体系，除了对园区综合发展力进行调研与分析之外，从数据中抽炼出与工业设计园区健康发展相关的综合发展力指数十分重要。分析和评价我国设计类园区的综合发展力状况如何，除了进行定性的描述和分析之外，更重要的是需要对其进行定量描述和定量分析。所谓的定量分析就是要寻找或建立一个度量标尺，通过这一度量标尺去测量一个园区的创新力状况，进而回答人们普遍关心的问题，如某工业设计园区综合发展力的水平与发展态势如何，在国内与其他国家进行比较它所处的位置在哪里，回答这些问题是度量或评价工业设计园区综合发展力的目的和意义所在。

基于本次研究所构建的综合发展力分析数据模型，年度园区综合发展力指数建立的方法进行说明。汇总各园区在不同层面上的各项最优成绩，将其组成一个假想的园区综合发展力理想状态，算出理想总分，作为年度园区综合发展力最佳评价标准（满分标准）。随后将每个园区的得分按照其数值与理想总分的比例关系进行比较，按照"良好"、"准优秀"、"优秀"三个层级对被调研的园区进行等级评定，最后对理想总分与被调研的园区总分进行百分制换算，以更易理解的数据状态抽取分数线对外公布。

选出各项最优成绩的意义在于，确保理想总分（满分）处于合理的范围内，因为其每一个细项的得分都源自于真实数据，都是已有园区可做到的。以等级评定进行公布而非具体分值的意义在于，园区综合发展能力没有绝对唯一的行动标准，园区的发展方式也是多样化的，具有地域性的，某种程度上甚至是不可复制的。因此当我们用统一的标准去对其综合发展能力进行评估对比的时候，定量与定性分析内容的比例须得当。用具体且死板的数字来为园区增添评价舆论上的压力是极其不合适的做法，应该向其呈现区间范围的评定，鼓励园区在模糊的分级概念下继续进行探索。

百分制转化的意义在于，当园区综合发展力的相关数据被公布出来的时候，我们不需要再为解释该数据处于什么位置或状态而感到苦恼。因此百分制是社会各界人士最能理解的评分方式。从园区综合发展力调研表数据采集项得分中提取合理的最大值。此处所说的合理最大值并非指数额最大的数值，而是指与各数据所在区间关系最密切的高分值。

2-3
执行和支持研究的相关机构与单位

本研究的执行单位由清华大学艺术与科学研究中心设计战略与原型创新研究所独立完成。

支持本研究的相关机构与单位主要有来自清华大学、中国工业设计协会以及工业与信息化部等下属部门。

在执行过程中，清华大学艺术与科学研究中心设计战略与原型创新研究所克服了疫情期间的重重困难，通过线上和网络平台持续保持了对考察内容和相关人士的访谈和资料整理工作。支持单位也在各个阶段给予了不同角度的指导和研究支撑。

2-3-1
清华大学艺术与科学研究中心设计战略与原型创新研究所

清华大学艺术与科学研究中心设计战略与原型创新研究所于 2010 年 10 月成立，隶属于清华大学艺术与科学研究中心。清华大学设计战略与原型创新研究所，作为国内工业设计理论研究和设计实践领域的重要力量，积累了几十年丰富的研究经验，承接过大量的重大研究课题，并为设计产业政策规划提出过重要参考意见。同时，作为园区联盟的副主席单位，对于园区联盟的工作十分熟悉，因此，亦是中国工业设计协会专家工作委员会的主要研究机构。在当前国家发展阶段到了工业设计真正能够发挥作用的时候，在工信部、中国工业设计协会、广东省政府、顺德区政府以及广东工业设计城等有关部门的大力支持下，分别在宏观与微观、理论与实践两个领域展开学术研究。

以硕、博研究生为主要组成的跨学科团队，在国家课题层面，通过课题研究的方式为政府制定相关设计战略和政策提供参考，探索我国工业设计的创新机制和设计园区的发展模式；在地区层面，通过所在产业园区的原型设计创新实践、基础实验室、设计数据库的建设、设计培训等设计相关产业链的建设，为地方工业设计产业发展提供支持；在企业层面，通过具体的研发项目实施，为企业提供原创设计，并带动整个产业的产品革新，提升企业持续创新能力。其研究的领域包含：（1）"跨学科集成、整合创新模式"；（2）"政产学研"平台的战略规划；（3）"引领设计教育转型"；（4）"实验型的创新研究实践"；（5）"集成创新与国际交流"。

2-3-2
中国工业设计协会

中国工业设计协会是 1979 年经国务院批准，在国家民政部注册的社团法人，属国家一级协会，是中国工业设计领域唯一的国家级行业组织。中国工业设计协会是我国从事工业设计、艺术设计事业的企事业单位、社会团体和工业设计、艺术设计工作者，以及支持和热心工业设计、艺术设计事业的有关部门、企业家和活动家，自愿联合组成的全国性行业性学术性社会团体。协会以经济建设和社会发展为中心，推动我国工业设计的产业化发展、艺术设计事业的发展，提高企业及其产品的市场竞争力，促进经济发展和社会进步。协会英文译名为 China Industrial Design Association，缩写为 CIDA。主管单位中国科学技术协会和社团登记机关国家民政部的业务指导和监督管理。

2-3-3
中国工业设计协会专家工作委员会

中国工业设计协会专家工作委员会是中国工业设计协会下属的二级机构，为贯彻落实国家工信部等十一个部门《关于促进工业设计发展的若干指导意见》，推动工业设计集聚发展，打造和提升国内工业设计研究的整体实力，促进政产学研相结合，巩固中国工业设计协会在设计研究领域的重要地位，并进一步打造依托企业和工业设计园区所在地区的产业集群，专家工作委员会和所属的"专家库"应运而生。

第三届（2024—2027）"专家工作委员会"名单请见本书附录。

2-3-4

工业和信息化部国际经济技术合作中心工业经济研究所

工业和信息化部国际经济技术合作中心工业和信息化部国际经济技术合作中心成立于 2011 年 7 月，它是工业和信息化部的直属正局级事业单位。中国贸促会电子信息行业分会挂靠运行。中心内设 4 个研究机构。工业经济研究所主要聚焦国内外产业政策研究、地方国际产业合作园区共建、产业发展规划撰写、多双边合作执行平台服务支撑，以及国际会议、大型论坛、工业设计主题博览会组织执行，工业设计相关主题赛事培训活动举办等。工业经济研究所是"一带一路"工业通信业智库联盟秘书处，中俄工业合作执行平台秘书处，长期支撑我部开展国家级工业设计中心、国家工业设计研究院的评定、培育、研究等相关工作。工业经济研究所牵头举办的"工业设计服务地方行"被列为全国中小企业服务月工业和信息化部部属单位十大品牌活动。

2-3-5

清华大学艺术与科学研究中心

清华大学艺术与科学研究中心是清华大学艺术与科学的跨学科基础理论研究及应用研究平台。致力于高水平的学术研究基地和学术交流中心的建设，同时为复合型人才的培养做出试验性探索。

中心由李政道教授和吴冠中教授任名誉主任。现有专职研究人员 15 名，校内外兼职人员 10 名，分属 3 个不同的研究方向，分别为基础理论研究、应用研究及教育研究。于 2002 年 4 月成立了中心顾问委员会，顾问委员会分别由不同领域卓有成就的专家、学者担任，负责该中心发展的宏观指导。为保证学术研究的健康发展，该中心科研管理是通过课题组研究专人负责、聘任制和激励机制的建立。形成学术争鸣、人员流动、内外联合的运作模式，不断探索创新，使之成为艺术与科学跨学科研究的"思想库"、"信息库"和"人才库"，努力将中心建设成为有影响力的高水平研究机构。

第 3 章

与设计园区建设相关的政策汇集

Compilation of policies related to the construction of design parks

从《"十一五"国民经济发展规划纲要》提出发展专业化的工业设计，到 2007 年温家宝总理亲笔批示"要高度重视工业设计"；再到 2016 年《国务院关于印发"十三五"国家科技创新规划的通知》中"加快推进工业设计、文化创意和相关产业融合发展，提升我国重点产业的创新设计能力"，2021 年《中华人民共和国国民经济和社会发展第十四个五年规划和 2035 年远景目标纲要》明确提出："推动工业设计深度赋能产业发展，推动工业设计服务链条延伸，将设计融入制造业战略规划、产品研发、生产制造和商业运营全周期，推动工业设计与制造业全领域的深度结合必将成为工业设计发展的新模式"等政策情况系统梳理和解读对于全面把控我国工业设计发展现状和指导我国工业设计产业的发展具有着重要意义。本章主要从国务院及相关部委的层面，对促进工业设计发展的相关政策进行搜集整理和归纳分析，以期对我国的工业设计政策有一个比较清晰的认识和理解。

3-1

综述

国务院关于印发《中国制造 2025》的通知中提道：新一代信息技术与制造业深度融合，正在引发影响深远的产业变革，形成新的生产方式、产业形态、商业模式和经济增长点，这意味着全球制造业格局面临重大调整，也为我国制造业转型升级、创新发展迎来重大机遇。同时，随着新型工业化、信息化、城镇化、农业现代化同步推进，超大规模内需潜力不断释放，为我国制造业发展提供了广阔空间。

但我国仍处于工业化进程中，与先进国家相比还有较大差距。制造业大而不强，自主创新能力弱，关键核心技术与高端装备对外依存度高，以企业为主体的制造业创新体系不完善；产品档次不高，缺乏世界知名品牌；而发展工业设计则成为这一进程中的重要一环。

我国从《"十一五"国民经济发展规划纲要》首先提出"发展专业化的工业设计"；到2007年温家宝总理亲笔批示"要高度重视工业设计"；再到2016年《国务院关于印发"十三五"国家科技创新规划的通知》中"加快推进工业设计、文化创意和相关产业融合发展，提升我国重点产业的创新设计能力。"国家对于工业设计发展的重视程度以及推动力度愈发强烈，其相关的促进、支持政策发布也趋于全面化和系统化。

因此，针对这些政策进行系统全面的梳理和解读分析，对于全面把控我国工业设计发展现状和指导我国工业设计产业的发展具有着重要意义。本研究主要从国务院及相关部委的层面，对促进工业设计发展的相关政策进行搜集整理和归纳分析，以期对我国的工业设计政策有一个比较清晰的认识和理解。

3-2
设计相关政策总览

通过对我国促进工业设计发展相关政策的搜集和整理我们发现：

一方面，近 10 年来，国务院针对促进工业设计发展的相关政策文件呈现出稳步增长的趋势，这充分地反映出政府对于我国工业设计产业发展的重视程度和推动力度愈发强烈；另一方面，以主管部门工信部为主，文化部、科技部、财政部、发改委等相关部委也根据自身主管领域、职能范围，相继出台了一系列促进、支持工业设计行业发展的许多政策措施。

整体来看，我国初步形成了一个国务院把握大方向，工信部和各部委多方面配合贯彻实施的一套系统的推进我国工业设计产业发展的政策群。为我国工业设计产业的发展确立了整体的发展方向、给出了对应的发展办法和支撑条件。

3-2-1
我国促进工业设计发展相关政策的发布情况

为了对我国促进工业设计设计发展的相关政策有一个宏观的认识，对搜集整理的政策从行政部门、发布时间的维度进行分类梳理。具体见下方：表 3-1、表 3-2、表 3-3。

3-2-2
我国重要设计政策发布一览

表 3-1　国务院促进工业设计发展相关政策一览

序号	行政部门	文　件　名　称	文件编号	时　间
1	国务院	《国务院关于加快发展服务的若干意见》	国发〔2007〕7 号	2007 年 03 月
2	国务院	《国务院办公厅关于加快发展服务业若干政策措施的实施意见》	国办发〔2008〕11 号	2008 年 03 月
3	国务院	《国务院关于进一步促进中小企业发展的若干意见》	国发〔2009〕36 号	2009 年 09 月
4	国务院	《国务院关于推进上海加快发展现代服务业 和先进制造业建设国际金融中心和国际航运中心的意见》	国发〔2009〕19 号	2009 年 04 月

序号	行政部门	文 件 名 称	文件编号	时 间
5	国务院	《国务院关于落实〈政府工作报告〉重点工作部门分工的意见》	国发〔2010〕8号	2010年03月
6	国务院	《国务院办公厅关于加快发展高技术服务业的指导意见》	国办发〔2011〕58号	2011年12月
7	国务院	《国务院关于印发工业转型升级规划(2011—2015年)的通知》	国发〔2011〕47号	2011年12月
8	国务院	《国务院关于支持赣南等原中央苏区振兴发展的若干意见》	国发〔2012〕21号	2012年06月
9	国务院	《国务院关于大力推进信息化发展和切实保障信息安全的若干意见》	国发〔2012〕23号	2012年06月
10	国务院	《国务院关于印发服务业发展"十二五"规划的通知》	国发〔2012〕62号	2012年12月
11	国务院	《国务院关于印发"十二五"国家自主创新能力建设规划的通知》	国发〔2013〕4号	2013年01月
12	国务院	《国务院关于推进文化创意和设计服务与相关产业融合发展的若干意见》	国发〔2014〕10号	2014年02月
13	国务院	《国务院关于加快发展生产性服务业促进产业结构调整升级的指导意见》	国发〔2014〕26号	2014年07月
14	国务院	《国务院关于加快构建大众创业万众创新支撑平台的指导意见》	国发〔2015]53号	2015年09月
15	国务院	《国务院关于印发中国(广东)自由贸易试验区总体方案的通知》	国发〔2015〕18号	2015年04月
16	国务院	《国务院关于印发〈中国制造2025〉的通知》	国发〔2015〕28号	2015年05月
17	国务院	《国务院关于积极推进"互联网+"行动的指导意见》	国发〔2015〕40号	2015年07月
18	国务院	《国务院关于积极发挥新消费引领作用加快培育形成新供给新动力的指导意见》	国发〔2015〕66号	2015年11月

序号	行政部门	文 件 名 称	文件编号	时 间
19	国务院	《国务院办公厅关于加快众创空间发展服务实体经济转型升级的指导意见》	国办发〔2016〕7号	2016年02月
20	国务院	《国务院办公厅关于开展消费品工业"三品"专项行动营造良好市场环境的若干意见》	国办发〔2016〕40号	2016年05月
21	国务院	《国家创新驱动发展战略纲要》		2016年
22	国务院	《国务院关于印发"十三五"国家科技创新规划的通知》	国发〔2016〕43号	2016年07月
23	国务院	《国务院关于印发北京加强全国科技创新中心建设总体方案的通知》	国发〔2016〕52号	2016年09月
24	国务院	《国务院关于印发"十三五"国家战略性新兴产业发展规划的通知》	国发〔2016〕67号	2016年12月
25	国务院	《关于促进移动互联网健康有序发展的意见》		2017年1月
26	国务院	《国务院办公厅关于创新管理优化服务培育壮大经济发展新动能加快新旧动能接续转换的意见》	国发〔2017〕4号	2017年1月
27	国务院	《国家"十三五"时期文化发展改革规划纲要》		2017年5月
28	国务院	《中共中央 国务院关于开展质量提升行动的指导意见》		2017年9月
29	国务院	《国务院办公厅关于创建"中国制造2025"国家级示范区的通知》	国发〔2017〕90号	2017年11月
30	国务院	《国务院关于深化"互联网+先进制造业"发展工业互联网的指导意见》		2017年11月
31	国务院	《国务院关于全面加强基础科学研究的若干意见》	国发〔2018〕4号	2018年1月
32	国务院	《国务院关于实施乡村振兴战略的意见》		2018年1月
33	国务院	《国务院关于推行终身职业技能培训制度的意见》	国发〔2018〕11号	2018年5月

序号	行政部门	文 件 名 称	文件编号	时 间
34	国务院	《国务院关于完善促进消费体制机制 进一步激发居民消费潜力的若干意见》		2018年9月
35	国务院	《国务院关于支持自由贸易试验区深化改革创新若干措施的通知》	国发〔2018〕38号	2018年11月
36	国务院	《粤港澳大湾区发展规划纲要》		2019年2月
37	国务院	《关于促进中小企业健康发展的指导意见》		2019年4月
38	国务院	《数字乡村发展战略纲要》		2019年5月
39	国务院	国务院关于推进国家级经济技术开发区创新提升打造改革开放新高地的意见	国发〔2019〕11号	2019年5月
40	国务院	国务院关于推进国家级经济技术开发区创新提升打造改革开放新高地的意见	国发〔2019〕11号	2019年5月
41	国务院	中共中央 国务院关于推进贸易高质量发展的指导意见		2019年11月
42	国务院	《长江三角洲区域一体化发展规划纲要》		2019年12月
43	国务院	国务院办公厅关于支持国家级新区深化改革创新加快推动高质量发展的指导意见	国办发〔2019〕58号	2020年1月
44	国务院	国务院关于新时代推进西部大开发形成新格局的指导意见		2020年5月
45	国务院	关于新时代加快完善社会主义市场经济体制的意见		2020年5月
46	国务院	国务院办公厅关于提升大众创业万众创新示范基地带动作用进一步促改革稳就业强动能的实施意见	国办发〔2020〕26号	2020年7月
47	国务院	国务院关于印发新时期促进集成电路产业和软件产业高质量发展若干政策的通知	国发〔2020〕8号	2020年8月
48	国务院	《关于加强新时代民营经济统战工作的意见》		2020年9月

序号	行政部门	文 件 名 称	文件编号	时 间
49	国务院	国务院办公厅转发国家发展改革委关于促进特色小镇规范健康发展意见的通知	国办发〔2020〕33号	2020年9月
50	国务院	国务院办公厅关于印发新能源汽车产业发展规划(2021—2035年)的通知		2020年11月
51	国务院	中共中央关于制定国民经济和社会发展第十四个五年规划和二〇三五年远景目标的建议		2020年11月
52	国务院	国务院办公厅关于推进对外贸易创新发展的实施意见	国办发〔2020〕40号	2020年11月
53	国务院	中共中央 国务院关于全面推进乡村振兴加快农业农村现代化的意见		2021年1月
54	国务院	国务院关于加快建立健全绿色低碳循环发展经济体系的指导意见	国发〔2021〕4号	2021年2月
55	国务院	《国家综合立体交通网规划纲要》		2021年2月
56	国务院	国务院关于新时代推动中部地区高质量发展的意见		2021年4月
57	国务院	关于支持浙江高质量发展建设共同富裕示范区的意见		2021年5月
58	国务院	《横琴粤澳深度合作区建设总体方案》		2021年9月
59	国务院	《全面深化前海深港现代服务业合作区改革开放方案》		2021年9月
60	国务院	《黄河流域生态保护和高质量发展规划纲要》		2021年10月
61	国务院	《国家标准化发展纲要》		2021年10月
62	国务院	国务院关于印发"十四五"旅游业发展规划的通知	国发〔2021〕32号	2022年1月
63	国务院	国务院关于印发扎实稳住经济一揽子政策措施的通知	国发〔2022〕12号	2022年5月

表 3-2 工业和信息化部促进工业设计发展相关政策一览

序号	行政部门	文件名称	文件编号	时　间
1	工业和信息化部	《关于促进工业设计发展的若干指导意见》	工信部联产业〔2010〕390 号	2010 年 07 月
2	工业和信息化部	《国家级工业设计中心认定管理办法（试行）》	工信部产业〔2012〕422 号	2012 年 09 月
3	工业和信息化部	《加快发展服务型制造》	产业政策司	2015 年 05 月
4	工业和信息化部	关于印发《发展服务型制造专项行动指南》的通知	工信部联产业〔2016〕231 号	2016 年 07 月
5	工业和信息化部	关于印发《促进装备制造业质量品牌提升专项行动指南》的通知	工信部联科〔2016〕268 号	2016 年 08 月
6	工业和信息化部	《轻工业发展规划（2016—2020 年）》	工信部规〔2016〕241 号	2016 年 08 月
7	工业和信息化部	《深入推进新型工业化产业示范基地建设的指导意见》	工信部联规〔2016〕212 号	2016 年 08 月
8	工信部 发改委	《两部委关于印发信息产业发展指南的通知》	工信部联规〔2016〕453 号	2017 年 01 月
9	工业和信息化部	《工业和信息化部办公厅关于组织开展 2017 年度国家级工业设计中心认定工作的通知》	工信厅产业函〔2017〕186 号	2017 年 04 月
10	工业和信息化部	《工业和信息化部办公厅关于深入推进工业产品生态（绿色）设计示范企业创建工作的通知》	工信厅节函〔2017〕243 号	2017 年 05 月
11	工业和信息化部办公厅	工业和信息化部办公厅关于全面推进移动物联网（NB-IoT）建设发展的通知	工信厅通信函〔2017〕351 号	2017 年 6 月
12	工业和信息化部 国务院国有资产监督管理委员会 国家标准化管理委员	三部门关于深入推进信息化和工业化融合管理体系的指导意见	工信部联信软〔2017〕155 号	2017 年 7 月
13	工业和信息化部 发展改革委 科技部 财政部 环境保护部	五部委关于加强长江经济带工业绿色发展的指导意见	工信部联节〔2017〕178 号	2017 年 7 月
14	工业和信息化部 国家发展改革委	信息产业发展指南		2017 年 2 月

序号	行政部门	文件名称	文件编号	时　间
15	工业和信息化部办公厅	工业和信息化部办公厅关于做好2018年工业质量品牌建设工作的通知	工信厅科函〔2018〕83号	2018年3月
16	工业和信息化部办公厅	《智能制造综合标准化与新模式应用项目管理工作细则》		2018年3月
17	工业和信息化部办公厅	《工业和信息化部办公厅关于印发2018年消费品工业"三品"专项行动重点工作安排的通知》	工信厅消费〔2018〕35号	2018年5月
18	工业和信息化部 应急管理部 财政部 科技部	四部委关于加快安全产业发展的指导意见	工信部联安全〔2018〕111号	2018年6月
19	工业和信息化部	工业和信息化部关于工业通信业标准化工作服务于"一带一路"建设的实施意见	工信部科〔2018〕231号	2018年11月
20	工业和信息化部 中国农业银行	两部门关于推进金融支持县域工业绿色发展工作的通知	工信部联节〔2018〕247号	2018年11月
21	工业和信息化部 发展改革委 财政部 国资委	四部门关于印发《促进大中小企业融通发展三年行动计划》的通知	工信部联企业〔2018〕248号	2018年11月
22	工业和信息化部 教育部 人力资源和社会保障部 生态环境部 国家卫生健康委员会 应急管理部 国务院国有资产监督管理委员会 国家市场监督管理总局 国家能源局 国家国防科技工业局	十部门关于印发加强工业互联网安全工作的指导意见的通知	工信部联网安〔2019〕168号	2019年8月
23	工业和信息化部	工业和信息化部关于促进制造业产品和服务质量提升的实施意见	工信部科〔2019〕188号	2019年9月

序号	行政部门	文件名称	文件编号	时　间
24	工业和信息化部	工业和信息化部关于加快培育共享制造新模式新业态 促进制造业高质量发展的指导意见	工信部产业〔2019〕226号	2019年10月
25	工业和信息化部 国家发展和改革委员会 教育部 财政部 人力资源和社会保障部 商务部 国家税务总局 国家市场监督管理总局 国家统计局 中国工程院 中国银行保险监督管理委员会 中国证券监督管理委员会 国家知识产权局	十三部门关于印发制造业设计能力提升专项行动计划（2019—2022年）的通知	工信部联产业〔2019〕218号	2019年10月
26	工业和信息化部	工业和信息化部关于推动5G加快发展的通知	工信部通信〔2020〕49号	2020年3月
27	工业和信息化部	工业和信息化部办公厅关于深入推进移动物联网全面发展的通知	工信厅通信〔2020〕25号	2020年5月
28	工业和信息化部 国家发展和改革委员会 教育部 科学技术部 财政部 人力资源和社会保障部 自然资源部 生态环境部 商务部 中国人民银行 国家市场监督管理总局 国家统计局 中国银行保险监督管理委员会 中国证券监督管理委员会 国家知识产权局	十五部门关于进一步促进服务型制造发展的指导意见	工信部联政法〔2020〕101号	2020年7月

序号	行政部门	文件名称	文件编号	时 间
29	工业和信息化部 国家发展和改革委员会 科学技术部 财政部 人力资源和社会保障部 生态环境部 农业农村部 商务部 文化和旅游部 中国人民银行 海关总署 国家税务总局 国家市场监督管理总局 国家统计局 中国银行保险监督管理委员会 中国证券监督管理委员会 国家知识产权局	十七部门关于健全支持中小企业发展制度的若干意见	工信部联企业〔2020〕108 号	2020 年 7 月
30	工业和信息化部 科技部 财政部 商务部 国务院国有资产监督管理委员会 中国证券监督管理委员会	六部门关于加快培育发展制造业优质企业的指导意见	工信部联政法〔2021〕70 号	2021 年 7 月
31	工业和信息化部 科学技术部 生态环境部	工业和信息化部 科学技术部 生态环境部关于印发环保装备制造业高质量发展行动计划（2022—2025 年）的通知	工信部联节〔2021〕237 号	2022 年 1 月
32	国务院工信部 人力资源社会保障部 工业和信息化部 国务院国资委	国务院工信部 人力资源社会保障部 工业和信息化部 国务院国资委 关于印发《制造业技能根基工程实施方案》的通知	人社部发〔2022〕33 号	2022 年 1 月
33	工业和信息化部	工业和信息化部办公厅关于成立国家制造强国建设战略咨询委员会智能制造专家委员会的通知	工信厅通装函〔2022〕4 号	2022 年 6 月
34	工业和信息化部	工业和信息化部等五部门关于印发《制造业可靠性提升实施意见》的通知	工信部联科〔2023〕77 号	2023 年 1 月

序号	行政部门	文件名称	文件编号	时　间
35	工业和信息化部 国家发展改革委 财政部 生态环境部	工业和信息化部 国家发展改革委 财政部 生态环境部 交通运输部关于印发船舶制造业绿色发展行动纲要（2024—2030 年）的通知	工信部联重装〔2023〕254 号	2023 年 3 月
36	工业和信息化部 财政部	关于印发电子信息制造业2023—2024 年稳增长行动方案的通知	工信部联电子〔2023〕132 号	2023 年 3 月
37	工业和信息化部	工业和信息化部关于印发《国家工业遗产管理办法》的通知	工信部政法〔2023〕24 号	2023 年 6 月
38	工业和信息化部 国家发展改革委 商务部	工业和信息化部 国家发展改革委 商务部 关于印发轻工业稳增长工作方案（2023—2024 年）的通知	工信部联消费〔2023〕101 号	2023 年 7 月
39	工业和信息化部	工业和信息化部关于印发制造业技术创新体系建设和应用实施意见的通知	工信部科〔2023〕122 号	2023 年 7 月
40	工业和信息化部 国家发展改革委 金融监管总局	工业和信息化部等三部门关于印发《制造业卓越质量工程实施意见》的通知	工信部联科〔2023〕249 号	2023 年 8 月
41	工业和信息化部办公厅	工业和信息化部办公厅关于印发钢铁行业智能制造标准体系建设指南（2023 版）的通知	工信厅科〔2023〕55 号	2023 年 8 月
42	工业和信息化部 国家发展改革委 教育部 财政部 中国人民银行 税务总局 金融监管总局 中国证监会	工业和信息化部等八部门关于加快传统制造业转型升级的指导意见	工信部联规〔2023〕258 号	2023 年 9 月
43	工业和信息化部	工业和信息化部关于印发《国家级工业设计中心认定管理办法》的通知	工信部政法〔2023〕93 号	2023 年 12 月
44	工业和信息化部 国家发展和改革委员会 生态环境部	工业和信息化部 国家发展和改革委员会 生态环境部 关于推动铸造和锻压行业高质量发展的指导意见	工信部联通装〔2023〕40 号	2023 年 12 月

表 3-3　文化和旅游部促进工业设计发展相关政策一览

序号	行政部门	文 件 名 称	文件编号	时 间
1	文化部	文化部关于印发《文化部"十二五"时期文化产业倍增计划》的通知	文产发〔2012〕7号	2012年02月
2	文化部	《文化部关于加快文化产业发展的指导意见》	文化部〔2009〕	2009年09月
3	文化部	《文化部关于加强文化产业园区基地管理、促进文化产业健康发展的通知》	文产函〔2010〕1169号	2010年06月
4	文化部	文化部关于印发《文化部"十二五"时期文化改革发展规划》的通知	文政法发〔2012〕13号	2012年05月
5	文化部	《文化部关于鼓励和引导民间资本进入文化领域的实施意见》	文产发〔2012〕17号	2012年06月
6	文化部	文化部办公厅关于印发《文化部"十二五"文化科技发展规划》的通知	办科技发〔2012〕18号	2012年09月
7	文化部	文化部办公厅关于修订印发《国家文化产业示范基地管理办法》的通知		2014年04月
8	文化部	文化部关于贯彻落实《国务院关于推进文化创意和设计服务与相关产业融合发展的若干意见》的实施意见		2015年04月
9	文化部	文化部关于推动数字文化产业创新发展的指导意见	文产发〔2017〕8号	2017年4月
10	文化和旅游部	《国家级文化生态保护区管理办法》		2018年12月
11	文化和旅游部	《国家级非物质文化遗产代表性传承人认定与管理办法》		2019年11月
12	文化和旅游部	《文化和旅游部关于推动数字文化产业高质量发展的意见》		2020年11月
13	文化和旅游部国家发展改革委财政部	文化和旅游部 国家发展改革委 财政部关于推动公共文化服务高质量发展的意见	文旅公共发〔2021〕21号	2021年3月
14	文化和旅游部	文化和旅游部办公厅关于推进旅游商品创意提升工作的通知	办资源发〔2021〕124号	2021年7月

序号	行政部门	文 件 名 称	文件编号	时　间
15	文化和旅游部	文化和旅游部关于推动国家级文化产业园区高质量发展的意见	文旅产业发〔2021〕131号	2021年12月
16	文化和旅游部 教育部 自然资源部 农业农村部 国家乡村振兴局 国家开发银行	关于推动文化产业赋能乡村振兴的意见	文旅产业发〔2022〕33号	2022年3月
17	文化和旅游部	文化和旅游部等十部门发文促进乡村民宿高质量发展		2022年7月
18	文化和旅游部	文化和旅游部办公厅关于实施"文化产业园区携行计划"的通知	办产业发〔2022〕137号	2022年8月

表3-4　国家发展改革委员会促进工业设计发展相关政策一览

序号	行政部门	文 件 名 称	文件编号	时　间
1	国家发展改革委	国家发展改革委关于培育发展现代化都市圈的指导意见	发改规划〔2019〕328号	2019年2月
2	国家发展改革委 工业和信息化部 中央网信办 教育部 财政部 人力资源社会保障部 自然资源部 商务部 人民银行 市场监管总局 统计局 版权局 银保监会 证监会 知识产权局	关于推动先进制造业和现代服务业深度融合发展的实施意见	发改产业〔2019〕1762号	2019年11月
3	国家发展改革委 市场监管总局	国家发展改革委 市场监管总局关于新时代服务业高质量发展的指导意见	发改产业〔2019〕1602号	2019年10月

序号	行政部门	文件名称	文件编号	时间
4	国家发展改革委 教育部 科技部 工业和信息化部 司法部 人力资源社会保障部 自然资源部 生态环境部 交通运输部 商务部 人民银行 市场监管总局 银保监会	关于加快推动制造服务业高质量发展的意见	发改产业〔2021〕372号	2021年3月
5	国家发展改革委 中央宣传部 教育部 工业和信息化部 公安部 民政部 财政部 人力资源社会保障部 自然资源部 生态环境部 住房城乡建设部 交通运输部 农业农村部 商务部 文化和旅游部 卫生健康委 人民银行 海关总署 税务总局 市场监管总局 广电总局 体育总局 证监会	关于促进消费扩容提质加快形成强大国内市场的实施意见	发改就业〔2020〕293号	2020年2月
6	国家发展改革委办公厅 教育部办公厅 工业和信息化部办公厅 人力资源社会保障部办公厅 农业农村部办公厅 国务院国资委办公厅	关于深入组织实施创业带动就业示范行动的通知	发改办高技〔2021〕244号	2021年3月

序号	行政部门	文 件 名 称	文件编号	时 间
7	国家发展改革委 国家能源局综合司	发改委 国家发展改革委办公厅 国家能源局综合司关于促进光伏产业链健康发展有关事项的通知	发改办运行〔2022〕788号	2022年9月
8	发展改革委 外交部 生态环境部 商务部	"国家发展改革委等部门关于推进共建'一带一路'绿色发展的意见"	发改开放〔2022〕408号	2022年1月
9	国家发展改革委	"国家发展改革委关于进一步完善政策环境加大力度支持民间投资发展的意见"	发改投资〔2022〕1652号	2022年3月
10	国家发展改革委	"国务院办公厅转发国家发展改革委等部门关于加快推进城镇环境基础设施建设指导意见的通知"	国办函〔2022〕7号	2022年7月
11	国家发展改革委 国家乡村振兴局 教育部 工业和信息化部 公安部 民政部 财政部 人力资源社会保障部 自然资源部 住房和城乡建设部 交通运输部 农业农村部 商务部 文化和旅游部 国家卫生健康委 中国人民银行 银保监会 市场监管总局 国家林草局	国家发展改革委等部门关于推动大型易地扶贫搬迁安置区融入新型城镇化实现高质量发展的指导意见	发展振兴〔2022〕1923号	2022年10月
12	国家发展改革委	国家发展改革委等部门关于新时代推进品牌建设的指导意见	发改产业〔2022〕1183号	2022年12月
13	国家发展改革委	国家发展改革委关于印发《国家碳达峰试点建设方案》的通知	发改环资〔2023〕1409号	2023年10月

3-3
国务院促进工业设计发展的主要政策

中华人民共和国国务院，即中央人民政府，是最高国家权力机关的执行机关，是最高国家行政机关。国务院由总理、副总理、国务委员、各部部长、各委员会主任、审计长、秘书长组成。国务院实行总理负责制。各部、各委员会实行部长、主任负责制。

3-3-1
国务院行政组织架构

2013 年 3 月 10 日，国务院机构改革和职能转变方案公布。当前，国务院设置办公厅、国务院组成部门（26 个）、国务院直属特设机构（1 个）、国务院直属机构（14 个）、国务院办事机构（1 个）、国务院直属事业单位（7 个）、国务院部委管理的国家局（17 个）。

3-3-2
国务院促进工业设计发展的相关政策发布情况

2006 年至今，国务院在这十七年间发布了近 63 份文件提到和重点强调工业设计发展的重要性并提出一系列重要指导意见以促进工业设计发展。并且近些年发布的政策数量呈现逐渐增多，专题呈现更加针对性的特点，由此可见国家对于工业设计行业以及相关产业发展的关注和重视程度越来越高。

3-3-3
国务院促进工业设计发展的主要政策节选

《国务院办公厅关于创建"中国制造 2025"国家级示范区的通知》《国务院办公厅关于创新管理优化服务培育壮大经济发展新动能加快新旧动能接续转换的意见》《国务院关于深化"互联网＋先进制造业"发展工业互联网的指导意见》《中共中央 国务院关于实施乡村振兴战略的意见》《国务院办公厅关于支持国家级新区深化改革创新加快推动高质量发展的指导意见》《关于促进中小企业健康发展的指导意见》《数字乡村发展战略纲要》《中共中央关于制定国民经济和社会发展第十四个五年规划和二〇三五年远景目标的建议》《关于加强新时代民营经济统战工作的意见》《国务院关于促进国家高新技术产业开发区高质量发展的若干意见》《国务院办公厅关于提升大众创业万众创新示范基地带动作用进一步促改革稳就业强动能的实施意见》《中共中央 国务院关于全面推进乡村振兴加快农业农村现代化的意见》《中共中央 国务院关于新时代推动中部地区高质量发展的意见》《全面深化前海深港现代服务业合作区改革开放方案》《中共中央关于制定国民经济和社会发展第十四个五年规划和二〇三五年远景目标的建议》等多项文件对设计产业发展的重要性做出强调，并给出系列重要意见。

其中重点部分节选如下：

《国家"十三五"时期文化发展改革规划纲要》节选：

（三）优化文化产业结构布局。加快发展网络视听、移动多媒体、数字出版、动漫游戏、创意设计、3D和巨幕电影等新兴产业，推动出版发行、影视制作、工艺美术、印刷复制、广告服务、文化娱乐等传统产业转型升级，鼓励演出、娱乐、艺术品展览等传统业态实现线上线下融合。开发文化创意产品，扩大中高端文化供给，推动现代服务业发展。围绕"一带一路"建设、京津冀协同发展、长江经济带发展等国家战略，加强重点文化产业带建设。发掘城市文化资源，推进城市文化中心建设。支持中西部地区、民族地区、贫困地区发展特色文化产业。

（五）保护和发展传统工艺。加强对中国传统工艺的传承保护和开发创新，挖掘技术与文化双重价值。推动传统工艺走进现代生活，运用现代设计改进传统工艺，促进传统工艺提高品质、形成品牌、带动就业。（完善现代文化市场体系和现代文化产业体系部分节选）

（二）落实和完善文化税收政策。落实经营性文化事业单位转制为企业以及支持文化创意和设计服务、电影、动漫、出版发行等文化企业发展的相关政策，落实支持社会组织、机构、个人捐赠和兴办公益性文化事业的相关政策。研究非物质文化遗产项目经营等方面的税收优惠政策。按照财税体制改革的总体要求，结合文化产业发展的实际需要，完善相关政策，加强对政策执行情况的评估督察，推动文化企业把社会效益放在首位、更好实现社会效益和经济效益有机统一。（完善和落实文化经济政策部分节选）

《国务院办公厅关于创建"中国制造 2025"国家级示范区的通知》节选：

紧密结合"互联网＋"和大众创业万众创新，大胆探索军民融合新模式，大力改造提升传统产业，加快培育平台型大企业和"专精特新"中小企业，做强一批具有核心竞争力的新型制造企业，推动大中小企业融通发展，形成若干有较强影响力的协同创新高地和优势突出的先进制造业集群，促进我国产业迈向全球价值链中高端。着力激发创新活力，建立以市场为导向、以企业为主体、产学研深度融合的技术创新体系，加大对共性技术、通用技术研发的支持力度，加强核心技术攻关，力争突破制约制造业发展的瓶颈。积极推进产融合作，建立产融信息对接平台，创新金融支持方式，提升金融支持制造业发展的能力和效率。深化对外开放合作，有序放宽外资准入限制，引导国内企业对照国际高端标准提高技术水平和管理能力，塑造中国制造的国际竞争新优势。加快落实国家有关支持政策，创新体制机制，完善实施措施，尽快取得突破并探索形成可复制、可推广的典型经验。

《国务院关于深化"互联网＋先进制造业"发展工业互联网的指导意见》节选:

（三）发展目标。

立足国情，面向未来，打造与我国经济发展相适应的工业互联网生态体系，使我国工业互联网发展水平走在国际前列，争取实现并跑乃至领跑。

到 2025 年，基本形成具备国际竞争力的基础设施和产业体系。覆盖各地区、各行业的工业互联网网络基础设施基本建成。工业互联网标识解析体系不断健全并规模化推广。形成 3—5 个达到国际水准的工业互联网平台。产业体系较为健全，掌握关键核心技术，供给能力显著增强，形成一批具有国际竞争力的龙头企业。基本建立起较为完备可靠的工业互联网安全保障体系。新技术、新模式、新业态大规模推广应用，推动两化融合迈上新台阶。

其中，在 2018—2020 年三年起步阶段，初步建成低时延、高可靠、广覆盖的工业互联网网络基础设施，初步构建工业互联网标识解析体系，初步形成各有侧重、协同集聚发展的工业互联网平台体系，初步建立工业互联网安全保障体系。

到 2035 年，建成国际领先的工业互联网网络基础设施和平台，形成国际先进的技术与产业体系，工业互联网全面深度应用并在优势行业形成创新引领能力，安全保障能力全面提升，重点领域实现国际领先。

到本世纪中叶，工业互联网网络基础设施全面支撑经济社会发展，工业互联网创新发展能力、技术产业体系以及融合应用等全面达到国际先进水平，综合实力进入世界前列。

加快工业互联网平台建设。突破数据集成、平台管理、开发工具、微服务框架、建模分析等关键技术瓶颈，形成有效支撑工业互联网平台发展的技术体系和产业体系。开展工业互联网平台适配性、可靠性、安全性等方面试验验证，推动平台功能不断完善。通过分类施策、同步推进、动态调整，形成多层次、系统化的平台发展体系。依托工业互联网平台形成服务大众创业、万众创新的多层次公共平台。

（四）促进融合应用。

提升大型企业工业互联网创新和应用水平。加快工业互联网在工业现场的应用，强化复杂生产过程中设备联网与数据采集能力，实现企业各层级数据资源的端到端集成。依托工业互联网平台开展数据集成应用，形成基于数据分析与反馈的工艺优化、流程优化、设备维护与事故风险预警能力，实现企业生产与运营管理的智能决策和深度优化。鼓励企业通过工业互联网平台整合资源，构建设计、生产与供应链资源有效组织的协同制造体系，开展用户个性需求与产品设计、生产制造精准对接的规模化定制，推动面向质量追溯、设备健康管理、产品增值服务的服务化转型。

加快中小企业工业互联网应用普及。推动低成本、模块化工业互联网设备和系统在中小企业中的部署应用，提升中小企业数字化、网络化基础能力。鼓励中小企业充分利用工业互联网平台的云化研发设计、生产管理和运营优化软件，实现业务系统向云端迁移，降低数字化、智能化改造成本。引导中小企业开放专业知识、设计创意、制造能力，依托工业互联网平台开展供需对接、集成供应链、产业电商、众包众筹等创新型应用，提升社会制造资源配置效率。

开展工业互联网创新中心建设。依托制造业创新中心建设工程，建设工业互联网创新中心，围绕网络互联、标识解析、工业互联网平台、安全保障等关键共性重大技术以及重点行业和领域需求，重点开展行业领域基础和关键技术研发、成果产业化、人才培训等。依托创新中心打造工业互联网技术创新开源社区，加强前沿技术领域共创共享。支持国防科技工业创新中心深度参与工业互联网建设发展。

工业互联网产业示范基地建设。在互联网与信息技术基础较好的地区，以工业互联网平台集聚中小企业，打造新应用模式，形成一批以互联网产业带动为主要特色的示范基地。在制造业基础雄厚的地区，结合地区产业特色与工业基础优势，形成一批以制造业带动的特色示范基地。推进工业互联网安全保障示范工程建设。在示范基地内，加快推动基础设施建设与升级改造，加强公共服务，强化关键技术研发与产业化，积极开展集成应用试点示范，并推动示范基地之间协同合作。

到 2020 年，建设 5 个左右的行业应用覆盖全面、技术产品实力过硬的工业互联网产业示范基地。到 2025 年，建成 10 个左右具有较强示范带动作用的工业互联网产业示范基地。

《国务院办公厅关于支持国家级新区深化改革创新加快推动高质量发展的指导意见》节选：

（三）打造若干竞争力强的创新平台。深入实施创新驱动发展战略，促进科技与经济深度融合，重大科技创新和大众创业万众创新相互推动。高水平建设上海张江综合性国家科学中心、天津国家自主创新示范区，进一步释放天津滨海—中关村科技园、成都科学城等创新平台活力。鼓励高校、科研院所优先在新区设立科研中心、研发机构等，国家重大战略项目、科技创新—2030 重大项目等优先在有条件的新区布局，鼓励建设主导产业协同创新公共服务平台和工程数据中心，建设国家大科学装置和国家科技创新基地。鼓励由优秀创新型企业牵头，与高校、科研院所和产业链上下游企业联合组建创新共同体，建设制造业创新中心，围绕优势产业、主导产业，瞄准国际前沿技术强化攻关，力争在重大"卡脖子"技术和产品上取得突破。

（六）做精做强主导产业。引导新区大力改造提升传统产业，培育壮大优质企业，加快引进先进制造业企业和产业链龙头企业。深入实施新一轮重大技术改造升级工程，完善企业技改服务体系，支持制造业企业运用新技术新工艺新材料新模式，加速向智能、绿色、服务型制造转型升级，推动制造业迈向中高端。瞄准产业链关键环节和突出短板，实施先进制造业集群培育行动，推动制造业强链补链固链，打造更强创新力、更高附加值的产业链。实施现代服务业优化升级行动，推动先进制造业和现代服务业深度融合发展。鼓励金融机构按照市场化原则，增加对新区制造业企业的中长期贷款和信用贷款投放规模。

（七）培育新产业新业态新模式。支持新区加快发展战略性新兴产业，培育发展一批特色产业集群，提高专业化和创新发展水平，培育一批具有全球竞争力的"瞪羚"企业、新领军者企业、专精特新"小巨人"企业和细分领域"单项冠军"企业。加快推动区块链技术和产业创新发展，探索"区块链+"模式，促进区块链和实体经济深度融合。

（八）精准引进建设一批重大产业项目。支持具备条件的新区建设制造业高质量发展国家级示范区、新型工业化产业示范基地，有针对性地引导外资项目和国家重大产业项目优先在新区布局。推动中西部和东北地区新区与东部地区建立精准承接制造业产业转移长效机制，探索完善地区间投入共担、利益共享、经济统计分成等跨区域合作机制，采取共建园区等形式深化产业合作。

《中共中央关于制定国民经济和社会发展第十四个五年规划和二〇三五年远景目标的建议》节选：

8.提升企业技术创新能力。强化企业创新主体地位，促进各类创新要素向企业集聚。推进产学研深度融合，支持企业牵头组建创新联合体，承担国家重大科技项目。发挥企业家在技术创新中的重要作用，鼓励企业加大研发投入，对企业投入基础研究实行税收优惠。发挥大企业引领支撑作用，支持创新型中小微企业成长为创新重要发源地，加强共性技术平台建设，推动产业链上中下游、大中小企业融通创新。

11.提升产业链供应链现代化水平。保持制造业比重基本稳定，巩固壮大实体经济根基。坚持自主可控、安全高效，分行业做好供应链战略设计和精准施策，推动全产业链优化升级。锻造产业链供应链长板，立足我国产业规模优势、配套优势和部分领域先发优势，打造新兴产业链，推动传统产业高端化、智能化、绿色化，发展服务型制造。完善国家质量基础设施，加强标准、计量、专利等体系和能力建设，深入开展质量提升行动。促进产业在国内有序转移，优化区域产业链布局，支持老工业基地转型发展。补齐产业链供应链短板，实施产业基础再造工程，加大重要产品和关键核心技术攻关力度，发展先进适用技术，推动产业链供应链多元化。优化产业链供应链发展环境，强化要素支撑。加强国际产业安全合作，形成具有更强创新力、更高附加值、更安全可靠的产业链供应链。

12.发展战略性新兴产业。加快壮大新一代信息技术、生物技术、新能源、新材料、高端装备、新能源汽车、绿色环保以及航空航天、海洋装备等产业。推动互联网、大数据、人工智能等同各产业深度融合，推动先进制造业集群发展，构建一批各具特色、优势互补、结构合理的战略性新兴产业增长引擎，培育新技术、新产品、新业态、新模式。促进平台经济、共享经济健康发展。鼓励企业兼并重组，防止低水平重复建设。

13.加快发展现代服务业。推动生产性服务业向专业化和价值链高端延伸，推动各类市场主体参与服务供给，加快发展研发设计、现代物流、法律服务等服务业，推动现代服务业同先进制造业、现代农业深度融合，加快推进服务业数字化。推动生活性服务业向高品质和多样化升级，加快发展健康、养老、育幼、文化、旅游、体育、家政、物业等服务业，加强公益性、基础性服务业供给。推进服务业标准化、品牌化建设。

《中共中央 国务院关于全面推进乡村振兴加快农业农村现代化的意见》节选：

（十）强化现代农业科技和物质装备支撑。实施大中型灌区续建配套和现代化改造。到2025年全部完成现有病险水库除险加固。坚持农业科技自立自强，完善农业科技领域基础研究稳定支持机制，深化体制改革，布局建设一批创新基地平台。深入开展乡村振兴科技支撑行动。支持高校为乡村振兴提供智力服务。加强农业科技社会化服务体系建设，深入推行科技特派员制度。打造国家热带农业科学中心。提高农机装备自主研制能力，支持高端智能、丘陵山区农机装备研发制造，加大购置补贴力度，开展农机作业补贴。强化动物防疫和农作物病虫害防治体系建设，提升防控能力。

（十一）构建现代乡村产业体系。依托乡村特色优势资源，打造农业全产业链，把产业链主体留在县城，让农民更多分享产业增值收益。加快健全现代农业全产业链标准体系，推动新型农业经营主体按标生产，培育农业龙头企业标准"领跑者"。立足县域布局特色农产品产地初加工和精深加工，建设现代农业产业园、农业产业强镇、优势特色产业集群。推进公益性农产品市场和农产品流通骨干网络建设。开发休闲农业和乡村旅游精品线路，完善配套设施。推进农村一二三产业融合发展示范园和科技示范园区建设。把农业现代化示范区作为推进农业现代化的重要抓手，围绕提高农业产业体系、生产体系、经营体系现代化水平，建立指标体系，加强资源整合、政策集成，以县（市、区）为单位开展创建，到2025年创建500个左右示范区，形成梯次推进农业现代化的格局。创建现代林业产业示范区。组织开展"万企兴万村"行动。稳步推进反映全产业链价值的农业及相关产业统计核算。

3-4
工信部促进工业设计发展的相关政策

3-4-1
工信部主要职能

中华人民共和国工业和信息化部（简称工信部），是根据 2008 年 3 月 11 日公布的国务院机构改革方案，组建的国务院直属部门。

工业和信息化部主要职责为：拟订实施行业规划、产业政策和标准；监测工业行业日常运行；推动重大技术装备发展和自主创新；管理通信业；指导推进信息化建设；协调维护国家信息安全等。作为行业管理部门，主要是管规划、管政策、管标准，指导行业发展，但不干预企业生产经营活动。

我国的工业设计产业主要归由工信部主管，因此在政策发布方面，工信部的政策指导一方面上承国务院总体上大的战略发展方向做出更加细化具体的政策措施，另一方面对全国各地区的工业产业发展进行整体把控和发展推动。因此，对工信部关于促进工业设计发展方面的政策措施进行梳理和分析具有着重要意义。

从为贯彻落实《国务院关于加快发展服务业的若干意见》和全面推动我国工业设计发展于 2010 年发布的《关于促进工业设计发展的若干指导意见》，到《工业和信息化部、国家发展和改革委员会、中国工程院关于印发〈发展服务型制造专项行动指南〉的通知》、《信息产业发展指南》、《工业和信息化部办公厅关于做好 2018 年工业质量品牌建设工作的通知》、《四部门关于印发〈促进大中小企业融通发展三年行动计划〉的通知》、《工业和信息化部关于促进制造业产品和服务质量提升的实施意见》、《工业和信息化部关于加快培育共享制造新模式新业态 促进制造业高质量发展的指导意见》，《十三部门关于印发制造业设计能力提升专项行动计划（2019-2022 年）的通知》，工业和信息化部连续发出了多份指导设计产业、先进制造业、现代服务业发展的重要政策。

其中关键节选如下：

《关于促进工业设计发展的若干指导意见》

《关于促进工业设计发展的若干指导意见》（工信部联产业

[2010]390 号）是工信部结合教育部、科学技术部、财政部、人力资源和社会保障部、国家税务总局、国家统计局、商务部、国家知识产权局、中国银行业监督管理委员会、中国证券监督管理委员会共 11 部委联合发布的针对全面促进我国工业设计产业发展的指导性文件。其从强调大力发展工业设计的重要性到发展工业设计的指导思想、基本原则、发展目标、支持办法等多个方面，对促进我国工业设计发展做出了全面性的阐述和意见指导，堪称促进我国工业设计发展的纲领性文件。

其重要核心指导节选如下：

一、充分认识大力发展工业设计的重要意义

工业设计是以工业产品为主要对象，综合运用科技成果和工学、美学、心理学、经济学等知识，对产品的功能、结构、形态及包装等进行整合优化的创新活动。工业设计的核心是产品设计，广泛应用于轻工、纺织、机械、电子信息等行业。工业设计产业是生产性服务业的重要组成部分，其发展水平是工业竞争力的重要标志之一。大力发展工业设计，是丰富产品品种、提升产品附加值的重要手段；是创建自主品牌，提升工业竞争力的有效途径；是转变经济发展方式，扩大消费需求的客观要求。

改革开放以来，我国工业设计取得了长足发展。目前，工业设计已初步形成产业，特别是在经济发达地区已初具规模；一批制造业企业高度重视和广泛应用工业设计，取得明显成效；专业从事工业设计的企业发展迅速，设计服务水平逐步提高，一些优秀设计成果已经走向国际市场；专业人才队伍不断扩大，工业设计教育快速发展。但是，我国工业设计发展仍处于初级阶段，与工业发展要求和发达国家水平相比还有很大差距，在发展过程中还存在许多突出矛盾和问题。主要是：对工业设计作用认识不足，重视不够；缺乏高水平的专门人才，自主创新能力弱；政策支持、行业管理和知识产权保护亟待加强等。各地区、各有关部门要充分认识大力发展工业设计的重要意义，采取切实有效的政策措施，促进工业设计加快发展。

二、促进工业设计发展的指导思想、基本原则和发展目标

（一）指导思想。

以邓小平理论和"三个代表"重要思想为指导，深入贯彻落实科学发展观，按照走新型工业化道路和建设创新型国家的要求，发挥企业市场主体作用，政府积极扶持引导，完善政策措施，优化发展环境，促进我国工业设计产业健康快速发展。

3-4-2

工信部促进工业设计发展的主要政策节选

（二）基本原则。

坚持设计创新和技术创新相结合，提高工业设计自主创新能力；坚持专业化发展和在工业企业内发展相结合，提升工业设计产业发展水平；坚持政府引导和市场调节相结合，为工业设计发展创造良好环境。

（三）发展目标。

到2015年，工业设计产业发展水平和服务水平显著提高，培育出3-5家具有国际竞争力的工业设计企业，形成5—10个辐射力强、带动效应显著的国家级工业设计示范园区；工业设计的自主创新能力明显增强，拥有自主知识产权的设计和知名设计品牌数量大量增加；专业人才素质和能力显著提高，培养出一批具有综合知识结构、创新能力强的优秀设计人才。

三、提高工业设计的自主创新能力

（一）加强工业设计基础工作。

鼓励科研机构、设计单位、高等学校开展基础性、通用性、前瞻性的工业设计研究。提高工业设计的信息化水平，支持工业设计相关软件等信息技术产品的研究开发和推广应用。整合现有资源，建立实用、高效的工业设计基础数据库、资源信息库等公共服务平台，加强资源共享。

（二）建立工业设计创新体系。

引导工业企业重视设计创新，鼓励企业建立工业设计中心。国家对符合条件的企业设计中心予以认定。鼓励工业企业、工业设计企业、高等学校、科研机构建立合作机制，促进形成以企业为主体、市场为导向、产学研相结合的工业设计创新体系。

（三）支持工业设计创新成果产业化。

重点支持促进产业升级、推进节能减排、完善公共服务、保障安全生产等重点领域拥有自主知识产权的工业设计成果产业化。鼓励发展体现中华民族传统工艺和文化特色的工业设计项目和产品。

四、提升工业设计产业发展水平

（一）促进工业企业与工业设计企业合作。

鼓励工业企业将可外包的设计业务发包给工业设计企业，扩大工业设计服务市场。支持工业企业和工业设计企业加强多种形式合作，通过设计创新，促进工业企业的产品升级换代、市场开拓和品牌建设。

（二）引导工业设计企业专业化发展。

鼓励工业设计企业加强研发和服务能力建设，创新服务模式，提高专业化服务水平。推动工业设计企业以市场为导向、以设计为核心、以资本为纽带的兼并重组，不断增强企业实力。

（三）推动工业设计集聚发展。

鼓励各地根据区域经济发展实际和产业、资源比较优势，建立工业设计产业园区。加强公共服务平台建设，吸引工业设计企业、人才、资金等要素向园区集聚。培育和认定一批国家级工业设计示范园区，发挥辐射和带动作用。

《工业和信息化部办公厅关于做好 2018 年工业质量品牌建设工作的通知》节选：

开展重点产品国际对标，支持中药先进制造技术标准验证及应用，进一步扩大婴幼儿配方奶粉质量安全追溯体系建设试点，发布《升级和创新消费品指南》，发布纺织十大类创新产品。组织开展消费品工业个性化定制和创新示范服务平台创建工作，推动服装、家用电器、玩具和婴童用品、文教体育用品、箱包、制鞋等行业发展个性定制、规模定制、高端定制，推动产品供给向"产品＋服务"转变、向中高端迈进。

二、推动智能制造和绿色制造发展

（一）发展智能制造

深入实施智能制造工程，总结发展经验和模式，加快智能制造在《中国制造 2025》重点领域和传统行业的普及应用。完善智能制造标准体系，加快基础共性与关键技术标准研制，支持标准推广应用和国际合作。组织开展智能制造新模式应用，推进产学研用协同发展，推动人工智能等新技术与制造技术深度融合，突破一批关键技术装备与核心工业软件。加大机器人及智能成套装备在民爆行业推广应用力度，鼓励企业提高在线检测和产品全生命周期质量追溯能力。

（二）支持绿色制造

深入实施绿色制造工程，加快绿色共性关键技术工艺突破和产业化应用。推进构建绿色制造体系，完善工业节能与绿色标准，滚动发布绿色工厂、绿色产品、绿色园区、绿色供应链等绿色制造名单。组织开展能效、水效"领跑者"遴选及对标达标工作，推动工业能效水效持续提升。发布电器电子产品有害物质限制使用达标管理目录。落实《促进绿色建材生产和应用行动方案》，联合国家标准委、国家认监委等相关部门研制并发布绿色建材产品评价标准，开展全国统一的绿色建材标准、认证和标识工作。

引导地方和行业完善质量品牌的工作机制，引导、保护企业质量创新和质量提升的积极性。支持地方和行业制定质量提升计划，积极开展提升行动。鼓励地方和行业设立质量品牌提升专项和配套资金，加强质量品牌公共服务能力建设，加快发展管理咨询、检验检测、认证、工业设计、知识产权保护、标准体系建设等质量品牌服务项目，引导更多资金投向质量攻关、质量创新、品牌培育、质量基础设施建设。支持设立中国工业品牌培育联盟，开展品牌培育相关研究，推动品牌培育标准贯标工作，规范引导第三方机构为企业品牌培育开展技术服务，提高工业品牌培育影响力。

《工业和信息化部 发展改革委 财政部 国资委关于印发〈促进大中小企业融通发展三年行动计划〉的通知》节选：

用三年时间，总结推广一批融通发展模式，引领制造业融通发展迈上新台阶；支持不少于50个实体园区打造大中小企业融通发展特色载体；围绕要素汇聚、能力开放、模式创新、区域合作等领域培育一批制造业"双创"平台试点示范项目；构建工业互联网网络、平台、安全三大功能体系；培育600家专精特新"小巨人"和一批制造业单项冠军企业。到2021年，形成大企业带动中小企业发展，中小企业为大企业注入活力的融通发展新格局。

打造产研对接的新型产业创新模式，提高产业创新效率，提升产业自主创新能力。形成10个左右创新引领效应明显的平台，发挥平台对各类创新能力的集聚整合作用。鼓励大企业建立开放式产业创新平台，畅通创新能力对接转化渠道，实现大中小企业之间多维度、多触点的创新能力共享、创新成果转化和品牌协同，引领以平台赋能产业创新的融通发展模式。围绕要素汇聚、能力开放、模式创新、区域合作等领域，培育一批制造业"双创"平台试点示范项目，促进平台成为提质增效、转型升级、跨界融通的重要载体。

以智能制造、工业强基、绿色制造、高端装备等为重点，在各地认定的"专精特新"中小企业中，培育主营业务突出、竞争能力强、成长性好、专注于细分市场、具有一定创新能力的专精特新"小巨人"企业，引导成长为制造业单项冠军。鼓励中小企业以专业化分工、服务外包、订单生产等方式与大企业建立稳定的合作关系。

《工业和信息化部关于促进制造业产品和服务质量提升的实施意见》节选：

（三）主要目标

到 2022 年，制造业质量总体水平显著提升，质量基础支撑能力明显提高，质量发展环境持续优化，行业质量工作体系更加高效。建设一批国家标准、行业标准与团体标准协调配套的标准群引领行业质量提升，推动不少于 10 个行业或领域建立质量分级工作机制，完善重点产品全生命周期的质量追溯机制，提高企业质量和品牌的竞争力。

促进消费品工业提质升级。贯彻落实《关于开展消费品工业"三品"专项行动 营造良好市场环境的若干意见》。制定发布升级和创新消费品指南，推动轻工纺织等行业的创新产品发布。培育壮大个性化定制企业和平台，推动企业发展个性定制、规模定制、高端定制。持续开展纺织服装创意设计园区（平台）试点示范工作，提高创意设计水平，推动产品供给向"产品＋服务"转变，促进消费升级。支持重点产品与国外产品质量及性能实物对比，支持临床急需药品先进技术应用和质量提升，开展婴幼儿配方乳粉等关键领域质量安全追溯体系建设，提供信息实时追溯和查询服务，让消费者放心消费。

《工业和信息化部关于加快培育共享制造新模式新业态 促进制造业高质量发展的指导意见》节选：

（三）发展方向

加快形成以制造能力共享为重点，以创新能力、服务能力共享为支撑的协同发展格局。

制造能力共享。聚焦加工制造能力的共享创新，重点发展汇聚生产设备、专用工具、生产线等制造资源的共享平台，发展多工厂协同的共享制造服务，发展集聚中小企业共性制造需求的共享工厂，发展以租代售、按需使用的设备共享服务。

创新能力共享。围绕中小企业、创业企业灵活多样且低成本的创新需求，发展汇聚社会多元化智力资源的产品设计与开发能力共享，扩展科研仪器设备与实验能力共享。

服务能力共享。围绕物流仓储、产品检测、设备维护、验货验厂、供应链管理、数据存储与分析等企业普遍存在的共性服务需求，整合海量社会服务资源，探索发展集约化、智能化、个性化的服务能力共享。

（四）主要目标

到2022年，形成20家创新能力强、行业影响大的共享制造示范平台，资源集约化水平进一步提升，制造资源配置不断优化，共享制造模式认可度得到显著提高。推动支持50项发展前景好、带动作用强的共享制造示范项目，共享制造在产业集群的应用进一步深化，集群内生产组织效率明显提高。支撑共享制造发展的信用、标准等配套体系逐步健全，共性技术研发取得一定突破，数字化发展基础不断夯实，共享制造协同发展生态初步形成。

到2025年，共享制造发展迈上新台阶，示范引领作用全面显现，共享制造模式广泛应用，生态体系趋于完善，资源数字化水平显著提升，成为制造业高质量发展的重要驱动力量。

《十三部门关于印发制造业设计能力提升专项行动计划（2019-2022年）的通知》节选：

（三）总体目标

争取用4年左右的时间，推动制造业短板领域设计问题有效改善，工业设计基础研究体系逐步完备，公共服务能力大幅提升，人才培养模式创新发展。在高档数控机床、工业机器人、汽车、电力装备、石化装备、重型机械等行业，以及节能环保、人工智能等领域实现原创设计突破。在系统设计、人工智能设计、生态设计等方面形成一批行业、国家标准，开发出一批好用、专业的设计工具。高水平建设国家工业设计研究院，提高工业设计基础研究能力和公共服务水平。创建10个左右以设计服务为特色的服务型制造示范城市，发展壮大200家以上国家级工业设计中心，打造设计创新骨干力量，引领工业设计发展趋势。推广工业设计"新工科"教育模式，创新设计人才培养方式，创建100个左右制造业设计培训基地。

二、夯实制造业设计基础

（一）加大基础研究力度。强化制造业设计理论、设计基础数据积累、设计规范、设计标准、设计管理、设计验证等基础工作。加大对设计创新项目和工业设计软件基础研究的支持力度。强化产品安全性、功能性、可靠性、环保性等标准要求，规范信息交互、用户体验、运行维护等设计标准，形成高水平设计标准体系。鼓励社会团体、产业联盟、高校院所和企业基于设计创新和专利制定团体标准、企业标准，积极参与制定国家标准和国际标准。组织第三方机构开展计量性设计研究，鼓励构建支撑制造业产品设计的计量测试技术服务平台，推动计量与产品设计过程融合，逐步实现设计过程量值控制，提升制造业产品设计效率。

（二）开发先进适用的设计软件。顺应网络协同设计趋势，积极推进工业技术软件化。在相关重大项目建设中加大对关键设计软件的支持力度。推进三维几何建模引擎等研发设计软件关键核心技术攻关。布局基本求解算法库、标准零部件库、行业基础数据库和知识库，促进源代码资源开发共享，降低企业研发成本。支持第三方机构开展设计数据、模型和接口标准制修订工作，推广工业 App 应用。

（三）补齐装备制造设计短板。聚焦装备制造业开放设计平台建设，特种用途或特殊环境装备设计，高端装备关键零部件设计等重点，拟订并发布制造业短板领域设计问题清单，探索利用"揭榜挂帅"机制，引导相关地区和机构联合攻关，加快突破关键核心技术，促进设计成果创新示范应用。

（四）提升传统优势行业设计水平。运用新材料、新技术、新工艺，在轻工纺织、汽车、工程动力机械、电力装备、石化装备、重型机械和电子信息等具有一定比较优势的产业，实现设计优化和提升，推动传统产业转型升级。

专栏 3 制造业设计人才培育工程

（1）鼓励工业设计领域人才培养模式创新。引导各类相关院校（系）共享优质课程，联合培养高素质复合型设计人才。建设以工业设计为主题的产教融合机构，全面培养学生的策划能力、设计能力和团队协作能力。

（2）实施工业设计领军人才计划。持续开展工业设计领军人才培训，围绕制造业短板领域优化课程体系，改善学员结构，鼓励领军人才与制造业企业开展多层次合作。

（3）建设一批工业设计人才培训基地。鼓励国家级工业设计中心、各级工业设计研究院、各类创意设计园区（平台）建设制造业设计实训基地，创新培训内容和模式，提供优质培训服务。支持相关企业和行业组织在产业集群内建立面向中小企业的工业设计培训基地。

（4）培养工业设计领域国际化人才。积极支持国内知名工业设计师参与重要国际设计活动，在工业设计领域国际组织中担任职务。鼓励国际知名机构参与我国工业设计教育培训，参与设计赛事和展会的评审运营。大力吸引国外设计师来华创业，设立大师工作室，并与有关机构企业开展深度合作。

3-5
文化和旅游部促进工业设计发展的相关政策

3-5-1
文化和旅游部主要职能及其政策与工业设计的关系

中华人民共和国文化和旅游部是根据党的十九届三中全会审议通过的《中共中央关于深化党和国家机构改革的决定》、《深化党和国家机构改革方案》和第十三届全国人民代表大会第一次会议批准的《国务院机构改革方案》设立。文化和旅游部是国务院组成部门，为正部级。文化和旅游部的主要职责是：

（一）贯彻落实党的文化工作方针政策，研究拟订文化和旅游政策措施，起草文化和旅游法律法规草案。

（二）统筹规划文化事业、文化产业和旅游业发展，拟订发展规划并组织实施，推进文化和旅游融合发展，推进文化和旅游体制机制改革。

（三）管理全国性重大文化活动，指导国家重点文化设施建设，组织国家旅游整体形象推广，促进文化产业和旅游产业对外合作和国际市场推广，制定旅游市场开发战略并组织实施，指导、推进全域旅游。

（四）指导、管理文艺事业，指导艺术创作生产，扶持体现社会主义核心价值观、具有导向性代表性示范性的文艺作品，推动各门类艺术、各艺术品种发展。

（五）负责公共文化事业发展，推进国家公共文化服务体系建设和旅游公共服务建设，深入实施文化惠民工程，统筹推进基本公共文化服务标准化、均等化。

（六）指导、推进文化和旅游科技创新发展，推进文化和旅游行业信息化、标准化建设。

（七）负责非物质文化遗产保护，推动非物质文化遗产的保护、传承、普及、弘扬和振兴。

（八）统筹规划文化产业和旅游产业，组织实施文化和旅游资源普查、挖掘、保护和利用工作，促进文化产业和旅游产业发展。

（九）指导文化和旅游市场发展，对文化和旅游市场经营进行行业监管，推进文化和旅游行业信用体系建设，依法规范文化和旅游市场。

（十）指导全国文化市场综合执法，组织查处全国性、跨区域文化、文物、出版、广播电视、电影、旅游等市场的违法行为，督查督办大案要案，维护市场秩序。

（十一）指导、管理文化和旅游对外及对港澳台交流、合作和宣传、推广工作，指导驻外及驻港澳台文化和旅游机构工作，代表国家签订中外文化和旅游合作协定，组织大型文化和旅游对外及对港澳台交流活动，推动中华文化走出去。

（十二）管理国家文物局。

（十三）完成党中央、国务院交办的其他任务。

3-5-2
文化部促进工业设计发展的相关政策节选

由于文化和旅游部的主要职能为管理全国文化艺术事业，而工业设计则一方面在类别上与近来文化部大力发展的创意设计业有着明显的交叉关系，其相关促进政策对工业设计领域有着一定的包含覆盖；另一方面在工业设计企业方面，我国的工业设计企业大多属于小微企业，除了如广州工业设计城这样专门针对工业设计企业开放的园区进驻了一些工业设计企业外，还有相当一部分工业设计企业位于文化部管理的文创类产业园区内。而文化部针对这些文创类园区所发布的政策也同样对工业设计有着一定的包含和覆盖。因此，对文化部关于创意设计类和产业园区方面政策的研究对工业设计相关政策具有重要意义。

文化和旅游部促进设计发展政策的关键内容节选如下：

《文化和旅游部关于推动数字文化产业高质量发展的意见》节选：

（三）发展目标

数字文化产业规模持续壮大，产业结构不断优化，供给质量不断提升，成为激发消费潜力的新引擎。产业基础设施更加完备，支撑平台更加成熟，创新创业更加活跃，市场秩序更加有序，治理能力不断提升，创造更多新就业形态和新就业岗位，形成适应新技术新业态新消费发展、产业链上下游和跨行业融合的数字化生产、流通、消费生态体系。文化产业和数字经济融合发展迈向新阶段，数字化、网络化、智能化发展水平明显提高，形成新动能主导产业发展的新格局，数字文化产业发展处于国际领先地位。

到 2025 年，培育 20 家社会效益和经济效益突出、创新能力强、具有国际影响力的领军企业，各具特色、活力强劲的中小微企业持续涌现，打造 5 个具有区域影响力、引领数字文化产业发展的产业集群，建设 200 个具有示范带动作用的数字文化产业项目。

《文化和旅游部办公厅关于推进旅游商品创意提升工作的通知》节选：

（一）培育旅游商品精品品牌。培育一批品质过硬、设计精良、特色鲜明、市场认可的旅游商品自主品牌，倡导品牌化经营理念，加强政策扶持，提升知名度和美誉度。发挥品牌对消费需求的引领作用，逐步树立自主品牌消费信心，挖掘旅游市场消费潜力，推动形成优质优价、质价相符的理性消费环境。

（二）拓宽市场营销渠道。支持在旅游目的地、重点商圈、旅游购物街区、休闲街区等公共区域，设立旅游商品品牌专卖店、代售点，统一标识、统一价格，加强规范管理。引导品牌主体创新开展旅游商品线上营销，支持开办电子商务平台旗舰店、开展网络直播带货等互动营销，顺应游客和公众需求，促进旅游商品二次消费。

（三）搭建有效展示推介平台。以专业化、品牌化、国际化为导向，做大做强中国义乌文化和旅游产品交易博览会，组织开展全国文化和旅游创意产品推进活动，集中展示推介优秀旅游商品和品牌，吸引各类资源参与对接。充分利用中国国际旅游交易会等展会平台，提升优秀旅游商品和品牌的社会影响力。积极开展形式多样的旅游商品创意提升推进活动，引导推动旅游商品品牌塑造和提质升级。

《文化和旅游部关于推动国家级文化产业园区高质量发展的意见》节选：

（三）发展目标

到 2025 年，国家级文化产业示范园区达到 50 家左右，规模优势和集聚效应更加显现，培育一批具有发展潜力的国家级文化产业示范园区创建单位（以下简称创建园区），不断提高创建水平，形成高质量的创建梯队；北京朝阳国家文化产业创新实验区、中新天津生态城国家动漫产业综合示范园对区域文化产业创新发展的辐射带动能力进一步增强。国家级文化产业园区整体布局更加优化，创新发展能力明显提高，服务体系不断完善，产业生态持续优化；培育壮大一批具有市场竞争力和行业影响力的骨干文化企业和文化产业集群，促进区域资源要素配置更加合理、产业结构进一步优化升级，成为推动各地文化产业高质量发展的重要载体。

二、加强统筹规划

（四）优化区域布局。围绕国家区域重大战略、区域协调发展战略、新型城镇化战略和乡村振兴战略部署，结合区域文化产业带建设，在文化产业发展基础好、配套设施完善的区域，规划布局建设一批主业突出、质量效益显著、可持续发展能力强的国家级文化产业园区。坚持差异化、特色化发展，支持大型城市和城市群的文化产业园区依托技术、人才、资金密集优势，加快发展新型文化业态；引导中小城市和农村地区文化产业园区挖掘优势文化资源，改造提升传统文化业态，打造特色文化产业集群。各地要立足当地资源禀赋和区域功能定位，依托基础条件较好、具有可持续发展潜力的园区开展国家级文化产业示范园区创建工作。

（五）分类推进建设。以国家级文化产业园区为引领，促进各级文化产业园区提升建设发展水平，形成"储备一批、培育一批、提升一批"的梯次发展格局。引导和支持国家级文化产业示范园区不断增强创新活力，持续提高发展质量效益，切实发挥示范带动作用。支持北京朝阳国家文化产业创新实验区、中新天津生态城国家动漫产业综合示范园在部市合作共建机制下，充分发挥政策"试验田"作用，探索文化产业政策集成创新，鼓励先行先试。完善创建辅导机制，指导创建园区对标国家级文化产业园区标准不断提升建设发展水平。各地要进一步规范发展省级文化产业（示范）园区，加强重点园区的储备培育，择优推荐创建国家级文化产业示范园区。

（六）促进协调发展。指导国家级文化产业园区和创建园区建立协作体，加强园区之间信息、企业、项目、技术、市场、运营管理等方面的常态化交流与合作。组织实施文化产业园区携行计划，引导和支持国家级文化产业园区、创建园区与其他园区开展结对合作，以园区为联结，协同推进区域间文化产业协调发展。支持东部地区国家级文化产业园区和创建园区以市场为导向，引导相关业态向中西部地区和东北地区的园区转移，支持探索"飞地经济""伙伴园区"等合作模式，形成优势互补、联动发展格局。鼓励国家级文化产业园区和创建园区为文化企业开展国际交流与合作搭建平台。

三、提升创新发展水平

（七）优化创新发展生态。支持国家级文化产业园区、创建园区建设和引进一批企业孵化器、众创空间、公共技术服务和成果转化运用平台等，构建适应入驻文化企业发展需要的多层次创新创业服务体系。引导园区内骨干文化企业发挥创新引领主体作用，推动形成大中小微文化企业融通发展的创新生态群，促进产业链和创新链深度融合。支持园区通过制定实施创新激励举措、举办创新创业大赛等方式，营造激发创新创业创造活力的良好氛围。实施文化产业园区人才培育工程，加强园区经营管理、创新创意等方面人才培养，鼓励园区完善人才培养、引进和激励机制，支持园区与高校、人才培训机构等开展合作，共建人才培养基地、创业孵化基地。

（八）创新运营管理方式。引导国家级文化产业园区和创建园区招商引资方式由重数量向重质量转变，围绕产业链、创新链选商育企，聚合上下游企业及关联业态，形成优势产业集群。推动园区运营管理方式由"房东型"向服务型转变，建立入驻文化企业需求定期调研机制，不断优化服务内容，提升服务品质，形成园区与入驻文化企业互促、互利、共赢的良好发展局面。支持品牌化、连锁化、专业化园区运营管理机构以服务输出、搭建平台、合作运营等方式，参与国家级文化产业园区和创建园区建设发展。

（九）推进智慧园区建设。支持国家级文化产业园区和创建园区抓住新型基础设施建设机遇，加快5G、工业互联网、物联网等信息基础设施建设与应用，增强信息网络综合承载能力，满足入驻企业对网络性能、容量、应用场景和信息服务质量的需求。指导园区依托大数据、云计算等现代信息技术建设数字化服务管理系统，集成园区资源信息、应用服务和运营管理数据，提高资源利用和服务管理效能。引导园区顺应数字化发展趋势，推进理念创新和技术创新，优化服务方式和业务流程，提升运营管理的智能化、精细化水平。

3-6
国家发展和改革委员会促进工业设计发展的相关政策

国家发展和改革委员会是国务院组成部门，为正部级。

国家发展和改革委员会贯彻落实党中央关于发展改革工作的方针政策和决策部署，在履行职责过程中坚持和加强党对发展改革工作的集中统一领导。国家发展和改革委员会主要职责是：拟订并组织实施国民经济和社会发展战略、中长期规划和年度计划。牵头组织统一规划体系建设。负责国家级专项规划、区域规划、空间规划与国家发展规划的统筹衔接。起草国民经济和社会发展、经济体制改革和对外开放的有关法律法规草案，制定部门规章等。

3-6-1
国家发展和改革委员会主要职能及其政策与工业设计的关系

从 2006 年开始，截至 2023 年，国家发展改革委员会共发布促进设计发展相关政策近 12 篇，其内容基本是关于推进先进制造业发展，提升现代服务业发展水平，以及创新创业等与设计强关联的重要方面。

在设计发展专项领域，国家发展和改革委员会近些年在持续提升政策指引，《关于推动先进制造业和现代服务业深度融合发展的实施意见》《国家发展改革委 市场监管总局关于新时代服务业高质量发展的指导意见》、《关于加快推动制造服务业高质量发展的意见》、《关于深入组织实施创业带动就业示范行动的通知》、《国务院办公厅转发国家发展改革委 国家能源局关于促进新时代新能源高质量发展实施方案的通知》等一系列政策不断为设计发展给予指导，对于国家发展和改革委员会的政策分析十分必要。

其中关键政策节选如下：

《关于推动先进制造业和现代服务业深度融合发展的实施意见》节选：

一、总体思路和目标

以习近平新时代中国特色社会主义思想为指导，坚持以供给侧结构性改革为主线，充分发挥市场配置资源的决定性作用，更好发挥政府作用，顺应科技革命、产业变革、消费升级趋势，通过鼓励创新、加强合作、以点带面，深化业务关联、链条延伸、技术渗透，探索新业态、新模式、新路径，推动先进制造业和现代服务业相融相长、耦合共生。

到 2025 年，形成一批创新活跃、效益显著、质量卓越、带动效应突出的深度融合发展企业、平台和示范区，企业生产性服务投入逐步提高，产业生态不断完善，两业融合成为推动制造业高质量发展的重要支撑。

二、培育融合发展新业态新模式

（一）推进建设智能工厂。大力发展智能化解决方案服务，深化新一代信息技术、人工智能等应用，实现数据跨系统采集、传输、分析、应用，优化生产流程，提高效率和质量。

（二）加快工业互联网创新应用。以建设网络基础设施、发展应用平台体系、提升安全保障能力为支撑，推动制造业全要素、全产业链连接，完善协同应用生态，建设数字化、网络化、智能化制造和服务体系。

（三）推广柔性化定制。通过体验互动、在线设计等方式，增强定制设计能力，加强零件标准化、配件精细化、部件模块化管理，实现以用户为中心的定制和按需灵活生产。

（四）发展共享生产平台。鼓励资源富集企业面向社会开放产品开发、制造、物流配送等资源，提供研发设计、优化控制、设备管理、质量监控等服务，实现资源高效利用和价值共享。

（五）提升总集成总承包水平。支持设计、制造、施工等领域骨干企业整合资源、延伸链条，发展咨询设计、制造采购、施工安装、系统集成、运维管理等一揽子服务，提供整体解决方案。

（六）加强全生命周期管理。引导企业通过建立监测系统、应答中心、追溯体系等方式，提供远程运维、状态预警、故障诊断等在线服务，发展产品再制造、再利用，实现经济、社会生态价值最大化。

（七）优化供应链管理。提升信息、物料、资金、产品等配置流通效率，推动设计、采购、制造、销售、消费信息交互和流程再造，形成高效协同、弹性安全、绿色可持续的智慧供应链网络。

（八）发展服务衍生制造。鼓励电商、研发设计、文化旅游等服务企业，发挥大数据、技术、渠道、创意等要素优势，通过委托制造、品牌授权等方式向制造环节拓展。

（九）发展工业文化旅游。支持有条件的工业遗产和企业、园区、基地等，挖掘历史文化底蕴，开发集生产展示、观光体验、教育科普等于一体的旅游产品，厚植工业文化，弘扬工匠精神。

（十）培育其他新业态新模式。深化研发、生产、流通、消费等环节关联，加快业态模式创新升级，有效防范数据安全、道德风险，实现制造先进精准、服务丰富优质、流程灵活高效、模式互惠多元，提升全产业链价值。

三、探索重点行业重点领域融合发展新路径

（一）加快原材料工业和服务业融合步伐。加快原材料企业向产品和专业服务解决方案提供商转型。加强早期研发介入合作，提供定向开发服务，缩短产品研发周期。鼓励有条件的企业提供社会化能源管理、安全环保、信息化等服务。推动具备区位、技术等优势的钢铁、水泥等企业发展废弃物协同处置、资源循环利用、污水处理、热力供应等服务。

（二）推动消费品工业和服务业深度融合。注重差异化、品质化、绿色化消费需求，推动消费品工业服务化升级。以服装、家居等为重点，发展规模化、个性化定制。以智能手机、家电、新型终端等为重点，发展"产品＋内容＋生态"全链式智能生态服务。以家电、消费电子等为重点，落实生产者责任延伸制度，健全废旧产品回收拆解体系，促进更新消费。

（三）提升装备制造业和服务业融合水平。推动装备制造企业向系统集成和整体解决方案提供商转型。支持市场化兼并重组，培育具有总承包能力的大型综合性装备企业。发展辅助设计、系统仿真、智能控制等高端工业软件，建设铸造、锻造、表面处理、热处理等基础工艺中心。用好强大国内市场资源，加快重大技术装备创新，突破关键核心技术，带动配套、专业服务等产业协同发展。

（四）完善汽车制造和服务全链条体系。加快汽车由传统出行工具向智能移动空间升级。推动汽车智能化发展，加快构建产业生态体系。加强车况、出行、充放电等数据挖掘应用，为汽车制造、城市建设、电网改造等提供支撑。加快充电设施建设布局，鼓励有条件的地方和领域探索发展换电和电池租赁服务，建立动力电池回收利用管理体系。规范发展汽车租赁、改装、二手车交易、维修保养等后市场。

（五）深化制造业服务业和互联网融合发展。大力发展"互联网＋"，激发发展活力和潜力，营造融合发展新生态。突破工业机理建模、数字孪生、信息物理系统等关键技术。深入实施工业互联网创新发展战略，加快构建标识解析、安全保障体系，发展面向重点行业和区域的工业互联网平台。推动重点行业数字化转型，推广一批行业系统解决方案，推动企业内外网升级改造。加快人工智能、5G等新一代信息技术在制造、服务企业的创新应用，逐步实现深度优化和智能决策。

（六）促进现代物流和制造业高效融合。鼓励物流、快递企业融入制造业采购、生产、仓储、分销、配送等环节，持续推进降本增效。优化节点布局，完善配套设施，加强物流资源配置共享。鼓励物流外包，发展零库存管理、生产线边物流等新型业务。推进智能化改造和上下游标准衔接，推广标准化装载单元，发展单元化物流。鼓励物流企业和制造企业协同"走出去"，提供安全可靠服务。

（七）强化研发设计服务和制造业有机融合。瞄准转型升级关键环节和突出短板，推动研发设计服务与制造业融合发展、互促共进。引导研发设计企业与制造企业嵌入式合作，提供需求分析、创新试验、原型开发等服务。开展制造业设计能力提升专项行动，促进工业设计向高端综合设计服务转型。完善知识产权交易和中介服务体系，推进创新成果转移转化。

（八）加强新能源生产使用和制造业绿色融合。顺应分布式、智能化发展趋势，推进新能源生产服务与设备制造协同发展。推广智能发电、智慧用能设备系统，推动能源高效管理和交易。发展分布式储能服务，实现储能设施混合配置、高效管理、友好并网。加强工业设备、智能家电等用电大数据分析，优化设计，降低能耗。推动氢能产业创新、集聚发展，完善氢能制备、储运、加注等设施和服务。

（九）推进消费服务重点领域和制造业创新融合。满足重点领域消费升级需求，推动智能设备产业创新发展。重点发展手术机器人、医学影像、远程诊疗等高端医疗设备，可穿戴监测、运动、婴幼儿监护、适老化健康养老等智能设备，开展健康管理、运动向导、精准照护等增值服务，逐步实现设备智能化、生活智慧化。鼓励增强／虚拟现实等技术在购物、广电等场景中的应用。

创新产品和服务，有效防范风险，规范产融结合。依托产业链龙头企业资金、客户、数据、信用等优势，发展基于真实交易背景的票据、应收账款、存货、预付款项融资等供应链金融服务。鼓励发展装备融资租赁业务。

四、发挥多元化融合发展主体作用

（一）强化产业链龙头企业引领作用。在产品集成度、生产协作度较高的领域，培育一批处于价值链顶部、具有全产业链号召力和国际影响力的龙头企业。发挥其产业链推动者作用，在技术、产品、服务等领域持续创新突破，深化与配套服务企业协同，引领产业链深度融合和高端跃升。

（二）发挥行业骨干企业示范效应。在技术相对成熟、市场竞争充分的领域，培育一批创新能力和品牌影响力突出的行业领军企业。鼓励其先行探索，发展专业化服务，提供行业系统解决方案。引导业内企业积极借鉴、优化创新，形成差异化的融合发展模式路径。

（三）激发专精特新中小微企业融合发展活力。发挥中小微企业贴近市场、机制灵活等优势，引导其加快业态模式创新，在细分领域培育一批专精特新"小巨人"和"单项冠军"企业。以国家级新区、产业园区等为重点，完善服务体系，提升服务效能，推动产业集群融合发展。

（四）提升平台型企业和机构综合服务效能。坚持包容审慎和规范监管，构建若干以平台型企业为主导的产业生态圈，发挥其整合资源、集聚企业的优势，促进产销精准连接、高效畅通。鼓励建立新型研发机构，适应技术攻关、成果转化等需求。加快培育高水平质量技术服务企业和机构，提供优质计量、标准、检验检测、认证认可等服务。

（五）释放其他各类主体融合发展潜力。引导高等院校、职业学校以及科研、咨询、金融、投资、知识产权等机构，发挥人才、资本、技术、数据等优势，积极创业创新，发展新产业新业态。发挥行业协会在协调服务等方面的重要作用，鼓励建立跨区域、跨行业、跨领域的新型产业联盟。

《国家发展改革委 市场监管总局关于新时代服务业高质量发展的指导意见》节选：

一、总体思路

（一）指导思想

以习近平新时代中国特色社会主义思想为指导，全面贯彻党的十九大和十九届二中、三中全会精神，统筹推进"五位一体"总体布局，协调推进"四个全面"战略布局，坚定践行新发展理念，深化服务业供给侧结构性改革，支持传统服务行业改造升级，大力培育服务业新产业、新业态、新模式，加快发展现代服务业，着力提高服务效率和服务品质，持续推进服务领域改革开放，努力构建优质高效、布局优化、竞争力强的服务产业新体系，不断满足产业转型升级需求和人民美好生活需要，为实现经济高质量发展提供重要支撑。

（二）主要原则

以人为本，优化供给。坚持以人民为中心的发展思想，更多更好满足多层次多样化服务需求，不断增强人民的获得感、幸福感、安全感。优先补足基本公共服务短板，着力增强非基本公共服务市场化供给能力，实现服务付费可得、价格合理、优质安全，以高质量的服务供给催生创造新的服务需求。

市场导向，品牌引领。顺应产业转型升级新趋势，充分发挥市场配置资源的决定性作用，更好发挥政府作用，在公平竞争中提升服务业竞争力。坚持质量至上、标准规范，树立服务品牌意识，发挥品牌对服务业高质量发展的引领带动作用，着力塑造中国服务品牌新形象。

创新驱动，跨界融合。贯彻创新驱动发展战略，推动服务技术、理念、业态和模式创新，增强服务经济发展新动能。促进服务业与农业、制造业及服务业不同领域间的融合发展，形成有利于提升中国制造核心竞争力的服务能力和服务模式，发挥中国服务与中国制造组合效应。

深化改革，扩大开放。深化服务领域改革，破除制约服务业高质量发展的体制机制障碍，优化政策体系和发展环境，最大限度激发发展活力和潜力。推动服务业在更大范围、更宽领域、更深层次扩大开放，深度参与国际分工合作，鼓励服务业企业在全球范围内配置资源、开拓市场。

（三）总体目标

到 2025 年，服务业增加值规模不断扩大，占 GDP 比重稳步提升，吸纳就业能力持续加强。服务业标准化、规模化、品牌化、网络化和智能化水平显著提升，生产性服务业效率和专业化水平显著提高，生活性服务业满足人民消费新需求能力显著增强，现代服务业和先进制造业深度融合，公共服务领域改革不断深入。服务业发展环境进一步改善，对外开放领域和范围进一步扩大，支撑经济发展、民生改善、社会进步的功能进一步增强，功能突出、错位发展、网络健全的服务业高质量发展新格局初步形成。

二、重点任务

（一）推动服务创新

加强技术创新和应用，打造一批面向服务领域的关键共性技术平台，推动人工智能、云计算、大数据等新一代信息技术在服务领域深度应用，提升服务业数字化、智能化发展水平，引导传统服务业企业改造升级，增强个性化、多样化、柔性化服务能力。鼓励业态和模式创新，推动智慧物流、服务外包、医养结合、远程医疗、远程教育等新业态加快发展，引导平台经济、共享经济、体验经济等新模式有序发展，鼓励更多社会主体围绕服务业高质量发展开展创新创业创造。推动数据流动和利用的监管立法，健全知识产权侵权惩罚性赔偿制度，建设国家知识产权服务业集聚发展区。

（二）深化产业融合

加快发展农村服务业，引导农业生产向生产、服务一体化转型，探索建立农业社会化服务综合平台，推动线上线下有机结合；支持利用农村自然生态、历史遗产、地域人文、乡村美食等资源，发展乡村旅游、健康养老、科普教育、文化创意、农村电商等业态，推动农业"接二连三"。打造工业互联网平台，推动制造业龙头企业技术研发、工业设计、采购分销、生产控制、营运管理、售后服务等环节向专业化、高端化跃升；大力发展服务型制造，鼓励有条件的制造业企业向一体化服务总集成总承包商转变；开展先进制造业与现代服务业融合发展试点。以大型服务平台为基础，以大数据和信息技术为支撑，推动生产、服务、消费深度融合；引导各地服务业集聚区升级发展，丰富服务功能，提升产业能级；推进港口、产业、城市融合发展；深入开展服务业综合改革试点。

（三）拓展服务消费

补齐服务消费短板，激活幸福产业潜在服务消费需求，全面放开养老服务市场，在扩大试点基础上全面建立长期护理保险制度；简化社会办医审批流程，鼓励有实力的社会机构提供以先进医疗技术为特色的医疗服务；加快建立远程医疗服务体系，推动优质资源下沉扩容；支持社会力量兴办托育服务机构。打造中高端服务消费载体，吸引健康体检、整形美容等高端服务消费回流。推动信息服务消费升级、步行街改造提升，支持有条件的地方建设新兴消费体验中心，开展多样化消费体验活动。鼓励企业围绕汽车、家电等产品更新换代和消费升级，完善维修售后等配套服务体系。着力挖掘农村电子商务和旅游消费潜力，优化农村消费市场环境。完善消费者保护机制，打造一批放心企业、放心网站、放心商圈和放心景区。

（四）优化空间布局

围绕京津冀协同发展、粤港澳大湾区建设、推进海南全面深化改革开放、长江三角洲区域一体化发展等国家战略，建设国际型、国家级的现代服务经济中心，形成服务业高质量发展新高地。推动城市群和都市圈公共服务均等化和要素市场一体化，构建城市群和都市圈服务网络，促进服务业联动发展和协同创新，形成区域服务业发展新枢纽。强化中小城市服务功能，打造一批服务业特色小镇，形成服务周边、带动农村的新支点。完善海洋服务基础设施，积极发展海洋物流、海洋旅游、海洋信息服务、海洋工程咨询、涉海金融、涉海商务等，构建具有国际竞争力的海洋服务体系。

（五）提升就业能力

大力发展人力资源服务业，培育专业化、国际化人力资源服务机构，加快人力资源服务产业园建设，鼓励发展招聘、人力资源服务外包和管理咨询、高级人才寻访等业态。支持企业和社会力量兴办职业教育，鼓励发展股份制、混合所有制等多元化职业教育集团（联盟），完善职业教育和培训体系。鼓励普通高等学校、职业院校增设服务业相关专业，对接线上线下教育资源，推动开展产教融合型城市和企业建设试点。围绕家政服务、养老服务、托育服务、健康养生、医疗护理等民生领域服务需求，提升从业人员职业技能，增强服务供需对接能力。

（六）建设服务标准

瞄准国际标准，推动国际国内服务标准接轨，鼓励社会团体和企业制定高于国家标准或行业标准的团体标准、企业标准。完善商贸旅游、社区服务、物业服务、健康服务、养老服务、休闲娱乐、教育培训、体育健身、家政服务、保安服务等传统服务领域标准，加快电子商务、供应链管理、节能环保、知识产权服务、商务服务、检测认证服务、婴幼儿托育服务、信息技术服务等新兴服务领域标准研制。开展服务标准、服务认证示范，推动企业服务标准自我声明公开和监督制度全面实施。

（七）塑造服务品牌

支持行业协会、第三方机构和地方政府开展服务品牌培育和塑造工作，树立行业标杆和服务典范，选择产业基础良好、市场化程度较高的行业，率先组织培育一批具有国际竞争力的中国服务品牌和具有地方特色的区域服务品牌。研究建立服务品牌培育和评价标准体系，引导服务业企业树立品牌意识，运用品牌培育的标准，健全品牌营运管理体系。加强服务品牌保护力度，依法依规查处侵权假冒服务品牌行为。开展中国服务品牌宣传、推广活动，以"一带一路"建设为重点，推动中国服务走出去。

《关于加快推动制造服务业高质量发展的意见》节选：

一、总体要求

（一）指导思想。以习近平新时代中国特色社会主义思想为指导，全面贯彻党的十九大和十九届二中、三中、四中、五中全会精神，坚定不移贯彻新发展理念，以推动高质量发展为主题，以深化供给侧结构性改革为主线，充分发挥市场在资源配置中的决定性作用，更好发挥政府作用，聚焦重点领域和关键环节，培育壮大服务主体，加快提升面向制造业的专业化、社会化、综合性服务能力，提高制造业产业链整体质量和水平，以高质量供给适应引领创造新需求，为加快建设现代化经济体系，加快构建以国内大循环为主体、国内国际双循环相互促进的新发展格局提供有力支撑。

（二）发展目标。力争到 2025 年，制造服务业在提升制造业质量效益、创新能力、资源配置效率等方面的作用显著增强，对制造业高质量发展的支撑和引领作用更加突出。重点领域制造服务业专业化、标准化、品牌化、数字化、国际化发展水平明显提升，形成一批特色鲜明、优势突出的制造服务业集聚区和示范企业。

二、制造服务业发展方向

聚焦重点环节和领域，从 6 个方面加快推动制造服务业发展，以高质量的服务供给引领制造业转型升级和品质提升。

（三）提升制造业创新能力。发展研究开发、技术转移、创业孵化、知识产权、科技咨询等科技服务业，加强关键核心技术攻关，加速科技成果转化，夯实产学研协同创新基础，推动产业链与创新链精准对接、深度融合，提升制造业技术创新能力，提高制造业产业基础高级化、产业链供应链现代化水平。提升商务咨询专业化、数字化水平，助力制造业企业树立战略思维、创新管理模式、优化治理结构，推动提高经营效益。加快工业设计创新发展，提升制造业设计能力和水平，推动中国制造向中国创造转变。（科技部、工业和信息化部、发展改革委、商务部、知识产权局按职责分工负责）

（四）优化制造业供给质量。支持企业和专业机构提供质量管理、控制、评价等服务，扩大制造业优质产品和服务供给，提升供给体系对需求的适配性。加快检验检测认证服务业市场化、国际化、专业化、集约化、规范化改革和发展，提高服务水平和公信力，推进国家检验检测认证公共服务平台建设，推动提升制造业产品和服务质量。加强国家计量基准标准和标准物质建设，提升计量测试能力水平，优化计量测试服务业市场供给。发展面向制造业的研发、制造、交付、维护等产品全生命周期管理，实现制造业链条延伸和价值增值。鼓励专业服务机构积极参与制造业品牌建设和市场推广，加强品牌和营销管理服务，提升制造业品牌效应和市场竞争力。（市场监管总局、商务部、科技部、工业和信息化部、发展改革委按职责分工负责）

（五）提高制造业生产效率。利用5G、大数据、云计算、人工智能、区块链等新一代信息技术，大力发展智能制造，实现供需精准高效匹配，促进制造业发展模式和企业形态根本性变革。加快发展工业软件、工业互联网，培育共享制造、共享设计和共享数据平台，推动制造业实现资源高效利用和价值共享。发展现代物流服务体系，促进信息资源融合共享，推动实现采购、生产、流通等上下游环节信息实时采集、互联互通，提高生产制造和物流一体化运作水平。（工业和信息化部、发展改革委、交通运输部、商务部按职责分工负责）

（六）支撑制造业绿色发展。强化节能环保服务对制造业绿色发展的支撑作用，推进合同能源管理、节能诊断、节能评估、节能技术改造咨询服务、节能环保融资、第三方监测、环境污染第三方治理、环境综合治理托管服务等模式，推动节能环保服务由单一、短时效的技术服务，向咨询、管理、投融资等多领域、全周期的综合服务延伸拓展。发展回收与利用服务，完善再生资源回收利用体系，畅通汽车、纺织、家电等产品生产、消费、回收、处理、再利用全链条，实现产品经济价值和社会价值最大化。（生态环境部、工业和信息化部、商务部、发展改革委按职责分工负责）

（七）增强制造业发展活力。更好发挥资本市场的作用，充分利用多元化金融工具，不断创新服务模式，为制造业发展提供更高质量、更有效率的金融服务。发展人力资源管理服务，提升人才管理能力和水平，优化人才激励机制，推动稳定制造业就业，助力实现共同富裕。加大数据资源开发、开放和共享力度，促进知识、信息、数据等新生产要素合理流动、有效集聚和利用，促进制造业数字化转型。（证监会、银保监会、人民银行、人力资源社会保障部、网信办、发展改革委按职责分工负责）

（八）推动制造业供应链创新应用。健全制造业供应链服务体系，稳步推进制造业智慧供应链体系，创新网络和服务平台建设，推动制造业供应链向产业服务供应链转型。支持制造业企业发挥自身供应链优势赋能上下游企业，促进各环节高效衔接和全流程协同。巩固制造业供应链核心环节竞争力，补足制造业供应链短板。推动感知技术在制造业供应链关键节点的应用，推进重点行业供应链体系智能化，逐步实现供应链可视化。建立制造业供应链评价体系，逐步形成重要资源和产品全球供应链风险预警系统，完善全球供应链风险预警机制，提升我国制造业供应链全球影响力和竞争力。（工业和信息化部、商务部按职责分工负责）

三、加快制造服务业发展专项行动

以专项行动和重点工程为抓手，统筹谋划、重点突破，实现制造业与制造服务业耦合共生、相融相长。

（九）制造服务业主体培育行动。围绕制造业共性服务需求，加快培育一批集战略咨询、管理优化、解决方案创新、数字能力建设于一体的综合性服务平台。支持制造业企业按照市场化原则，剥离非核心服务，为产业链上下游企业提供研发设计、创业孵化、计量测试、检验检测等社会化、专业化服务。鼓励制造服务业企业按照市场化原则开展并购重组，实现集约化和品牌化发展。培育一批制造服务业新型产业服务平台或社会组织，鼓励其开展协同研发、资源共享和成果推广应用等活动。（发展改革委、工业和信息化部、国资委按职责分工负责）

（十）融合发展试点示范行动。深入推进先进制造业和现代服务业融合发展试点，培育服务衍生制造、供应链管理、总集成总承包等新业态新模式，探索原材料、消费品、装备制造等重点行业领域与服务业融合发展新路径。进一步健全要素配置、市场监管、统计监测等方面工作机制，打造一批深度融合型企业和平台。遴选培育一批服务型制造示范企业、平台、项目和城市，推动服务型制造理念得到普遍认可、服务型制造主要模式深入发展。（发展改革委、工业和信息化部、统计局按职责分工负责）

（十一）中国制造品牌培育行动。完善国家质量基础设施，加强标准、计量、专利等体系和能力建设，深入开展质量提升行动。充分调动企业作为品牌建设主体的主观能动性，建立以质量为基础的品牌发展战略，不断优化产品和服务供给，促进制造业企业提升质量管理水平。持续办好中国品牌日活动，讲好中国品牌故事，宣传推介国货精品，在全社会进一步传播品牌发展理念，增强品牌发展意识，凝聚品牌发展共识。（市场监管总局、工业和信息化部、发展改革委、商务部、知识产权局按职责分工负责）

（十二）制造业智能转型行动。制定重点行业领域数字化转型路线图。抓紧研制两化融合成熟度、供应链数字化等亟须标准，加快工业设备和企业上云用云步伐。实施中小企业数字化赋能专项行动，集聚一批面向制造业中小企业的数字化服务商。推进"5G+工业互联网"512工程，打造5个内网建设改造公共服务平台，遴选10个重点行业，挖掘20个典型应用场景。在冶金、石化、汽车、家电等重点领域遴选一批实施成效突出、复制推广价值大的智能制造标杆工厂，加快制定分行业智能制造实施路线图，修订完善国家智能制造标准体系。开展联网制造企业网络安全能力贯标行动，遴选一批贯标示范企业。（工业和信息化部、发展改革委、市场监管总局按职责分工负责）

（十三）制造业研发设计能力提升行动。推动新型研发机构健康有序发展，支持科技企业与高校、科研机构合作建立技术研发中心、产业研究院、中试基地等新型研发机构，盘活并整合创新资源，推动产学研协同创新。大力推进系统设计、绿色设计和创意设计的理念与方法普及，开展高端装备制造业及传统优势产业等领域重点设计突破工程，培育一批国家级和省级工业设计研究平台，突出设计创新创意园区对经济社会发展的综合拉动效应，探索建立以创新为核心的设计赋能机制，推动制造业设计能力全面提升。（科技部、工业和信息化部、发展改革委按职责分工负责）

《关于深入组织实施创业带动就业示范行动的通知》节选：

一、主要目标

紧扣创业带动就业主题，聚焦高校毕业生、农民工等重点群体，依托企业、高校、科研院所、区域四类示范基地，用好资金支持、政策扶持、宣传推广等抓手，组织实施社会服务领域双创带动就业、高校毕业生创业就业"校企行"、大中小企业融通创新、精益创业带动就业等专项行动，力争2021年将示范基地新增就业机会能力提升到110万个以上，在创业带动就业工作中发挥示范作用。

二、社会服务领域双创带动就业专项行动

按照《关于开展社会服务领域双创带动就业示范工作的通知》（发改办高技〔2020〕244号），支持示范基地以"四个牵引"深化实施专项行动，力争创造60万个就业机会。

（一）新兴业态牵引。聚焦"互联网平台＋创业单元"模式，面向在线教育、智能体育、智慧家政、远程医疗、智慧养老托育、智慧旅游、智慧农业、线上回收等领域，开展第五代移动通信技术应用试点，建设云计算基础设施、人工智能基础服务平台，提供人工智能应用所需的基础数据、计算能力和模型算法，为市场主体开发同步课堂、远程手术、远程监护、数字旅游、实时调控、演艺直播、高清视频通信社交等应用提供支撑。

（二）平台企业牵引。支持学校、医院、养老机构、家政公司、家电回收企业等市场主体平台化转型，增强线上服务能力。引导互联网平台企业进入社会服务领域，带动行业统一服务标准、提升服务品质，支持各类社会服务机构抱团创业。鼓励区域示范基地通过公开招标、揭榜挂帅等方式，购买教育、医疗、劳动就业、养老、托幼等公共服务，培育壮大平台企业。

（三）示范项目牵引。在推动数字经济发展、新型基础设施建设等过程中，同步规划社会服务领域应用场景建设，组织实施一批就业潜力大、带动作用突出、社会需求迫切的"双创"带动就业示范项目。精心遴选有实力的平台企业承担示范项目，从资金、技术、人才、土地、场所等方面予以集中支持。

（四）先进典型牵引。发挥先进典型的示范引领作用，及时总结好经验好做法，用好 2021 年大众创业万众创新活动周、"创响中国"系列活动等重要平台，推动传统媒体和新媒体对双创带动就业成效显著的典型区域、典型企业、典型项目，以及创业创新赛事活动优秀获奖项目进行宣传。

三、高校毕业生创业就业"校企行"专项行动

按照《关于开展示范基地创业就业"校企行"专项行动的通知》（发改办高技〔2020〕310 号），支持高校、企业示范基地以"四个做实"深化实施专项行动，力争创造 30 万个就业机会。

（一）做实结对共建。第一批和第二批企业、高校示范基地要积极拓展结对伙伴，通过共建双创学院、专业实验室、虚拟仿真实验室、创业实验室和训练中心等方式，建立长期稳固的合作关系，推动活动常态化。第三批企业、高校示范基地要加快建立结对共建关系，协商制定"六个一批"重点任务清单。

（二）做实项目孵化。企业示范基地要及时在"校企行"官网平台

上发布更新技术创新需求清单，对"揭榜"团队全程跟踪，精准提供创业导师、创业场地、研发设备等支持，投资、参股、并购有价值的项目。高校示范基地要定期向结对共建的企业示范基地推荐技术过硬、市场潜力大、合作伙伴亟须的创业项目。

（三）做实活动组织。结对伙伴要加强工作协同，共同组织和支持优秀创业项目参加"中央企业熠星创新创意大赛"、"创客中国"中小企业创新创业大赛、中国国际"互联网＋"大学生创新创业大赛、"中国创翼"创业创新大赛、全国农村创业创新项目创意大赛等赛事活动，共同开展创新型企业、创业培训讲师进校园等活动，共同办好创业投资基金对接会、融通创新主题日等活动。

（四）做实岗位供给。企业示范基地要组织引导下属单位及创新创业生态企业充分释放岗位需求，以员工招聘、招募创业合伙人、提供实习见习岗位、招聘科研助理等形式，为结对共建高校毕业生提供就业机会。高校示范基地要引导更多学生参与到"校企行"专项行动，及时将信息推送给需要创业就业的学生。

四、大中小企业融通创新专项行动

围绕保产业链供应链安全稳定，支持龙头企业牵头建设"三个生态"，打造整合创新资源、组织创新活动、促进成果应用的"链主"，力争带动2000家以上中小企业在细分领域精耕细作、搞出更多独门绝技，创造10万个就业机会。

（一）产业技术协同开发生态。组织实施融通创新示范项目，支持"链主"企业以开发战略性产品或技术为牵引，吸纳中小企业融入大企业研发、供应体系。组建创新创业生态实验室，建设单个主体建不起或多个主体分建不划算的创新创业平台，降低中小企业创新创业成本。举办系列融通创新主题日，企业采取"揭榜挂帅"、定向采购等方式，面向中小企业发布一批技术需求，共享一批设施资源，签约一批合作项目。

（二）自主创新产品应用生态。组织实施应用场景开发行动，盘活分散在中小企业手中的技术产品，形成可快速复制迭代的系统级解决方案，为中小企业自主创新产品开拓市场。建设创新创业服务平台，为中小企业提供技术开发、品牌培育、市场开拓、标准化、检验检测认证等服务，为中小企业合格产品贴牌生态链企业标志，提高自主创新产品市场竞争力。

（三）行业自律协商共治生态。组织技术标准领航行动，与中小企业共同研制技术标准，牵引产业技术升级。与行业协会、中小企业等深化合作，研究发布产业技术发展路线图，开展行业研究、数据统计、国际交流和产业链供应链风险预警。投资生态链上的关键中小企业，购买中小企业科技成果。

五、精益创业带动就业专项行动

着眼培育成长型初创企业、"隐形冠军"企业和"专精特新"中小企业、专精特新"小巨人"企业，支持相关示范基地以"四个抓实"构建专业化、全链条的创新创业服务体系，力争 2021 年转化 1000 项技术，创造 10 万个就业机会。

第 4 章

全国示范性设计类园区的整理

Classification and catalogue of national design parks

《十三部门关于印发制造业设计能力提升专项行动计划（2019-2022 年）的通知》中，明确了我国工业设计领域未来四年的宏伟目标：力争在四年内，实现国家工业设计研究院的高水平建设，显著提升工业设计的基础研究能力和公共服务水平。此外，计划还致力于创建约 10 个以设计服务为鲜明特色的服务型制造示范城市，同时发展壮大 200 家以上国家级工业设计中心，以此打造设计创新的骨干力量，引领整个工业设计领域的发展趋势。这仅仅是国家推动工业设计建设示范性平台的一个缩影。当前，包括工业和信息化部、文化和旅游部在内的多个部委，都在积极投入工业设计相关示范性平台的建设工作。通过对这些资料的系统整理，我们能够更加清晰地把握国家对于工业设计园区未来发展趋势的把控，同时对于深入理解我国工业设计园区的当前发展状况以及预测其未来走向，具有至关重要的意义。这不仅有助于我们更好地参与和影响这一进程，还能为相关企业和机构提供有价值的参考和指引。

4-1 综述

《十三部门关于印发制造业设计能力提升专项行动计划（2019-2022年）的通知》明确提出了我国工业设计领域的雄心壮志，即高水平建设国家工业设计研究院，并以此为契机，全面提升工业设计的基础研究能力和公共服务水平。同时，该计划还致力于在全国范围内创建约10个以设计服务为核心竞争力的服务型制造示范城市，旨在通过这些城市的引领作用，推动工业设计产业的蓬勃发展。此外，计划发展壮大200家以上国家级工业设计中心，旨在打造设计创新的坚实骨干力量，引领整个工业设计领域迈向新的发展阶段。

我国工业设计园区的发展，既是企业基于市场需求和资源优化整合的自主选择结果，更是政府政策导向和战略性指引下的重要目标。自2013年启动国家级工业设计中心的评选工作以来，至今已成功评选出六批具有行业标杆意义的国家级工业设计中心，这些中心不仅代表着我国工业设计领域的最高水平，也为整个行业树立了发展的典范。

与此同时，国家工业设计研究院的甄选培育工作也在有序进行，这些研究院将成为推动工业设计基础研究和技术创新的重要力量。此外，国家新型工业化产业示范基地、工信部服务型制造示范评选、工信部专精特新"小巨人"企业培育、工信部国家级制造业创新中心以及文旅部国家级文化产业示范园区（基地）等一系列重要平台的建设与评选，更是体现了国家在推动和引领工业设计发展方面的全面布局和深远考量。

这些举措不仅为工业设计领域的企业提供了广阔的发展空间和机遇，也为整个行业注入了新的活力和动力。通过这些示范性园区平台的带动发展，我国工业设计园区正逐步成为推动制造业转型升级和高质量发展的重要力量。

工信部

组织认定园区类型

4-2

国家级工业设计中心

工业和信息化部负责国家级工业设计中心的认定管理工作。各省、自治区、直辖市及计划单列市、新疆生产建设兵团工业和信息化主管部门（以下简称省级主管部门）负责本地区工业设计中心（以下简称省级工业设计中心）认定管理工作。

党中央、国务院和各级政府部门高度重视发展工业设计。为推动工业设计产业加快发展，2010 年，工业和信息化部等 11 部门联合印发了《关于促进工业设计发展的若干指导意见》，提出一系列政策措施，包括："引导工业企业重视设计创新，鼓励企业建立工业设计中心。国家对符合条件的企业设计中心予以认定。"为促进企业工业设计中心和工业设计企业的发展建设，2012 年，工信部制订并印发了《国家级工业设计中心认定管理办法（试行）》。2013 年首先在轻工、纺织、家电三大行业领域组织开展了中心认定工作。截至 2023 年，已经开展了六批国家级工业设计中心的认定工作。

获得"国家级工业设计中心"的名单见附录。

4-2-1

国家级工业设计中心评选要求

申报国家级工业设计中心，需稳定运营 3 年（截至申报日期），有固定的工作场所、良好的软硬件条件、健全的管理制度、稳定的人员配置，满足国家级工业设计中心评价指标（附件 1）要求，并具备以下条件：

（一）为省级工业设计中心；

（二）遵守国家法律法规，3 年内未发生重大环保、质量和安全事故，未被列为严重失信主体，没有重大违法行为或涉嫌重大违法正在接受有关部门审查的情况；

（三）制造业企业等单位设立的企业工业设计中心需是专门成立、独立运行的分支机构或内设部门。

4-2-2

国家级工业设计中心培育与管理

对国家级工业设计中心实施动态管理。

（一）国家级工业设计中心每次认定及复核的有效期为 4 年，到期应参加复核。

（二）接受复核的国家级工业设计中心按照要求在指定信息平台提交有关复核材料，报省级主管部门。省级主管部门审核后填写评价意见，按要求报送工业和信息化部。经工业和信息化部复核后，发布复核结果。

（三）对于未按规定参加复核的、复核结果为不合格的、所在企业自行要求撤销的，工业和信息化部核实有关情况后，公布撤销的国家级工业设计中心名单。此类单位 2 年内不得重新申报。

（四）对于在申请认定和接受管理过程中存在弄虚作假、违反相关规定的，发生重大环保、质量和安全事故的，被列为严重失信主体的，有重大违法行为或涉嫌重大违法正在接受有关部门审查的，工业和信息化部核实有关情况后，公布撤销的国家级工业设计中心名单。此类单位 4 年内不得重新申报。

（五）国家级工业设计中心所在企业发生更名、重组、依法终止等重大调整的，省级主管部门应及时将有关情况报工业和信息化部。

图 4-1　国家级工业设计中心认定路径

4-2-3

国家级、省级工业设计中心建设情况

2012 年工信部发布了《国家级工业设计中心认定管理办法（试行）》，并于 2013 年评定了首批国家级工业设计中心的企业名单，这一举措落实了国家工业设计的发展路径，2013、2015、2017、2019、2021、2023 年工信部分别开展了六批国家级工业设计中心认定工作，共认定国家级工业设计中心 415 家，涉及机械制造、航空航天、汽车、船舶、轻工、纺织、电子信息、新材料及新工艺等行业领域。全国 33 个省级（含计划单列市）工业和信息化主管部门开展了省级工业设计中心认定工作，共认定省级工业设计中心 3800 多家。国家级工业设计中心认定工作，有效提升了制造业企业对工业设计的认知水平，越来越多的制造业企业设立独立的工业设计中心，工业设计赋能制造业高质量发展的作用日益彰显；涌现出了一批提供专业工业设计服务的工业设计企业，业务规模快速成长，设计服务的水平逐渐提高。

4-3

国家工业设计研究院建设

坚持有序发展，合理布局。国家工业设计研究院创建统筹考虑区域布局和行业布局。区域布局上，突出国家区域发展战略需求，稳步提升全国工业设计发展整体水平；行业分布上，原则上同一行业（领域）只认定一家国家工业设计研究院。

坚持因地制宜，突出特色。省级工业设计研究院建设应结合自身条件，立足发展需求，避免"一哄而起"。条件暂不具备的地区应首先夯实基础，具备条件的地区应立足优势产业，面向共性需求，合理定位发展方向，突出工业设计研究院的行业特色。

坚持市场主导，政府引导。各级工业设计研究院应按照企业化管理，实现市场化运营，充分发挥市场在资源配置中的决定性作用。各级政府部门应加强对工业设计研究院建设的前期支持和引导，统筹协调解决相关问题，营造良好发展环境。

4-3-1
国家工业设计研究院建设目标

到"十三五"末，在工业设计发展总体水平较高的地区建设一批省级工业设计研究院，从中培育若干国家工业设计研究院。工业设计公共服务能力全面提升，基础保障体系基本建立。

到 2025 年，基本建成适应先进制造业发展需要，覆盖重点行业和领域的国家和省级工业设计研究院网络。工业设计公共服务与创新发展体系日益健全，成为推动制造业高质量发展的重要引擎。

4-3-2
国家工业设计研究院建设程序

（一）开展省级工业设计研究院建设。省级工业和信息化主管部门负责本地区省级工业设计研究院的建设工作。有条件的地方可围绕制造强国建设需要，确定省级工业设计研究院建设方向。鼓励省级工业设计研究院在名称、发起单位、股权结构、管理模式等方面采取灵活方式。鼓励在现有相关机构基础上，进行整合改造提升。

（二）确定国家工业设计研究院培育对象。我部将在省级工业设计研究院中确定国家工业设计研究院培育名单。有意列入培育名单的省级工业设计研究院，由省级工业和信息化主管部门向我部推荐，推荐材料主要介绍推荐对象的建设目标、组建方案、组织构架、运营机制、既有业绩、发展规划、经费来源等。我部同意纳入培育名单后，将会同相关地方主管部门加强对培育对象的建设指导。

（三）升级认定国家工业设计研究院。我部将从稳定运营两年以上的培育对象中升级认定国家工业设计研究院，升级标准见《省级工业设计研究院升级为国家工业设计研究院基本条件》(见附件)。升级认定工作将按照"成熟一家、升级一家"的原则，对研究院发展情况进行综合评价后确定。评价标准另行制定。

（四）定期考核评估。我部将定期对国家工业设计研究院进行考核。对于达不到考核要求的，取消其国家工业设计研究院资格；对于考核中发现问题的，会同地方工业和信息化主管部门实施有效整改，推动国家工业设计研究院健康发展。

4-3-3
省级工业设计研究院升级为国家工业设计研究院条件

为贯彻落实"十三五"规划纲要要求，加强对工业设计研究院建设的统筹指导，在省级工业设计研究院建设基础上高标准、高水平建设国家工业设计研究院，按照《国家工业设计研究院创建工作指南》（以下简称《工作指南》），对拟升级为国家工业设计研究院的省级工业设计研究院（以下简称研究院）提出以下基本条件：

一、研究院应按照《工作指南》的导向和要求，以加强工业设计基础研究，提供高水平公共服务，加速设计成果转化，强化人才培养，推动工业设计加快发展为目标。

二、研究院组建应符合以下条件：

（一）研究院为企业法人形态，采取"平台＋公司"等模式运行。

（二）研究院应广泛整合工业设计企业、相关制造企业的设计资源，充分吸纳高等院校、科研院所等智力资源，成为支撑工业设计创新发展的公共平台。

（三）研究院的依托机构是以资本为纽带建立起的独立企业法人，股东中应包括当地设计或制造业企业的骨干企业并鼓励各类资本参与投资。

三、研究院应建立协同创新的运行机制，实行企业化运作，实现自主发展、自负盈亏。

（一）研究院的依托机构应建立现代企业制度，有责权明晰的董事会和经营管理团队。

（二）研究院应建立适应协同创新需要的运行决策机制资金运作机制、内部资源管理及研究成果共享机制等，充分发挥各类投资及参与主体的作用。

四、研究院应具备高水平的基础研究能力。

（一）研究院有行业领军型的专家组成的管理和咨询团队。

（二）研究院的依托机构应具有固定的研究队伍，有专业水平高、设计实践经验丰富的带头人，从事研究和公共服务的人员占企业职工总数的比例不低于 50%。

（三）研究院年度研发经费支出中，用于工业设计基础共性研究的资金占比不低于 30%。

五、研究院应具有产品试制、检验检测、质量认证等所需的先进研发试验条件。包括设计软件、数据库、虚拟现实 / 增强现实 / 混合现实等设计工具及精密模具、精密加工设备专用计算机、测试仪器等必要设备，大中型 3D 打印等试生产条件。各类设计开发软件和仪器设备等原值不低于 3000 万元。

六、研究院应具备较强的公共服务和产品转化能力。

（一）具有专门的行业知识产权保护团队，提供专利预警、快速审查、快速确权、快速维权等服务。能够开展工业设计相关的商务、金融、市场、财务、法律等延伸服务。

（二）具有与市场、资本、渠道、品牌等全产业链沟通协作机制，能够有效推动产品转化。

（三）具有科学合理的成果转化激励机制，能够积极促进关键共性技术的转移扩散，以及设计成果的合作共享。

（四）建设集合作品发布、需求提供、竞价撮合、在线交易等功能的工业设计网络交易平台。

七、研究院在技术开发、研究成果转化等方面实际运行效果突出，对重点服务的行业或领域的工业设计发展产生积极促进作用。

（一）对工业设计关键共性技术研究作出重要贡献、产生重要影响。

（二）完成省部级以上研究课题不少于 5 项，形成实用新型和发明专利（含受理）不少于 10 项。

（三）完成业内公认的高水平设计开发项目每年不少于 1 项，并产生积极的经济或社会效益。

八、研究院稳定运营两年以上，具备良好的可持续发展能力，形成明确的盈利模式。

（一）研究院各股东投资满足基本运行要求。

（二）研究院通过为政府部门和行业提供战略咨询、设计验证、样品试制、产品测试、数据库支撑等服务，以及通过技术股权收入、技术成果转化等运作，获得稳定收入。

（三）研究院通过市场化机制与社会资本合作，形成健康稳定的收入来源。

4-3-4

国家工业设计研究院建设情况

表 4-1　2021 年第一批国家工业设计研究院

编号	国家工业设计研究院名称	服务方向和领域
1	中国工业设计（上海）研究院股份有限公司	数字设计领域
2	浙江树创科技有限公司（中低压电气工业设计研究院）	中低压电气行业
3	陶瓷工业设计研究院（福建）有限公司	陶瓷行业
4	山东省工业设计研究院（烟台）	智能制造领域
5	广州坤银生态产业投资有限公司（广东省生态工业设计研究院）	生态设计领域

表 4-2　第二批国家工业设计研究院培育对象

序号	省份	申报单位名称	主要服务行业或领域
1	辽宁	沈阳创新设计研究院有限公司	重型机械
2	上海	上海市纺织科学研究院有限公司	纺织材料
3	江苏	江苏徐工工程机械研究院有限公司	工程机械
4	浙江	浙江省现代纺织工业研究院	纺织印染
5	浙江	浙江永蝶工业设计研究有限公司	日用五金
6	山东	淄博冠中工业设计研究院	健康医疗
7	湖北	湖北省诊疗设备工业设计研究院有限公司	诊疗设备
8	湖南	湖南国研交通装备工业设计有限公司	先进轨道交通装备
9	广东	广东湾区智能终端工业设计研究院有限公司	智能终端
10	四川	四川省工程装备设计研究院有限责任公司	核技术应用
11	青岛	青岛轮云设计研究院有限责任公司	轮胎制造

4-4

国家新型工业化产业示范基地

新型工业化产业示范基地（以下简称示范基地）是指按照新型工业化内涵要求建设提升、达到先进水平的产业集聚区。为贯彻落实《中国制造 2025》、《国民经济和社会发展第十三个五年规划纲要》、国家重大区域发展战略等有关部署，进一步做好国家级示范基地创建和经验推广，在更高层次上发挥示范基地引领带动作用，促进产业集聚区规范发展和提质增效，推进制造强国建设。

4-4-1

国家新型工业化产业示范基地建设目标

"十三五"期间，示范基地培育、创建、提升体系不断完善启动示范基地卓越提升计划，示范基地的发展质量和效益明显提高，示范引领带动作用更加明显，在我国工业经济稳增长调结构增效益中发挥更加突出的作用。到 2020 年，规模效益突出的优势产业示范基地从现有的 333 家稳步提升到 400 家左右，发展一批专业化细分领域竞争力强的特色产业示范基地，形成 10 家以上具有全球影响力和竞争力的先进制造基地。到 2025 年，示范基地的核心竞争力和品牌影响力不断增强，卓越提升计划取得明显进展，一批具有全球影响力和竞争力的先进制造基地成为我国制造强国建设的重要标志和支撑。

4-4-2

国家新型工业化产业示范基地建设程序

工业和信息化部负责国家示范基地评审及相关管理工作。各省、自治区、直辖市及计划单列市、新疆生产建设兵团工业和信息化主管部门、通信行业主管部门（以下统称省级工业和信息化主管部门、通信行业主管部门）负责组织本地区国家示范基地申报和省级示范基地的创建管理工作，配合工业和信息化部对国家示范基地进行指导和管理。

国家示范基地分两个系列，即规模效益突出的优势产业示范基地（以下简称优势产业示范基地）和专业化细分领域竞争力强的特色产业示范基地（以下简称特色产业示范基地）。

4-4-3

国家新型工业化产业示范基地产业领域

国家示范基地的主要产业领域包括：装备制造业、原材料工业、消费品工业、电子信息产业、软件和信息服务业、军民融合，以及新兴的产业领域，重点包括：工业设计、研发服务、工业物流等服务型制造领域，高效节能、先进环保、资源循环利用、安全产业、应急产业等节能环保安全领域，工业互联网、数据中心等围绕"互联网＋"涌现的新产业、新业态等。

4-4-4

国家新型工业化产业示范基地申报条件

国家示范基地申报条件主要包括以下方面：

（一）产业实力和特色。主要衡量申报基地产业规模、集聚程度、产业特色、市场竞争力、行业地位等方面情况。含 2 项优势产业示范基地条件、3 项特色产业示范基地条件和 1 项通用条件。

（二）创新能力。主要衡量申报基地创新投入、创新平台、创新成果、协同创新等方面情况。含 2 项优势产业示范基地条件和 3 项通用条件。

（三）质量效益。主要衡量申报基地生产效率、质量管理、品牌建设等方面情况。含 1 项优势产业示范基地条件和 3 项通用条件。

（四）节能环保。主要衡量申报基地节能减排、清洁生产、绿色制造、可再生能源利用等方面情况。含 2 项优势产业示范基地条件和 3 项通用条件。

（五）集约程度。主要衡量申报基地土地集约利用等方面情况。含 3 项优势产业示范基地条件。

（六）安全生产。主要衡量申报基地安全生产的管理和效果等方面情况。含 2 项通用条件。

（七）两化融合。主要衡量申报基地信息基础设施、信息化水平、智能制造等方面情况。含 2 项优势产业示范基地条件和 3 项通用条件。

（八）公共服务。主要衡量申报基地公共服务平台、设施建设等方面情况。含 2 项通用条件。

（九）发展环境。主要衡量申报基地人力资源保障、地方政府支持等方面情况。含 2 项通用条件。

（十）合法合规。主要衡量申报基地合规性、规划制定、命名规范等方面情况。含 4 项通用条件。

国家示范基地申报条件具体要求附后，可根据实际发展情况进行动态调整。

4-4-5

国家新型工业化产业示范基地建设情况（发展评价）

通过对各示范基地总体水平，以及产业实力、质量效益、创新驱动、绿色集约安全、融合发展、发展环境等方面的评价，结果显示，示范基地整体处于四星水平。其中，五星基地 28 家，占比 6.7%；四星基地 240 家，占比 58%。示范基地工业增加值占全国比重三成，进出口额占全国外贸进出口额比重超过三成，规模以上工业企业利润总额占全国比重近 45%，四分之一的制造业单项冠军企业和三分之一的专精特新"小巨人"企业来自示范基地。经过多年发展，示范基地已成为工业经济发展的"排头兵"、协同创新的"先锋队"、数字化转型的"试验田"，是我国工业经济高质量发展的重要支撑力量。

五星基地作为示范基地的先进代表，平均销售收入约 4 800 亿元，平均利润率为 8.4%，平均研发强度 4.8%，普遍形成了较完善的公共服务体系和良好的发展环境，在稳定产业链供应链、推动大中小企业融通发展、提升协同创新能力等方面发挥了引领带动作用。

表 4-3 2021 年国家新型工业化产业示范基地建设情况（发展评价为五星基地）

编号	所在地区	示范基地名称	备注
1	北京市	软件和信息服务·北京中关村科技园区海淀园	连续四年五星
2		电子信息（平板显示）·北京经济技术开发区数字电视产业园	连续两年五星
3		装备制造（轨道交通装备）·北京中关村科技园区丰台园	
4	山西省	钢铁（不锈钢）·山西太原市	
5	上海市	电子信息·上海漕河泾新兴技术开发区	连续三年五星
6		高技术转化应用（民用航天）·上海闵行区	连续四年五星
7		汽车产业·上海嘉定汽车产业园区	连续四年五星
8	江苏省	装备制造（智能电网装备）·南京江宁区	连续两年五星
9		装备制造（工程机械）·江苏徐州经济技术开发区	连续两年五星
10		医药·江苏连云港经济技术开发区	连续三年五星
11	浙江省	电子信息（物联网）·杭州高新区（滨江）	连续三年五星
12		装备制造（电工电气）·浙江乐清	

编号	所在地区	示范基地名称	备注
13	安徽省	新材料（硅基）·安徽蚌埠高新技术产业开发区	
14	山东省	装备制造（内燃机）·山东潍坊高新技术产业开发区	连续三年五星
15		电子信息（智能办公自动化设备）·山东威海火炬高技术产业开发区	连续两年五星
16	河南省	装备制造（节能环保装备）·河南洛阳高新技术产业开发区	连续两年五星
17	湖北省	电子信息（光电子）·武汉东湖新技术开发区	连续四年五星
18		资源综合利用·湖北襄阳	
19	湖南省	新材料（电池材料）·湖南金洲新区	连续两年五星
20		装备制造（工程机械）·长沙经济技术开发区	连续三年五星
21	广东省	电子信息（通信设备）·广东东莞松山湖高新技术产业开发区	连续四年五星
22	福建厦门	电子信息（光电显示）·厦门火炬高技术产业开发区	连续三年五星
23	山东青岛	家电及电子信息·山东青岛市	连续四年五星
24		软件和信息服务·青岛软件园	
25		船舶与海洋工程装备·青岛经济技术开发区	连续两年五星
26	广东深圳	软件和信息服务·深圳软件园	连续两年五星
27		工业互联网·深圳宝安区	连续两年五星
28		电子信息·深圳高新区深圳湾园区	连续两年五星

4-5

服务型制造示范建设

服务型制造，是制造与服务融合发展的新型产业形态，是制造业转型升级的重要方向。制造业企业通过创新优化生产组织形式、运营管理方式和商业发展模式，不断增加服务要素在投入和产出中的比重，从以加工组装为主向"制造 + 服务"转型，从单纯出售产品向出售"产品 + 服务"转变，有利于延伸和提升价值链，提高全要素生产率、产品附加值和市场占有率。

发展服务型制造，是增强产业竞争力、推动制造业由大变强的必然要求。我国是全球第一制造大国，但制造业在国际产业分工体系中总体处在中低端，面临着资源环境约束强化和生产要素成本上升等问题，主要依靠资源要素投入和规模扩张的粗放经济增长方式难以为继。发展服务型制造，以创新设计为桥梁，推动企业立足制造、融入服务，优化供应链管理，深化信息技术服务和相关金融服务等应用，升级产品制造水平提升制造效能，拓展产品服务能力提升客户价值，能够在转变发展方式、优化经济结构中实现制造业可持续发展，打造产业竞争新优势。

发展服务型制造，是顺应新一轮科技革命和产业变革的主动选择。工业化进程中产业分工协作不断深化，催生制造业的服务化转型。信息化特别是新一代信息通信技术的深度应用，加速服务型制造的创新发展。发达经济体实践证明，发展服务型制造是抢占价值链高端的有效途径。当前，国际产业分工格局正在发生深刻调整，我国制造业亟须补足短板，实现转型发展。同时，我国也迎来与全球同步创新的难得机遇，"中国制造 + 互联网"的深入推进为服务型制造提供了广阔发展空间和强大技术支持，必须加快制与服务的协同融合，才能重塑制造业价值链，培育产业发展新动能。

发展服务型制造，是有效改善供给体系、适应消费结构升级的重要举措。我国经济发展进入新常态，要保持经济中高速增长，产业迈向中高端水平，必须在适度扩大总需求的同时，加强供给侧结构性改革。服务型制造能够引导制造业企业以产需互动和价值增值为导向，由提供产品向提供全生命周期管理转变，由提供设备向提供系统解决方案转变。促进服务型制造发展，有利于改善供给体系质量和效益，破解产能低端过剩和高端不足并存的矛盾，是供给侧结构性改革的新举措。

4-5-1

服务型制造示范建设目标

到 2022 年，新遴选培育 200 家服务型制造示范企业、100 家示

范平台（包括应用服务提供商）、100 个示范项目、20 个示范城市，
服务型制造理念得到普遍认可，服务型制造主要模式深入发展，制造业
企业服务投入和服务产出显著提升，示范企业服务收入占营业收入的比
重达到 30% 以上。支撑服务型制造发展的标准体系、人才队伍、公共
服务体系逐步健全，制造与服务全方位、宽领域、深层次融合发展格局
基本形成，对制造业高质量发展的带动作用更加明显。

到 2025 年，继续遴选培育一批服务型制造示范企业、平台、项目
和城市，示范引领作用全面显现，服务型制造模式深入应用。培育一批
掌握核心技术的应用服务提供商，服务型制造发展生态体系趋于完善，
服务提升制造业创新能力和国际竞争力的作用显著增强，形成一批服务
型制造跨国领先企业和产业集群，制造业在全球产业分工和价值链中的
地位明显提升，服务型制造成为制造强国建设的有力支撑。

4-5-2

服务型制造示范建设遴选类别

1. 示范企业。主要面向定制化服务、供应链管理、检验检测认证服务、全生命周期管理、总集成总承包、节能环保服务、生产性金融服务及其他服务型制造创新模式开展遴选。

2. 示范平台。面向定制化服务、供应链管理、共享制造、检验检测认证服务、全生命周期管理、总集成总承包、节能环保服务、生产性金融服务及其他服务型制造创新模式开展遴选。

3. 示范项目。针对依托产业集群发展共享制造的项目进行遴选。

4. 示范城市。面向推动服务型制造创新发展有切实举措和突出成效的城市开展遴选。

4-5-3

服务型制造示范建设条件

1. 共性条件。

申报主体应在中华人民共和国境内注册，具有独立法人资格，运营和财务状况良好，自 2020 年 1 月 1 日起至今，未发生重大质量、环保或安全事故，没有违法行为或涉嫌违法正在接受审查的情况。

2. 专项条件及推荐名额。

（1）示范企业

申报企业应为具有鲜明服务型制造特点的制造业企业。申报企业应通过战略规划、组织保障、技术创新、流程再造、市场拓展、人才培养等措施进行服务型制造转型升级，并取得显著成效。在本行业或相关领

域内，其生产技术与工艺、服务能力与水平具有一定优势，原则上服务收入占企业营业收入比重达 30% 以上。各省、自治区、直辖市及计划单列市、新疆生产建设兵团工业和信息化主管部门（以下统称省级主管部门）可推荐示范企业不超过 10 个。

（2）示范平台

申报平台应为从制造业企业衍生出的服务平台或第三方专业服务平台，包括应用服务提供商。截至申报日正式投入运营时间须满 2 年。分为共享制造类和其他类。

申报共享制造类的平台，应围绕制造资源的在线发布、订单匹配、生产管理、支付保障、信用评价等，应用新一代信息技术，深度整合分散化、多样化制造资源，发展"平台接单、按工序分解、多工厂协同"的共享制造模式，有效提升相关行业、区域制造资源的集聚和共享水平。各省级主管部门可推荐共享制造类示范平台不超过 1 个。

申报其他类的平台，应能够较好满足相关制造业企业在发展服务型制造方面的服务需求，具备在线服务、线上线下联动等功能，在服务体系建设、服务能力提升、服务模式等方面有所创新，能够有效提升制造效率和能力，有效降低企业间交易成本和合作风险。各省级主管部门可推荐其他类示范平台不超过 3 个。

（3）示范项目

示范项目面向共享制造开展遴选。申报项目应围绕相关产业集群的共性制造需求，建设共享工厂、共性技术中心，为产业集群内企业提供制造、创新、服务等资源共享，促进集群内生产组织效率提升。各省级主管部门可推荐示范项目不超过 3 个。

1. 申报城市应在推动服务型制造创新发展方面政策举措实、工作力度大、转型成效显著、支撑体系持续优化，能够为其他城市发展服务型制造提供经验借鉴。

2. 申报示范城市分为综合类和工业设计特色类。

申报综合类的城市，应拥有一批我部遴选的服务型制造示范企业、平台及项目，服务型制造主要模式深入发展、转型特点显著，制造业企业服务产出显著提升，支撑服务型制造发展的公共服务体系、人才队伍建设逐步优化，相关生产性服务业发展水平较高，服务型制造发展对制造业 GDP 增长的贡献显著提升。各省级主管部门可推荐综合类示范城市不超过 1 个。

申报工业设计特色类的城市，应拥有一批国家级工业设计中心，在制造业重点领域设计突破、高端制造业设计人才培育、国家工业设计研究院创建、工业设计基础研究等方面取得显著成效，工业设计赋能制造业高质量发展成效突出。各省级主管部门可推荐工业设计特色类示范城市不超过 1 个。

4-5-4

服务型制造示范建设情况

截至 2023 年 11 月底，在已公布的前五批服务型制造示范中，共遴选出 372 家示范企业、157 个示范项目、225 个示范平台（包含共享制造类），以及 33 个示范城市（包含综合类与工业设计特色类），示范效应逐步显现。详细信息请查看每批次服务型制造示范名单。

4-6

专精特新"小巨人"企业（优质中小企业梯度培育工作）

优质中小企业是指在产品、技术、管理、模式等方面创新能力强、专注细分市场、成长性好的中小企业，由创新型中小企业、专精特新中小企业和专精特新"小巨人"企业三个层次组成。创新型中小企业具有较高专业化水平、较强创新能力和发展潜力，是优质中小企业的基础力量；专精特新中小企业实现专业化、精细化、特色化发展，创新能力强、质量效益好，是优质中小企业的中坚力量；专精特新"小巨人"企业位于产业基础核心领域、产业链关键环节，创新能力突出、掌握核心技术、细分市场占有率高、质量效益好，是优质中小企业的核心力量。

4-6-1

优质中小企业梯度培育的三个层次

创新型中小企业、专精特新中小企业、专精特新"小巨人"企业是优质中小企业培育的三个层次，共同构成梯度培育体系，"十四五"期间培育目标分别是 100 万家、10 万家、1 万家左右。创新型中小企业具有较高专业化水平、较强创新能力和发展潜力，是优质中小企业的基础力量；专精特新中小企业实现专业化、精细化、特色化发展，创新能力强、质量效益好，是优质中小企业的中坚力量；专精特新"小巨人"企业位于产业基础核心领域、产业链关键环节，创新能力突出、掌握核心技术、细分市场占有率高、质量效益好，是优质中小企业的核心力量。处于不同发展阶段、不同类型的中小企业需求不同，随着梯度提高，认定标准也随之提高，服务力度增强，体现了服务针对性和资源优化配置原则，也为中小企业提供激励。

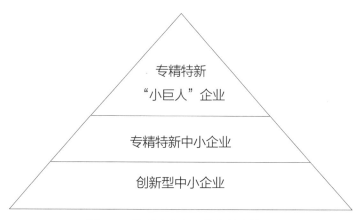

图 4-2　优质中小企业梯度培育体系

4-6-2

优质中小企业梯度培育的评价标准（创新型中小企业评价标准）

创新型中小企业评价标准

一、公告条件

评价得分达到 60 分以上（其中创新能力指标得分不低于 20 分、成长性指标及专业化指标得分均不低于 15 分）。

或满足下列条件之一：

（一）近三年内获得过国家级、省级科技奖励。

（二）获得高新技术企业、国家级技术创新示范企业、知识产权优势企业和知识产权示范企业等荣誉（均为有效期内）。

（三）拥有经认定的省部级以上研发机构。

（四）近三年新增股权融资总额（合格机构投资者的实缴额）500 万元以上。

二、评价指标

包括创新能力、成长性、专业化三类六个指标，评价结果依分值计算，满分为 100 分。

4-6-3

优质中小企业梯度培育的评价标准（专精特新中小企业认定标准）

专精特新中小企业认定标准

一、认定条件

同时满足以下四项条件即视为满足认定条件：

（一）从事特定细分市场时间达到 2 年以上。

（二）上年度研发费用总额不低于 100 万元，且占营业收入总额比重不低于 3%。

（三）上年度营业收入总额在 1 000 万元以上，或上年度营业收入总额在 1 000 万元以下，但近 2 年新增股权融资总额（合格机构投资者的实缴额）达到 2 000 万元以上。

（四）评价得分达到 60 分以上或满足下列条件之一：

1. 近三年获得过省级科技奖励，并在获奖单位中排名前三；或获得国家级科技奖励，并在获奖单位中排名前五。

2. 近两年研发费用总额均值在 1 000 万元以上。

3. 近两年新增股权融资总额（合格机构投资者的实缴额）6 000 万元以上。

4. 近三年进入"创客中国"中小企业创新创业大赛全国 500 强企业组名单。

二、评价指标

包括专业化、精细化、特色化和创新能力四类十三个指标，评价结果依分值计算，满分为 100 分。

4-6-4
优质中小企业梯度培育的评价标准（专精特新"小巨人"企业认定标准）

专精特新"小巨人"企业认定标准

专精特新"小巨人"企业认定需同时满足专、精、特、新、链、品六个方面指标。

一、专业化指标

坚持专业化发展道路，长期专注并深耕于产业链某一环节或某一产品。截至上年末，企业从事特定细分市场时间达到 3 年以上，主营业务收入总额占营业收入总额比重不低于 70%，近 2 年主营业务收入平均增长率不低于 5%。

二、精细化指标

重视并实施长期发展战略，公司治理规范、信誉良好、社会责任感强，生产技术、工艺及产品质量性能国内领先，注重数字化、绿色化发展，在研发设计、生产制造、供应链管理等环节，至少 1 项核心业务采用信息系统支撑。取得相关管理体系认证，或产品通过发达国家和地区产品认证（国际标准协会行业认证）。截至上年末，企业资产负债率不高于 70%。

三、特色化指标

技术和产品有自身独特优势，主导产品在全国细分市场占有率达到 10% 以上，且享有较高知名度和影响力。拥有直接面向市场并具有竞争优势的自主品牌。

四、创新能力指标

满足一般性条件或创新直通条件。

（一）一般性条件。需同时满足以下三项：

1. 上年度营业收入总额在 1 亿元以上的企业，近 2 年研发费用总额占营业收入总额比重均不低于3%；上年度营业收入总额在 5 000 万元—1 亿元的企业，近 2 年研发费用总额占营业收入总额比重均不低于 6%；上年度营业收入总额在 5 000 万元以下的企业，同时满足近 2 年新增股权融资总额（合格机构投资者的实缴额）8 000 万元以上，且研发费用总额 3 000 万元以上、研发人员占企业职工总数比重 50% 以上。

2. 自建或与高等院校、科研机构联合建立研发机构，设立技术研究院、企业技术中心、企业工程中心、院士专家工作站、博士后工作站等。

3. 拥有 2 项以上与主导产品相关的 I 类知识产权，且实际应用并已产生经济效益。

（二）创新直通条件。满足以下一项即可：

1. 近三年获得国家级科技奖励，并在获奖单位中排名前三。

2. 近三年进入"创客中国"中小企业创新创业大赛全国 50 强企业组名单。

五、产业链配套指标

位于产业链关键环节，围绕重点产业链实现关键基础技术和产品的产业化应用，发挥"补短板""锻长板""填空白"等重要作用。

六、主导产品所属领域指标

主导产品原则上属于以下重点领域：从事细分产品市场属于制造业核心基础零部件、元器件、关键软件、先进基础工艺、关键基础材料和产业技术基础；或符合制造强国战略十大重点产业领域；或属于网络强国建设的信息基础设施、关键核心技术、网络安全、数据安全领域等产品。

4-6-5

专精特新"小巨人"企业认定建设情况

数据显示，截至 2023 年 11 月我国已累计培育专精特新中小企业 12.4 万家，其中专精特新"小巨人"企业 1.2 万家。

4-7

国家级制造业创新中心

国家制造业创新中心是国家级创新平台的一种形式，是由企业、科研院所、高校等各类创新主体自愿组合、自主结合，以企业为主体，以独立法人形式建立的新型创新载体；是面向制造业创新发展的重大需求，突出协同创新取向，以重点领域前沿技术和共性关键技术的研发供给、转移扩散和首次商业化为重点，充分利用现有创新资源和载体，完成技术开发到转移扩散到首次商业化应用的创新链条各环节的活动，打造跨界协同的创新生态系统。

4-7-1

国家级制造业创新中心特征

——制造业创新生态系统的网络组织。通过在重点领域部署建设创新中心，形成以创新中心为核心节点的创新生态网络，支撑国家制造业创新体系建设，为行业发展提供前沿和共性关键技术的研发扩散和首次商业化服务。

——制造业创新资源的整合枢纽。集聚整合包括科研基础设施、大型科研仪器、科技工程数据、知识产权、科技文献，以及人才、技术、标准、信息、资本等在内的各类创新资源和要素，重点开展制造业前沿技术和共性关键技术研发，推动技术成果转移扩散和首次商业化，面向行业、企业提供公共技术服务。

——制造业创新服务的公共平台。创新中心辐射重点行业内的企业和各类机构，提供从技术委托研发、测试认证、标准制定、专利运用、成果评估、应用推广、企业孵化到信息服务、人才培训、项目融资等一系列公共服务。

——制造业创新人才的培育基地。创新中心建立产学研用紧密结合的人才培养机制，加强制造业创新型人才培养和企业家精神培育，积极开展国际化人才交流与合作培养，发挥示范、辐射和带动作用，加强制造业政策研究，充分发挥创新人才对产业发展的带动作用，形成制造业升级智库。

4-7-2

国家级制造业创新中心功能

一是加强产业前沿和共性关键技术研发。面向战略必争的重点领域，开展前沿技术研发及转化扩散，强化知识产权战略储备与布局，突破产业链关键技术屏障，支撑产业发展；面向优势产业发展需求，开展共性关键技术和跨行业融合性技术研发，突破产业发展的共性技术供给瓶颈，带动产业转型升级。

二是促进技术转移扩散和首次商业化应用。打通技术研发、转移扩散和产业化链条，形成以市场化机制为核心的成果转移扩散机制。通过孵化企业、种子项目融资等方式，将创新成果快速引入生产系统和市场，加快创新成果大规模商用进程。

三是加强制造业创新人才队伍建设。集聚培养高水平领军人才与创新团队，开展人才引进、人才培养、人才培训、人才交流，建设人才培训服务体系，为制造业发展提供多层次创新人才。

四是提供制造业创新的公共服务。提供技术委托研发、标准研制和试验验证、知识产权协同运用、检验检测、企业孵化、人员培训、市场信息服务、可行性研究、项目评价等公共服务。

五是积极开展国际交流与合作。广泛开展国际合作，积极跟踪国际发展前沿，通过项目合作、高水平技术和团队引进、联合研发、联合共建等形式，促进行业共性技术水平提升和产业发展，探索国际创新合作新模式。

4-7-3

国家级制造业创新中心建设目标

按照统筹设计、阶段实施、突出重点、政策协同的要求，逐步推进创新中心建设工程，力争到 2025 年前后形成比较完善的、能够支撑制造强国建设的制造业创新体系。

第一阶段：2016—2020 年

到 2020 年，国家制造业创新体系核心初具规模。在部分重点领域建成创新中心，掌握一批重点领域前沿技术和共性关键技术，行业共性关键技术供给机制初步形成，部分战略必争领域实现与发达国家同步发展，优势领域竞争力进一步增强，为我国基本实现工业化，进一步巩固制造业大国地位提供有力支撑。

第二阶段：2021—2025 年

到 2025 年，进一步完善国家制造业创新体系。在《中国制造2025》确定的新一代信息技术、高档数控机床和机器人、航空航天装备、海洋工程装备及高技术船舶、先进轨道交通装备、节能与新能源汽车、电力装备、农机装备、新材料、生物医药及高性能医疗器械等十大重点领域，形成一批创新中心。在创新中心支撑下，制造业整体素质大幅提升，创新能力显著增强，劳动生产率明显提高，形成一批具有较强国际竞争力的跨国公司和产业集群，在全球产业分工和价值链中的地位明显提升。

4-7-4

国家级制造业创新中心组织运行

创新中心在国家制造强国建设领导小组指导下，按照定位要求，建立健全法人治理结构，探索高效协同创新模式。

1. 组织结构。根据参与成员和所在行业特征，创新中心的组织结构由参与创建的各成员单位协商决定，采取企业法人等形式。创新中心经营活动自主决策，实现自负盈亏、自我发展。

2. 运行机制。创新中心按照责权明确、科学管理的模式运行。创新中心自主决策、自我管理。

（1）建立科学的决策机制。创新中心决策机构的成员应具有广泛代表性，包含来自成员单位的代表、具有独立身份的产业界和科技界杰出人士，负责制定创新中心长期发展战略、决策投融资、人事、基本建设等重大事项。

（2）建立技术专家委员会作为内部咨询机构。技术专家委员会由来自学术界、企业界和政府委派的专家组成，负责研判行业发展重大问题并筛选确定研究方向。

3. 经营机制。创新中心根据市场需求，自主开展各类经营活动。主要的形式是：吸收集聚成员单位等各方面的创新资源和科研成果，自主开展技术研发或接受企业委托开展技术研发，将成果及时辐射给行业，向企业尤其是中小企业源源不断提供前沿技术、共性技术和新工艺、新设备、新知识。创新中心建立利益共享、风险共担的有效机制。

4. 协同模式。采取网络化科研模式，利用互联网、云计算、大数据等新一代信息技术，建设覆盖成员单位的科研创新网络平台，实现多学科、跨领域、跨地区的技术创新，优势互补、资源开放共享，充分发挥创新资源合理配置的协同优势，提升持续创新能力。

4-7-5

国家级制造业创新中心建设领域及名单

2016 年以来，工业和信息化部围绕新一代信息技术、机器人等 36 个重点建设领域，在全国批复认定 26 家国家级制造业创新中心，其中两家属于地方共建。

表 4-4　36 个重点建设领域

序号	领域名称	序号	领域名称
1	新一代信息光电子	19	高性能医疗器械
2	印刷及柔性显示	20	资源循环利用
3	机器人	21	医药高端制剂与绿色制药

序号	领域名称	序号	领域名称
4	轻量化材料及成型技术与装备	22	先进功能纤维
5	燃气轮机	23	先进陶瓷材料
6	高档数控机床	24	玻璃新材料
7	稀土功能材料	25	高性能膜材料
8	传感器	26	高端智能化家用电器
9	集成电路先进工艺	27	先进印染技术
10	工业信息安全	28	农业机械装备
11	先进复合材料	29	先进轨道交通装备
12	智能语音	30	存储器
13	石墨烯	31	集成电路特色工艺及封装测试
14	深远海海洋工程装备	32	半导体关键装备和材料
15	数字化设计与制造	33	5G 中高频器件
16	智能网联汽车	34	超高清视频制作技术
17	工业云制造	35	虚拟现实
18	工业大数据	36	先进操作系统

表 4-5　全国批复认定 26 家国家级制造业创新中心

序号	创新中心名称	认定时间	所在地	依托单位
1	国家动力电池创新中心	2016 年	北京	国联汽车动力电池研究院有限责任公司
2	国家增材制造创新中心	2016 年	陕西西安	西安增材制造国家研究院有限公司
3	国家印刷及柔性显示创新中心	2017 年	广东广州	广东聚华印刷显示技术有限公司
4	国家信息光电子创新中心	2017 年	湖北武汉	武汉光谷信息光电子创新中心有限公司
5	国家机器人创新中心	2017 年	辽宁沈阳	沈阳智能机器人国家研究院有限公司
6	国家集成电路创新中心	2018 年	上海	复旦大学、中芯国际和华虹集团
7	国家智能传感器创新中心	2018 年	上海	上海芯物科技有限公司
8	国家数字化设计与制造创新中心	2018 年	湖北武汉	武汉数字化设计与制造创新中心有限公司

续表

序号	创新中心名称	认定时间	所在地	依托单位
9	国家轻量化材料成形技术及装备创新中心	2018 年	北京	北京机科国创轻量化科学研究院有限公司
10	国家先进轨道交通装备创新中心	2019 年	湖南株洲	株洲国创轨道科技有限公司
11	国家农机装备创新中心	2019 年	河南洛阳	洛阳智能农业装备 研究院有限公司
12	国家智能网联汽车创新中心	2019 年	北京	国汽 (北京) 智能网联汽车研究院有限公司
13	国家先进功能纤维创新中心	2019 年	江苏苏州	盛虹控股集团和东华大学
14	国家稀土功能材料创新中心	2020 年	内蒙古包头	国瑞科创稀土功能材料有限公司
15	国家高性能医疗器械创新中心	2020 年	广东深圳	深圳高性能医疗器械 国家研究院有限公司
16	国家集成电路特色工艺及封装测试创新中心	2020 年	江苏无锡	江苏华进半导体封装 研究中心有限公司
17	国家先进印染技术创新中心	2020 年	山东泰安	山东中康国创先进印染技术 研究院有限公司 联合微电子中心有限责任公司
18	国家地方共建硅基混合集成创新中心	2021 年	重庆	
19	国家 5G 中高频器件创新中心	2021 年	广东深圳	深圳市汇芯通信技术有限公司
20	国家玻璃新材料创新中心	2021 年	安徽蚌埠	玻璃新材料创新中心 (安徽) 有限公司
21	国家高端智能化家用电器创新中心	2021 年	山东青岛	青岛国创智能家电 研究院有限公司
22	国家智能语音创新中心	2021 年	安徽合肥	科大讯飞股份有限公司
23	国家地方共建现代中药创新中心	2021 年	天津	天津现代创新中药科技有限公司
24	国家石墨烯创新中心	2022 年	浙江宁波	宁波石墨烯创新中心有限公司
25	国家虚拟现实创新中心	2022 年	江西南昌	南昌虚拟现实研究院有限公司
26	国家超高清视频创新中心	2022 年	四川成都	四川新视创伟超高清 科技有限公司

文旅部
组织认定园区类型

4-8
国家级文化产业示范园区（基地）

国家级文化产业示范园区是指经文化和旅游部命名的，文化企业集聚并形成良好产业生态和服务体系，对区域文化产业高质量发展具有辐射带动作用的文化产业园区。

国家级文化产业示范基地是指经文化和旅游部命名的，社会效益和经济效益显著，具有较强实力和行业影响力，在推动文化业态优化升级、促进文化产业融合与创新发展等方面具有示范带动作用的文化企业。

示范园区、示范基地建设管理工作遵循"统筹规划、择优命名、动态管理、突出示范"的原则，坚持高水平建设、高标准管理、高质量发展。

文化和旅游部依据本办法统筹示范园区、示范基地的命名、建设和管理工作，日常工作由文化和旅游部产业发展司具体负责。省级文化和旅游行政部门按照本办法规定，负责本行政区域内示范园区、示范基地的申报推荐、指导支持和监督管理工作。

4-8-1
国家级文化产业示范园区创建条件

（一）园区设立满 2 年，以文化产业为主导产业；

（二）坚持以社会主义核心价值观为引领，坚持把社会效益放在首位、社会效益和经济效益相统一；

（三）创建主体高度重视文化产业发展，已将园区纳入当地国民经济和社会发展规划或者重点建设项目，并有专门工作机制和政策措施支持园区建设发展；

（四）园区四至范围明确，产业布局符合当地国土空间规划，注重土地集约利用，不存在违规用地、违法占用和破坏耕地，或者以建设文化产业园区为名从事房地产开发等行为；

（五）有独立的运营管理机构专门负责园区建设发展工作，管理有序、运转良好，具有较高服务水平和较强创新管理能力；

（六）园区定位明确，特色鲜明，文化企业聚集程度高，基础设施和服务体系完善，建设发展水平居所在省（区、市）同类园区前列，具备持续发展条件和进一步优化提升潜力；

（七）园区及其运营管理机构近 2 年在文化安全、安全生产、环境保护以及其他方面未发生违法违规问题或者负面社会影响事件；

（八）已是省级文化产业示范园区或者省级文化和旅游行政部门确定的重点培育园区。

4-8-2

国家级文化产业示范基地创建条件

（一）在中华人民共和国境内注册设立满 2 年，以演艺、娱乐、动漫、创意设计、数字文化、艺术品、工艺美术、文化会展、文化装备制造、文化投资运营等文化行业生产经营活动为主营业务；

（二）坚持以社会主义核心价值观为引领，坚持把社会效益放在首位、社会效益和经济效益相统一；

（三）具有较强实力，经营状况良好，发展水平居于文化行业同类别企业前列，最近 2 年营业收入增速高于文化行业同类别规模以上文化企业平均水平，其中主营业务收入占营业收入比重在 60% 以上；

（四）创新能力突出，在推动业态优化升级、加快文化科技创新应用、促进产业融合发展等方面取得显著成效，具有较强行业影响力和示范带动性；

（五）经营管理规范，财务管理制度健全，信用良好；

（六）企业及其法定代表人、主要负责人近2年在文化安全、安全生产、环境保护以及其他方面未发生违法违规问题或者负面社会影响事件；

（七）已是省级文化产业示范基地或者省级文化和旅游行政部门重点培育的企业。

4-8-3

国家级文化产业示范园区（基地）示范与支持

示范园区示范期为 5 年、示范基地示范期为 3 年，自获得命名之日起计算。文化和旅游部对示范期即将到期的示范园区、示范基地组织开展复核，通过复核的，保留命名并重新计算示范期；未通过复核的，撤销其命名。

示范园区应当进一步培育壮大市场主体，加速集聚创新要素，健全企业服务体系，创新运营管理方式，不断提升建设发展水平和品牌影响力，并在推进智慧园区建设、构建绿色低碳发展模式、推动文化产业融合与创新发展等方面发挥示范带动作用。

示范基地要坚持规范经营、创新发展，提供更多优质文化产品和服务，持续推进内容创新、业态创新、技术创新和发展模式创新，不断增强自身发展质量效益与核心竞争力，在带动提升行业发展水平、促进产业结构优化升级、加强国际合作、深化产教融合等方面发挥示范引领作用。

文化和旅游部将示范园区、示范基地建设发展纳入文化产业发展规划，加强政策引导，完善联系服务机制，为示范园区、示范基地搭建交流合作平台，并依法在企业培育、人才培养、资源对接、项目服务、品牌推广等方面给予支持。

省级文化和旅游行政部门应当积极协调相关部门和机构，支持本行政区域内示范园区、示范基地建设发展。

鼓励地方各级政府结合实际，在资金、土地、项目、服务、基础设施建设等方面持续强化对文化产业发展的政策支持，为本行政区域内示范园区、示范基地营造良好建设发展环境。

4-8-4

国家级文化产业示范基地建设情况

2024 年初文化和旅游部公布了新一批及通过复核的国家文化产业示范基地名单，中国数字文化集团等 219 家企业被命名为新一批示范基地，保利文化集团等 165 家现有示范基地通过复核，示范基地总数达 384 家。

此次新命名和通过复核的示范基地文化特色鲜明，质量效益显著，创新发展水平和示范带动作用突出。据了解，截至 2023 年末，384 家示范基地资产总规模达 5.5 万亿元，从业人员约 50.7 万人，2023 年营业总收入超 1.3 万亿元。这些示范基地持续推进内容创新、业态创新、技术创新和发展模式创新，在中华优秀传统文化创造性转化创新性发展、优秀文化产品内容创作生产、数字文化创意、共性关键技术与核心装备研发、文化空间载体投资运营、文化与旅游等相关产业融合发展、文化产品和服务出口等领域精耕细作，不断推陈出新，并在服务经济社会发展、提升地区文化形象、满足人民群众精神文化生活新期待方面发挥了积极作用。不少示范基地扎根乡村和民族地区，以文化产业赋能乡村振兴、促进民族团结，取得积极成效。

4-9

国家级夜间文化和旅游消费集聚区

为贯彻落实《国务院办公厅关于进一步激发文化和旅游消费潜力的意见》（国办发〔2019〕41 号），大力发展夜间文化和旅游经济，更好满足人民日益增长的美好生活需要，文化和旅游部决定开展第一批国家级夜间文化和旅游消费集聚区建设工作。依托各地现有发展情况良好、文化和旅游业态集聚度高、夜间消费市场活跃的街区（含艺术街区，剧场、博物馆、美术馆、文化娱乐场所集聚地等）、文体商旅综合体、旅游景区、省级及以上文化产业示范园区商业区域等，分批次遴选、建设 200 家以上符合文化和旅游发展方向、文化内涵丰富、地域特色突出、文化和旅游消费规模较大、消费质量和水平较高、具有典型示范和引领带动作用的国家级夜间文化和旅游消费集聚区（以下简称"集聚区"）。集聚区建设不搞大拆大建，严禁"形象工程""政绩工程""面子工程"。

4-9-1

国家级夜间文化和旅游消费集聚区遴选要求

（一）四至范围明确。有明确四至范围，街区、旅游景区、省级及以上文化产业示范园区商业区域的占地面积应不超过3平方公里，文体商旅综合体商业面积应不低于1万平方米。

（二）业态集聚度高。文化和旅游业态集聚，产品和服务供给丰富，夜间文化和旅游消费人次及消费规模较大。街区、文体商旅综合体、省级及以上文化产业示范园区商业区域内夜间营业商户中的文化类商户数量或营业面积应占比不低于40%；旅游景区提供夜间游览服务的天数较多，夜间营业的文化娱乐设施项目数量或游览面积应占比不低于40%。

（三）公共服务完善。夜间社会治安、照明、卫生、交通、移动通信情况良好；夜间出行便利度较高，有基本满足消费者夜间出行需求的公共交通服务；区域范围内及周边区域合理设立基本满足消费者夜间停车需求的停车位。

（四）品牌知名度较高。区域内夜间文化和旅游消费活动形式多样、内容丰富，形成集聚效应、品牌效应，在本地居民及外地游客中具有较高的知名度和较强的吸引力。街区、文体商旅综合体、省级及以上文化产业示范园区商业区域内文化类商户营业收入较高；旅游景区经营状况较好，年旅游人次、年营业收入及盈利水平较高。

（五）市场秩序规范良好。文化和旅游市场秩序良好，消费环境诚信守法、文明有序、健康绿色，消费者夜间消费维权便利。近3年（营业不足3年的自营业之日起）区域范围内文化和旅游企业、项目和设施在内容安全、生产安全、食品安全、生态环境等方面没有出现较大违法违规问题。

（六）政策环境良好。所在地级市、副省级市或直辖市市辖区（县）重视发展夜间文化和旅游经济，合理规划文化和旅游消费场所设施空间布局，推进包容审慎监管，营造良好营商环境，引导市场主体创新夜间文化和旅游消费业态；对申报对象予以重点扶持，制定实施资金奖补等优惠政策。

4-9-2

国家级夜间文化和旅游消费集聚区遴选工作程序

（一）集聚区所在的县（包括副省级市市辖区、县，地级市市辖区，县级市）人民政府，或直辖市市辖区（县）下属的乡（镇）人民政府、街道办事处作为申报主体，填报《国家级夜间文化和旅游消费集聚区申报表》（附后），准备图片、视频资料等，经所在地级市、副省级市文化和旅游行政部门或直辖市市辖区（县）文化和旅游行政部门初审，报所在省（区、市）（包含新疆生产建设兵团，下同）文化和旅游厅（局）。

（二）各省（区、市）文化和旅游厅（局）通过合规性审查、专家评审（必要时可进行实地考察）等方式进行审核，形成审核情况报告，并根据审核结果择优确定集聚区推荐名单（需排序），一并报文化和旅游部。各省（区、市）推荐名额不超过 5 个。此外，国家文化和旅游消费示范城市可额外推荐不超过 2 个名额，国家文化和旅游消费试点城市可额外推荐不超过 1 个名额（不占所在省级行政区推荐名额）。

（三）文化和旅游部将通过专家复审、个别现场实地考察等方式，综合考虑区域发展水平、不同集聚区类型，确定并公布集聚区名单。

4-9-3
国家级夜间文化和旅游消费集聚区遴选实施

（一）文化和旅游部统筹集聚区建设工作的组织开展和动态管理，加强对集聚区的政策支持和宣传推广，指导和支持集聚区特色化、差异化、品牌化发展。

（二）各省（区、市）文化和旅游厅（局）统筹推动本地区集聚区的建设工作；要对照遴选要求，认真审核、严格把关，做好本地区集聚区的审核、推荐工作，要突出文化和旅游特色，不得推荐文化内涵不足的美食街、购物街、传统商业综合体等；要结合实际，立足现有政策资金，加强与相关部门沟通协调，对集聚区予以指导和支持。

（三）申报主体是集聚区建设的责任主体，要加强对集聚区建设的统筹规划，推动集聚区提质升级增效，不断提升集聚区的带动引领作用，促进夜间文化和旅游经济发展；统筹做好文化和旅游行业疫情防控及安全生产工作，指导集聚区落实落细各项措施。

4-9-4
国家级夜间文化和旅游消费集聚区遴选建设情况

截至 2023 年底，国家级夜间文化和旅游消费集聚区已完成三个批次的遴选工作，共选出 345 家项目，涉及 32 各省（区、市），具体名单请自行查看国家级夜间文化和旅游消费集聚区名单。

科技部
组织认定园区类型

4-10

国家级文化和科技融合示范基地

国家级文化和科技融合示范基地分为两类。一类是集聚类基地，指经科技部、中宣部会同中央网信办、文化和旅游部、广播电视总局认定的，依托国家高新技术产业开发区、国家可持续发展实验区，以及相关部门认定的国家文化类园区等，具有明确边界范围和专业管理机构，能够聚集一批文化科技融合相关要素和企业，并为文化和科技融合发展提供相应基础设施保障和公共服务的特定区域。另一类是单体类基地，指经科技部、中宣部会同中央网信办、文化和旅游部、广播电视总局认定的，在文化和科技融合发展领域取得突出成绩、具有先导性和示范性优势的企事业单位。

4-10-1

国家级文化和科技融合示范基地机构管理

科技部、中宣部会同中央网信办、文化和旅游部、广播电视总局统筹基地的战略发展、认定管理及政策落实等重大问题。国家文化和科技融合示范基地管理办公室设在科技部高新司，办公室成员由科技部高新司和中宣部文改办相关人员组成，其主要职责为：

（一）具体组织实施基地的规划、认定、管理等工作；

（二）负责对已认定的基地进行考核与监督，并根据需要提出对基地认定标准进行动态调整的建议；

（三）协调和推动基地发展的有关政策执行；

（四）委托专业机构负责基地日常协调服务工作。

各省、自治区、直辖市、计划单列市、新疆生产建设兵团科技行政管理部门和党委宣传部门负责统筹本行政区域基地建设管理工作，建议会同相关部门建立联席会议机制共同推进相关工作，主要职责是：

（一）负责本行政区域内的基地审核、选送、培育工作；

（二）把握本行政区域内基地的发展方向，落实国家关于基地的有关政策，制定促进基地快速、健康发展的地方性扶持政策；

（三）对已认定基地开展日常管理。

4-10-2

国家级文化和科技融合示范基地认定条件

（一）申请集聚类基地应具备以下条件：

1. 目标明确。基地应有明确的发展定位、目标和规划，对解决文化和科技融合"最后一公里"或补短板具有一定的探索性，且在文化科技创新价值链的技术研发与集成应用、技术标准制定、技术转移、产业技术联盟等方面在全国或本省及区域内具有代表性和示范性；

2. 示范性强。基地内文化科技企业数量达到一定规模，年度营业收入总额不低于 10 亿元，其中为文化行业提供技术服务所取得的营业收入占比不低于 20% 的企业数量达到 10 家以上；

3. 管理规范。基地具有明确的边界范围，有专业化管理及运营机构，并设有专职部门和专职工作人员负责推进文化和科技融合等工作；

4. 配套完善。基地应搭建完善的专业公共服务平台，并建立或引入文化科技产业基金，能为文化和科技融合领域各类机构提供创业孵化、融资推介、信息交流、人才培养、市场推广、管理咨询、知识产权保护等多方面的服务。

（二）申请单体类基地应具备以下条件：

1. 特色鲜明。在文化和科技融合领域科技成果转化业绩突出，新技术产业化推广应用成效明显且具有带动示范性，采用新技术改造提升文化服务水平效果明显且在本行业产生一定影响力；

2. 主业突出。主营业务应围绕文化和科技融合且主营业务收入居于行业领先地位，科技企业为文化行业提供科技支撑的相关产品收入总和占总收入的 50% 以上，文化企事业单位采用新技术开发文化服务新业态或新业务占其业务种类或数量的 10% 以上；

3. 创新能力强。研究开发以及购买技术服务的费用之和占同期销售收入总额的比例达到 3% 以上，拥有专利、商标、著作权等自主知识产权数量居于行业领先水平，近三年科技成果转化达 3 项以上且被 10 家以上文化企事业单位采用，具有本科以上学历的人员占当年职工总数的 50% 以上；

4. 管理规范。设有专职部门和专职工作人员负责推进文化和科技融合等工作。

4-10-3
国家级文化和科技融合示范基地认定基本程序

（一）申报推荐

所在地政府基地建设（管理）领导小组对照本办法第七条制定申报方案，经省级科技行政部门和党委宣传部门审核后，向国家文化和科技融合示范基地管理办公室报送《国家文化和科技融合示范基地认定推荐函》和申请材料。

（二）组织评审

国家文化和科技融合示范基地管理办公室依据申请材料，组织专家对申报基地进行审查，经答辩评审，提出评审综合意见。

（三）认定命名

科技部、中宣部会同中央网信办、文化和旅游部、广播电视总局根据专家评审意见，综合考虑区域、结构、代表性等因素，确定拟认定基地建议名单并公示。经公示无异议或异议不成立的，予以正式发布。认定结果分为三类：一是符合基本条件且达到认定标准，直接通过认定，命名为"国家文化和科技融合示范基地"；二是符合基本条件，但未达到认定标准，进入1—3年培育期，培育期间达到标准的可申请验收，通过验收的予以命名，3年培育期满未通过验收的，其申报失效；三是不符合基本条件的，不予命名。

4-10-4

国家级文化和科技融合示范基地建设情况

表 4-6　前三批 55 家国家文化和科技融合示范基地绩效评价结果（集聚类）

序号	所在地	基　地　名　称	评价结果
1	浙江	杭州国家级文化和科技融合示范基地	优秀
2	湖南	马栏山视频文创产业园国家文化和科技融合示范基地	
3	广东	广州国家级文化和科技融合示范基地	
4	深圳	深圳南山国家文化和科技融合示范基地	
5	北京	北京中关村国家级文化和科技融合示范基地	合格
6	天津	天津滨海新区国家级文化和科技融合示范基地	
7	辽宁	沈阳国家级文化和科技融合示范基地	
8	吉林	长春国家级文化和科技融合示范基地	
9	黑龙江	哈尔滨国家级文化和科技融合示范基地	
10	上海	上海张江国家级文化和科技融合示范基地	
11	江苏	南京国家级文化和科技融合示范基地	
12		苏州高新区国家文化和科技融合示范基地	

序号	所在地	基 地 名 称	评价结果
13		无锡国家级文化和科技融合示范基地	
14	浙江	横店国家级文化和科技融合示范基地	
15	安徽	合肥国家级文化和科技融合示范基地	
16	福建	福州国家级文化和科技融合示范基地	
17	江西	南昌国家级文化和科技融合示范基地	合格
18	湖北	武汉东湖国家级文化和科技融合示范基地	
19	湖南	长沙国家级文化和科技融合示范基地	
20	广西	桂林国家级文化和科技融合示范基地	
21	重庆	重庆北部新区国家级文化和科技融合示范基地	
22	四川	绵阳国家级文化和科技融合示范基地	
23	贵州	贵阳国家级文化和科技融合示范基地	
24	云南	昆明国家级文化和科技融合示范基地	
25	陕西	西安国家级文化和科技融合示范基地	
26		西安文化科技创业城产业园国家文化和科技融合示范基地	
27	甘肃	兰州国家级文化和科技融合示范基地	
28	大连	大连国家级文化和科技融合示范基地	
29	宁波	宁波国家级文化和科技融合示范基地	
30	厦门	厦门国家级文化和科技融合示范基地	
31	深圳	深圳国家级文化和科技融合示范基地	
32	河北	承德国家级文化和科技融合示范基地	整改
33	山西	太原国家级文化和科技融合示范基地	
34	内蒙古	鄂尔多斯国家级文化和科技融合示范基地	
35	江苏	常州国家级文化和科技融合示范基地	
36	安徽	蚌埠高新区国家文化和科技融合示范基地	
37	河南	洛阳国家级文化和科技融合示范基地	
38	四川	成都国家级文化和科技融合示范基地	
39	青岛	青岛国家级文化和科技融合示范基地	

4-11

国家级科技企业孵化器

科技企业孵化器（含众创空间等，以下简称孵化器）是以促进科技成果转化，培育科技企业和企业家精神为宗旨，提供物理空间、共享设施和专业化服务的科技创业服务机构，是国家创新体系的重要组成部分、创新创业人才的培养基地、大众创新创业的支撑平台。

孵化器的主要功能是围绕科技企业的成长需求，集聚各类要素资源，推动科技型创新创业，提供创业场地、共享设施、技术服务、咨询服务、投资融资、创业辅导、资源对接等服务，降低创业成本，提高创业存活率，促进企业成长，以创业带动就业，激发全社会创新创业活力。

科技部和地方科技厅（委、局）负责对全国及所在地区的孵化器进行宏观管理和业务指导。

4-11-1

国家级科技企业孵化器认定条件

申请国家级科技企业孵化器应具备以下条件：

1. 孵化器具有独立法人资格，发展方向明确，具备完善的运营管理体系和孵化服务机制。机构实际注册并运营满 3 年，且至少连续 2 年报送真实完整的统计数据。

2. 孵化场地集中，可自主支配的孵化场地面积不低于 1 万平方米。其中，在孵企业使用面积（含公共服务面积）占 75% 以上。

3. 孵化器配备自有种子资金或合作的孵化资金规模不低于 500 万元人民币，获得投融资的在孵企业占比不低于 10%，并有不少于 3 个的资金使用案例。

4. 孵化器拥有职业化的服务队伍，专业孵化服务人员（指具有创业、投融资、企业管理等经验或经过创业服务相关培训的孵化器专职工作人员）占机构总人数 80% 以上，每 10 家在孵企业至少配备 1 名专业孵化服务人员和 1 名创业导师（指接受科技部门、行业协会或孵化器聘任，能对创业企业、创业者提供专业化、实践性辅导服务的企业家、投资专家、管理咨询专家）。

5. 孵化器在孵企业中已申请专利的企业占在孵企业总数比例不低于 50% 或拥有有效知识产权的企业占比不低于 30%。

6. 孵化器在孵企业不少于 50 家且每千平方米平均在孵企业不少于 3 家。

7. 孵化器累计毕业企业应达到 20 家以上。

4-11-2

国家级科技企业孵化器申报程序

国家级科技企业孵化器申报程序：

1. 申报机构向所在地省级科技厅（委、局）提出申请。

2. 省级科技厅（委、局）负责组织专家进行评审并实地核查，评审结果对外公示。对公示无异议机构书面推荐到科技部。

3. 科技部负责对推荐申报材料进行审核并公示结果，合格机构以科技部文件形式确认为国家级科技企业孵化器。

4-11-3

国家级科技企业孵化器建设情况

科技部火炬中心对国家级科技企业孵化器开展了 2021 年度评价工作。通过上报年度统计数据和年度工作总结、定量计算评价、专家定性评价和地方管理评价等，386 家国家级科技企业孵化器被评为优秀 (A 类)，617 家被评为良好 (B 类)，262 家被评为合格 (C 类)，12 家被评为不合格 (D 类)，现予公布。

各地方科技主管部门要认真贯彻落实党的二十大精神，强化主体责任，大力推动科技创新，进一步加强对科技企业孵化器的管理、指导和支持。各国家级科技企业孵化器要认真总结经验，提升服务能力，促进科技创业企业健康发展，为科技创新创业高质量发展不断提供新动能。

第 5 章

全国设计类园区
发展梳理

Development Organization of the
National Design Park

　　经过近三十年的蓬勃发展，我国设计类园区成功实现了由单一企业集聚向多元产业集中的显著转型。这一转型不仅体现在园区规模的不断扩大上，更在园区内细分产业类型的丰富和深化上取得了重要进展。截至 2023 年末，我们的研究团队通过综合线上新闻资料、官方网站、学术文献的深入研究和现场实地考察等多种方式，已经对全国范围内的设计类园区发展类型进行了全面梳理。现将研究成果进行整理与汇总，形成本章节内容，以期为我国设计类园区的未来发展提供有价值的参考和启示。

5-1
中国设计类园区发展综述

经过近三十年的蓬勃发展，我国设计类园区已经历了从单一企业集聚到多元产业集中的深刻转变。在这一过程中，园区的空间布局和产业效能均实现了显著的扩大和增强。

在空间布局上，设计园区逐渐摒弃封闭模式，走向更加开放的发展道路，蜕变为融合社区与街区的产业综合体。这种转变不仅提升了园区的社会融入度，也为园区的可持续发展注入了新的活力。

在产业发展上，设计园区实现了内部多元产业的深度融合，形成了强大的产业集聚势能。这种集聚不仅增强了园区的核心竞争力，也为周边地区带来了显著的产业优势，形成了良性的产业生态圈。

与此同时，设计园区的类型也日趋多元化。从以工业设计为主的设计创新园区，到综合文化创意的设计园区，再到以细分类别为主的创新园区，如影视创意文化园区、音乐创新文化园区、动漫创新文化园区等，我国设计园区展现出了丰富的形态和内涵。

值得一提的是，我国设计园区还积极响应国家发展策略，打造了一批设计小镇类的文化创意园区。这些园区不仅融合了乡村振兴与产业集聚的优势，更发展成为独具魅力的园区类型，为我国文化创意产业的繁荣作出了重要贡献。

此外，还有一批以创新孵化为核心的设计园区，它们融合了设计、艺术与科技，为创新创业者提供了优质的孵化环境。这些园区的出现，不仅推动了我国设计产业的创新发展，也为我国经济的转型升级注入了新的动力。

综合而言，我国设计园区的发展呈现出多元化、丰富化的趋势，为我国文化创意产业的繁荣和经济的高质量发展提供了有力支撑。

5-2
文化创意类园区

据粗略估算，至2021年为止全国文化创意产业园区有近三千余家，主要分布于北京、上海、江苏、浙江、广东等地，上述五地园区数量占国内总数的近一半。同时山东、福建、河北、重庆、天津等地区的园区建设也较为发达。

下面列出部分文创类园区名录，按照名称首字母排序：

5-2-1
北京市部分文化创意类园区名录

表 5-1　北京市部分文化创意类园区名录

1707 文化创意园	大稿国际艺术区	三九文创园
172 文化创意产业基地	大兴国家新媒体产业基地	三里屯酒吧街
268 文化产业基地	德必 WE 国际文化创意中心	三维六度科技文创产业园
429 影视文化产业园	德信嘉华文化产业园	沙河天图博文建筑装饰艺术产业化基地
6003 文化创意园	迪 9 文化产业园	上苑艺术家村
603 文化创意园	巅峰智业文创园	尚 8CBD 文化园
718 传媒文化创意园	电通创意广场	尚 8 创意产业园
751D·PARK 北京时尚设计广场	电子城·文化广场	尚 8 东区文化园
751 文化创意产业园	顶佳文化创业园	尚 8 国际广告产业园
768 创意产业园	东城文化人才 (国际) 创业园	尚 8 国际音乐园
77 文创·亦庄大地	东村国际创意文化产业园	尚 8 里文创园
77 文创美术馆	东方神韵文化科技产业园	东方国际戏剧文化主题园区
77 文创雍和宫	东方方创园	尚 8 人文创意园
798 艺术区	东区文化创意产业园	尚 8 设计家广告园
7 号文创园	东亿国际传媒产业园	尚 8 文化
813 文化创意产业园	东园文化创意广场	尚 8 文化创意产业园东区
99 号国际文化创意产业园	耳东文化产业园	尚 8 西城区设计园
ART 国际艺术园	二十二院街艺术区	尚 8 系列文化创意产业园
C3 青年文化创意园	方家胡同 46 号	尚科文化科技融合产业基地
C3 时尚文创园	房山区文化创意产业促进中心	什刹海文化旅游区
CBD 国际传媒产业园	飞腾影视城	圣海文化产业园
C 立方青年文创园	高碑店传统民俗文化园区	圣唐古驿文化创意园
DRC 工业设计创意产业基地	高碑店创业文化中心	盛世龙源文化创意园
DREAM2049 国际文创园	高碑店地区八里庄文化创意产业园区	十八空间文化创意园区
DREAM204 文创园广渠园区	高井传媒产业创意园	十三陵明文化创意产业集聚区
E9 区文化创意产业园	高井传媒产业区	石景山 CRD
TMC 机车文化创意园	歌华创意产业园	首钢工业旅游区
YOLO·文化产业园	歌华大厦	树院文创园
爱工场第十二文化产业园	工美聚艺文化创意园区	数字文化区

爱工场文化产业园	工体娱乐圈	数字娱乐产业示范基地
爱工场文化传媒产业园	观音堂文化产业园	双益发文创园
安和文园	观音堂文化大道	双益发文化创意园
安湃国际文化创意产业基地	贯融文创产业园	顺义国展产业园
安湃文创园	光华纺织集团公司文化园	宋庄文化创意产业集聚区
安湃文创园（G1辅路）	国际摄影文化科技园	宋庄原创艺术与卡通产业集聚区
安湃文创园（田间路）	国家地图文化产业基地	塑三文化创意园区
安湃文创园北区	国礼文化产业基地	泰禾文化园
奥体文化商务园	海淀大学城	坦博北京艺术中心
白孔雀文化艺术创意产业基地	海淀区文化科技园区	坦博文化产业园
百工坊传统工艺	海翻国际文化创意园	天桥演艺产业园区
柏莱特影视文化产业园	汉蒙文化创意创新园	天通泰中以文化数码科技园
邦艺邦 Arts1 文化艺术产业园	昊成传媒文化创意产业园（loft718）	通惠河畔文化创意产业园
宝隆艺园	黑桥艺术村	同心阳光文创园
北岸 1292	弘道文产中国宋庄文化创意产业园	图书文化创意园
北大孵化器文化与科技基地	弘祥 1979 文化创意产业园	瓦窑作家村
北皋文化产业园（建设中）	红厂设计创意产业园	外海文创产业园
北京（宋庄）时尚创意产业园	红点文化创意园	外文文化创意园
北京 111 文化产业园	红桥文创园	万东科技文创园
北京安华壹号文化创意园	红庄·国际文化保税创新园	万兴文创园
北京八仙文化产业园	宏大文创产业园	文采文化创意产业园
北京北传科技发展有限公司融创动力文化创意产业园	洪海文创孵化	文化产业园
北京博润文化传媒创意产业园	后街美术与设计创意产业园	文化地标·朝北 1810 创意园
北京朝阳文化创意产业集聚区	花神街喜庆文化创意园区	文化地标·朝北 1818 创意园
北京城乡文化创意产业园	花园里文创园	文化地标·朝阳水岸 88 创意园
北京城乡文化科技园	华成文创园	文化地标·通惠 1933 创意园（新华北路）
北京出版创意产业园	华鼎文创园	文化金融创新产业园
北京传媒时尚文化产业园	华瀚文化	文化科技创新加速器
北京传媒总部基地	华人巨擘商业文化园（泰清宫大街）	文化旅游产业基地
北京大观园	华膳园传媒文化产业园	西博园文化创意产业园
北京电影学院大学科技园科技与文化融合产业园	华星擘达商业文化园	西海 48 文化创意中心
北京电影学院文创园平房园区	欢乐谷生态文化园	西海 4 日文化创意园区
北京电影学院影视文化产业创新园	环铁艺术城	西郎园文化创意产业园（前身为旧货市场）
北京钓鱼岛文化休闲产业园	惠通时代广场	西小口绿色文化产业园
北京东方磊石文化创业园	吉里国际艺术区	小汤山温泉旅游会展文化创意产业集聚区
北京福海文化科技园	嘉诚印象藏经馆 17 号	小武基文化产业园
北京国际创意设计苑位	江南文化创意园	晓景文化创意产业园
北京国投信息创意产业园	金凤文创园	晓景文化园
北京海润大地创意文化园	金路易文化创意产业园	新华 1949 百花文化产业园
北京汉唐文化产业园	金田影视传媒产业园	新华 1949 文化金融创新中心
北京红谷文创园	锦珑文创园	星影空间城市文化广场
北京华声天桥民俗文化园	锦珑文化创意园	兴国文化创业园
北京锦秋文化创意产业园	锦秋文化创意园	幸福七和文创园
北京经济技术开发区	京北一号文创园	雪花·1950 文创园
北京酒厂 ART 国际艺术园	京城尚德文创科技园	雅昌（北京）艺术中心
北京宽桥影视文化产业园	京海名悦文化创意产业园	雅昌企业集团公司

续表

北京懋隆文化产业创意园	京南文创园	阎村文化产业园
北京名品星光文化创意产业园	京师律师文化创意产业园	一号地国际艺术区 D 区
北京南山中华文化孝道产业园	京玺文化创意创新园	艺汇家·中国国际手工村文化创意产业园区
北京漆文化创意产业园	竞园（北京）图片产业基地	艺术 8 创意产业园区
北京塞隆国际文化创意园	敬业文化创意产业基地	益园文化创意产业基地
北京市朝阳区高碑店文化产业园	科林文化产业园	印材文化创意园
北京市朝阳区文化创意园	酷车小镇	印象里文创园
北京市东城区文化创业产业示范基地	酷车小镇汽车文化创意产业园区	影视文化创意产业园
北京市海淀区文化创意产业集聚区	来广营文化创意产业园	雍和艺术区
北京市金盏乡文化产业区	莱锦文化创意产业园	永乐文化产业园
北京市文化创意产业集聚区	莱锦文化创意产业园	园博园
北京市西城区文化创意产业集聚区	蓝调喜庆文化创意园	远宁（北京）文化创意园
北京市西城区文化创意集聚区	乐地文创园	运河文化创意产业园
北京湾会文化体育休闲产业园	琉璃厂文化产业园区	长安街沿线文艺演出集聚区
北京文化产业园	龙徽葡萄酒博物馆	长城文化园区
北京文化创新工场车公庄核心示范园	龙泉文化创意园	长隆国际文化智慧创新园
北京文化创新工场经济日报园区	龙兴德文化产业集团	长隆文化园
北京文化创新工场万开基地	龙源文化创意园	长阳国际赛鸽文化产业园
北京文化创新工场新媒体基地园	隆晟华盾文化产业园	正东创意产业园
北京文化硅谷文化百强园企业创意产业园	卢沟桥文化创意产业集聚区	正泽文化创意产业园区
北京文化硅谷园区	路在一方文化产业园	中关村创意产业先导基地
北京戏逍堂	罗豪斯 35 号文创园	中关村互联网文化创意产业园
北京鑫亿达文化创业园	麦圣石文化传媒产业园	中关村科技园区雍和园
北京阳光国际集成材电商文化园	懋隆文化产业创意园	中关村软件园
北京音乐创意产业园	懋隆五里店文创产业园	中关村数字电视产业园
北京永琪文化产业园	梅苑翰境文化创意产业基地	中关村虚拟现实文化教育产业园
北京正和诚国际文化园	梦臻乐文化产业园	中关村雍和航星科技园
北京知青爱心家园文化产业基地	民族文化创新产业园	中国唱片总公司创作园
北京智慧长阳文化产业基地	铭基国际创意公园	中国传媒大学文化产业中心
北京珠江文化创意产业基地	南洋文创园	中国电影集团公司
北开文创园	潘家园古玩艺术品交易园区	中国动漫游戏城
北普陀影视基地	平客集文创园	中国对外文化集团公司
北汽齿轮场文创园	普实企业文化作业成果展示中心	中国国家科学院智能家居文化产业园（装修中）
北汽双井文创园	七棵树创意园	中国国学院文化产业园
昌平八大文化创意产业聚集区	七一七文创园	中国怀柔影视
昌平区文化创意产业集聚区 东小口上坡动漫网游产业园	前门传统文化产业集聚区	中国乐谷——首都音乐文化创意产业集聚区
昌平文化创业园	秦长城文化创意园	中国文化管理协会文化产业发展专项基金管理委员会特色文化产业示范单位（园区）
朝来农艺园	清华科技园	中华和谐文化创意产业园
朝阳公园文化园区	芮歌文化专业演员孵化基地	中汇国际文创园
创美文化传媒设计创意园	塞隆国际文化创意园	中科创意产业园
创意北京	三间房动漫产业园	中外名人文化产业集团
创意文化产业园	中艺云联文创产业基地	左岸一加文化创意园
创意文化园	中影集团电影数字制作基地	左右艺术区
春天派文化产业园	中御信（昌平）文化产业基地	大地时尚创意文化园
大厂影视文化创意产业园创世纪影视人才孵化基地	醉库国际文化创意园	大地时尚文化创意园

5-2-2

上海市部分文化创意类园区名录

表 5-2 上海市部分文化创意类园区名录

1933 老场坊	建桥 69	上海魏晋文化创意产业园
228 文化创意园	江南智造创意产业集聚区	上海文化信息产业园
2577 创意大院	金桥网络文化产业基地	上海文化装备园
3 乐空间	金山中国农民画村	上海星沪中文化创意园
588 创意园虎跃文化产业园	锦科文化产业园	上海艺猫华漕文化创意园区
63 号建筑设计工场	静安创艺空间	上海众欣文化产业园
7188 好石界石文化产业园	静安创展中心（创展大厦）	尚都里：朱家角放生桥东
718 文创园区	静安文教用品产业园区	尚都里休闲广场
8 号桥	静安现代产业园	尚街 Loft 滨江时尚服饰园
98 创意园	聚荣轩生活艺术空间	尚街 Loft 浦东创意创业园
999 弄创意文化产业园	聚为园	尚街 Loft 时尚生活园
E 仓	卡登文化产业园	尚街 Loft 长宁会馆
JD 制造	凯旋坊创意园区	尚之坊·文化创意园
M50	康琳创意园	申达静安都市产业园区
M50 上海陶瓷文化产业园东区	空间 188	昇 PARK 文创产业区
M50 艺术品创意基地	孔雀园	数娱大厦
MJ389 麦可将两岸文创园	老四行创意园	松江仓城影视产业基地
OASIS 创意园区	乐山软件园	苏河现代艺术馆
SOHO 丽园	骊湾 88 文化创意园	苏河艺术中心
X2 创意空间	卢比克魔方（新兴港）	苏州河 DOHO
Z58 创意之光	卢湾区田子坊和静安现代戏剧谷	谈家 28- 文化信息商务港
昂立设计创意园	罗伊尔跨境电商文化产业园	天地园
半岛 1919 创意产业园	绿地 IT 顺风港	天山软件园（上海慧谷白猫科技园）
半岛湾时尚文化创意产业园	绿地阳光园	天杉德必易园
滨江文化创业园	马利印象	田子坊
滨江文化园	玛戈隆特骨瓷文化产业园	通利商务创意园
波特营文化创意园	梅迪亚 1895 创意产业园	同乐坊
帛钰文化产业基地	美达菱文化创意园	外高桥保税区文化合作创意基地
博大汽车公园汽车文化创意产业园	名仕街	外马路仓库
博济上海智汇园	明通文化创意产业园（三林路）	万荣文化产业园
彩虹雨创意园	明珠创意产业园	文化创意园 B 区
仓城影视文化产业园	酩樽汇集团中国酒银行文化产业园	西岸创意园
漕河泾·汉桥文化科技园	南汇新场民间技艺文化创意基地	西藏自治区文化产业示范基地
车博汇	南京西祠街区	西郊鑫桥创意产业园
传媒文化园	南苏河	新华文化创新科技园
传媒文化园（窗钩）	南苏河创意产业园	新十钢
传媒文化园（明圭）	磐晖文化创意园	歆翱文化创意园
创客·巢文创园	浦东美邦启立产业园	鑫鑫 1930 创意园区

续表

创邑·Young	浦东新区文化创意产业园区	星沪中文化礼品市场 – 南楼
创邑·河创意园	普陀天地网络数字内容产业基地	星希影视文化产业基地
创邑·金沙谷（金沙谷创意园）	日升文创产业区	徐汇创意阁
创邑·源	莘城运动体育文化创意园	徐汇电子艺术创意产业基地
春申文化创意园	润冠文化科技产业园	徐汇数字娱乐产业基地
春申文化创意园	润广文化科技产业园	徐汇文化影视创意产业园 9
达之路钻石文化创意产业园	叁 0shanghai 文化创意产业园	徐汇文化影视创意园
大柏树 930 创意园区	叁零文化创意产业园	宣桥共舞台创意园
大宁德必易园	上海 800 秀	杨浦景源文化创意园
得丘文化创意园	上海仓城胜强影视文化园区	杨浦五角场 800 艺术基地
德必·老洋行 1913	上海仓城影视文化产业园	艺谷文化创意产业园
德必 WE 国际文化创意中心	上海创意仓库（四行仓库）	艺谷文化创意产业园
德必文化创意企业服务中心	上海创意产业联盟	易园徐汇创意园
德必运动 Loft	上海第一视觉创意广场	逸飞创意街
东大名创库	上海电子艺术创意产业基地	映巷创意工场
东方维罗纳婚礼文化创意园	上海东方艺术中心	优族 173
东纺谷	上海发梦灵影视文化创意园	御洲文化创意园
东华环球石文化产业园	上海工业设计园	原弓艺术仓库
东舜文化创意园	上海国际工业设计中心	源创创意园
法华 525 创意树林	上海国际时尚中心	运动 Loft 创意基地
钢管厂文化创意产业园	上海海湾新文化创意产业园总部	张家浜逸飞创意街
高境文化产业园	上海合金工厂	张江国家级文化产业园区
公园 1468 创意园区	上海华联创意广场	张江路 368 文化产业园
光华 68 文化创意积聚带	上海交通大学文化遗产科创基地	长江口文化创意园
国合跨境文化创意园	上海金山嘴海洋文化创意园	长宁德必易园
国际时尚人才文化创意产业基地	上海良基文化产业园	长宁多媒体产业基地
国家文化产业示范基地	上海龙博企业文化科技园区	长宁新十钢视觉文化艺术产业基地
海阔·东岸文化创意产业园	上海旅游纪念品产业发展中心	长寿苏河创意园
海上文创意产业园区	上海旅游纪念品设计大厦	智慧金沙 3131 创意园
汉实文创园	上海润冠珠宝文化产业园	智慧桥
焊点 1088	上海尚建园	智源谷创意园
红坊文化艺术社区	上海设计工厂	中本集团科技文化创意园
虹桥软件园	上海申南文化创意园	中房 LBox
湖丝栈创意园	上海时尚产业园	中国·梦谷南上海文化创意产业园
沪西文化创意产业园	上海时尚园	中国信息网络文化产业基地
花园坊节能环保产业园	上海市国际文化交流基地	周家桥创意产业之门
华生创谷文化创意产业园	上海市企业文化建设示范基地	周家桥文化创意产业园
环同济设计创意产业集聚区	上海市文化产业园区	颛桥元谷文创园
汇丰创意园	上海市文化创意产业园区	卓维 700
汇针 751 文化传媒	上海双创产业园（原鑫灵创意园）	慧谷智慧桥创意产业园
惠南科技文化创业基地	上海桃浦文化创意产业园	上海陶瓷文化产业园

5-2-3

江苏省部分文创类
产业园区名录

表 5-3　江苏省部分文化创意类园区名录

1934 文化产业园	金阊区文化产业示范基地	苏州婚庆文化创意产业园
523 文化产业园 2 期	金豆文创园区	苏州江南文化创意设计产业园
526 江苏建筑工程设计创意产业园	金海文化产业园	苏州科技城
56 文创园	金狮科技文化产业园	苏州绿尚文化创意
724 所创意产业园	金一文化珠宝产业园	苏州汽车文化产业园
7890 文创街区	锦帆文创园	苏州市军威红色文化创意园
989 文化创意产业园	九灵犀文化创意园	苏州市铁皮石斛科技文化产业园
N1955 南下塘文化创意园	科技文化创意园区	苏州市文化产业示范基地
SS1538 文创园	跨港通中国江阴世贸电子商务文创产业园	苏州市吴中区特色文化创意园
T108 文化创意园	昆山东南东文化创意园	苏州桃花坞文化创意园
T80 科技文化国际社区	昆山市周庄文化创意园	苏州铁皮石斛科技文化产业园
安康文创园	昆山文化创意产业园	苏州同达文化产业园
玻璃文化产业集聚区	蓝园·文化创意产业园	苏州彤日文化产业园昆山分部
博济江南智造文化创意园	乐创 81 石城文化创业园	苏州文化艺术中心
博济五星汽车后市场文化创意园	礼瀚圣诞文化创意园	苏州玄妙文化产业园
博文创业服务产业园	李公堤文化创意街区	苏州阳澄湖数字文化创意产业园
茶艺文化广场	连云港东海水晶文化创意产业园	苏州阳澄湖数字文化创意产业园 B 区
常熟市九座创意文化艺术园	连云港科技创意产业中心	苏州玉石文化产业园
常州创意产业基地	连云港市广播影视文化产业城	苏州元和文化创意产业园
常州创意产业园	连云港市文化产业园	苏州元和文化创意产业园区
常州市天宁区文化创意产业园	廉洁文化园	苏州长桥街道特色文化产业园
常州太湖湾数字文化服务业集聚区	猫王文化创意基地	宿迁市罗曼园婚庆文化产业园
常州壹地创意设计产业园	美的苏州建吸尘器产业园	宿迁市软件与服务外包产业园文化创意园
常州运河五号创意街区	茉莉江苏茶叶文化博览园	宿迁市宿城区开发区三创产业园
崇安区艺苑残疾人文化产业孵化基地	茉莉江苏文化产业博览园	拓亮文化产业园
崇安文化创意产业园	木渎藏书文化产业园	拓玉文化产业园
创意东 8 区	南岸·瑞智 99 文化创意产业园	泰兴市泰茗盛世文化传媒产业基地
创意中央科技文化园	南岸·瑞智 NR99 文化创意产业园	泰州市文化创意产业园网路神文化产业园
大厂文化创新产业园	南岸瑞智文创园	泰州市文化创意产业园区
大地广告文化创意园	南京 1912 街区	天鸿文化传媒产业园
大龙港茶文化创意产业园	南京报业文化产业园	天宇文化产业园
大森创业文化园	南京晨光 1865 科技创意产业园	湾头玉文化创意园
丹阳市江苏文化科技产业园	南京创意中央科技文化园	万福玉文化创意园
电表厂文化创意产业园	南京春东湖民俗文化产业园	万谷众创空间文化金融产业园
东方 1 号创意产业园	南京大明西区文化创意产业园	文化产业基地
东海水晶文化创意产业园	南京大学生文化创意产业园	文化产业园
东山百意文化园	南京都市科技创意产业园	文旅文化创意产业园
房智天下文化创意产业园	南京方山当代艺术创意产业园	无锡 559 文化创意产业园
凤凰山艺术园	南京凤巢文化产业园	无锡北仓门生活艺术中心
凤凰艺术园	南京和隆汇文化产业园	无锡崇安区文化创意产业园
凤巢文化创意园	南京红山创意工厂产业园	无锡国家工业设计园
福莱家竹文化创意园	南京宏光织造文化创意园	无锡新区创新创意产业园
高博文化创意产业园	南京汇文创意产业园	无锡扬名 N1955 南下塘文化创意产业园
高新区文创中心	南京惠而浦文化创意基地	无锡友谊文化产业园
耕集文化产业园	南京江苏模范路创意设计	吴江标识文化产业创意园
姑苏·69 阁文化创意产业园	南京老学堂创意园	吴江丝绸文化创意产业园 1 期
姑苏 69 阁创意文化产业园	南京留学生文化创业孵化园	武进工业设计园
姑苏区 5166 影视产业园	南京幕府三〇工园	西太湖国际智慧城
古籍线装文化创意产业园	南京石城现代艺术创意园	香山工坊
古陶都文化创意产业园	南京时代传媒文化创意园	香山工坊文化产业园
鼓楼文化产业园区	南京世界之窗创新园	芯谷西交 SKEMA 可持续发展产业园
光辉文化艺术创意园	南京市文化产业园	新城 2013 文化创意产业园
龟山文创科技园	南京视觉文化创意园	

续表

国光 1937 科技文化创意园	南京通济都市创意产业园	新浦文化产业园
国家文化产业示范基地	南京文化科技创业园	新区创新创意产业园
海安 523 文化产业主题公园 2 期 I 区	南京无为文化创意产业园	星海五号文化创意园
海安县阳光文化创业基地	南京无为文化创意产业园（凤台南路）	盱眙文化创意产业园
海州区科技文化产业园	南京西祠街区	徐州创意 68 文化产业园
邗江区文化产业孵化中心	南京艺术金陵文化创意园	徐州华夏文化科技产业园
邗江文化创意产业园	南京原农坪农业科技产业园	旭日居家文化创意产业园
韩星文创园	南京云山会馆文化创意园	绪权印刷文化产业园
汉恩文化创意产业园	南京知海教育文化产业园	研祥智谷文化创意产业园
翰博文化产业园	南京紫东国际创意园	盐城市文化产业园
好石界江苏海安石文化科技产业园	南通 1895 文化创意产业园	扬州 486 非物质文化遗产集聚区 A 区
红蚂蚁家居文化创意产业园	南通飞越百度文化广场	扬州 486 非物质文化遗产集聚区 C 区
红蚂蚁科技家居文创园	南通广告文化产业园	扬州 723 文化科技
洪门广场生活文化创意园区	南通金鼎龙定制家居文化产业园	扬州乱针绣文化产业园
湖熟鸭文化产业园	南通鹏远创意产业园	扬州七二三文化科技
花旗营集团文化科技创意产业园	南通市海安 523 文化产业主题公园	扬州市邗江区文化体育新闻出版局
华德创意园	南通星湖 101 广场	扬州市江都区文化旅游产业园
华东汽车文化创意园	南通扎染文化产业园	扬州市维扬区文化创意产业园
华泰紫砂文创园	牛顿公园文创产业园	扬州文化创意产业园
华夏工美产业博览园	螃蟹文化产业园	扬州汶河文化产业园
华夏艺博园	彭城大院文化创意产业园	扬州尧文化产业创意园
淮安市文化产业园	普灵文化创意产业园	扬州玉文化产业创意园
淮安文化产业园	启东文化创意产业园	扬州智谷文化创意产业园
淮安印象文创园	青口文化创意产业园	扬子江文化创意产业园
淮海文化科技产业园	青龙山科技文化创意园	阳澄湖数字文化创意产业园 3 期
淮阴文化创意产业园	清之华园·创意设计园	杨木桥广告文化产业园
环太湖艺术城	求雨山文创空间	姚记文化产业园启东基地
璜泾商务文化园	曲江文化创意园	一箭河文创园
汇诚玉石文化产业园	人合人文化创意园	壹·培训文化创意主题园区
家装文化产业园	如皋软件园（桃园镇）文化创意产业园	宜兴文化创意产业园
江南文化创意设计产业园	如皋文化产业园	艺术金陵文化创意产业园
江宁宝塔山创意产业园	赛虹数字科技文化产业园	印刷数字化产业园
江宁高新创意 180 产业园	盛安龙唐文化产业园	悦动·新门西体育文化产业园
江苏（国家）未来影视文化创意产业园	石榴财智中心文化产业基地	越界 X2 创意街区
江苏安阳文化创意产业园	石头城 6 号文化产业园	云空间居家文化创意产业园
江苏凤凰新华创意产业园	石坞 3D 数字文化创意产业园	泽达文化创意产业园
江苏国家数字出版基地苏州阳澄湖数字文化创意产业园	世界之窗茶文化区	
江苏衡美汽车文化创意中心	世界之窗文化产业园（紫金山动漫 1 号）	长江三峡文化创意产业园
江苏红山创意产业园	世界之窗文化区	长江文化园
江苏华红集团文化创意园	书人文化教育产业园（江苏路）	长桥街道特色文化产业园
江苏建筑工程设计创意产业园	数字文化产业园	长山文化产业园
江苏江阴文化创意产业园	宋锦文化产业园	镇江西津渡文化创意产业园
江苏金箔文化产业园	苏报·博济文化科技创意产业园	镇江长山科技文化产业园
江苏金一文化艺术产业园	苏豪文化科技园	知海教育文化产业园
江苏可一文化艺术产业园	苏州 2.5 产业园	智慧无锡文化创意园区
江苏省东海水晶文化创意产业园	苏州 989 文化创意产业园	中发广告文化创意产业园
江苏省文化产业示范基地	苏州博济平江创意园中创 NO 创意园	中关村信息谷文化创意园
江苏省文化科技产业园	苏州沧浪区 989 文化创意产业园	中国（苏州）工艺文化城
江苏省盐城文化科技产业园	苏州沧浪文化产业街区（文庙古玩市场）	中国（无锡）艺术产业园
江苏太仓 LOFT 工业设计园	苏州创意产业园	中国华侨国际文化交流基地
江苏未来影视文化创意产业园	苏州大龙港茶文化创意产业园	中国黄桥乐器文化产业园
江苏文化产业园	苏州佛教文化创意产业园	中国科学院地理信息与文化科技产业基地
江苏徐州创意 68 文化产业园	苏州高博产业园	中国兰花产业文化创意园
江苏扬州市文化创意产业园	苏州高博文化创意产业园	中国新沂盆景文化电商产业园
江苏宜兴文化创意产业园	苏州工业园	中山文创 1929
江苏正华影视文化创意产业园	苏州工业园区文化馆	钟山创意产业园
江阴扬子江文化创意产业园	苏州古城区	紫海蓝山文化创意园
匠人文化产业园		紫金文创园

5-2-4

浙江省部分文创类产业园区名录

表5-4 浙江省部分文化创意类园区名录

185智造文化创意产业园	簧门里健康文化产业园	绍兴水街壹号文创园
1921文化创意园	湖州文创中心产业园	设集坊文化创意园
1928文化创意园	湖州吴兴多媒体产业园	嵊州文创园
467创意联盟·浙工大设计产业园	花园1956文化创意产业园	嵊州文化创意产业园
5658文创园	华迈文化产业园	世纪5号文化创意园
a8艺术公社文创园区	华视传媒文化产业基地	水天一设文化创业园
CRC文化创意园	画外桐坞文化创意产业园	顺锦文化创意园
DO智慧互联文化创意产业园	黄岩华近文化产业园	丝绸小镇婚庆文化创意产业园
HCDC杭州创意设计中心	汇丰8号文创园	思拓商业教育文化产业园
K+跨界互联网文创园	慧谷文化创意产业园	松阳"乡村798"文化创意园
LOMO后工厂绍兴路创意园	嘉德威文创园	松阳乡村七九八文化创意园
安正时尚集团文化创意产业园	嘉善西塘柒号文化创意园有限公司	台州创意园
白马湖生态创意城	嘉兴东栅创意园	台州老粮坊文创园
北京银河动力影视传媒有限公司旗下银河影视文化产业园	嘉兴国际创意文化产业园	台州设计创意产业园
北仑区文化产业园	嘉兴南北湖影视文化创意产业园	太湖源动漫文化创意产业园
宾王158文创园	嘉兴市1921南湖创意园	天彩电商文创园
潮锦文化创意产业园	嘉兴市江南传媒文化产业园	天珈山文创产业园
传媒文化创意产业园	嘉兴市文化产业园	天艺文化产业园
传媒文化创意产业园	嘉兴现代文化产业园	天择文化产业园
创梦文创园	建华文化创意产业园	桐庐文化创意产业园
创意良渚基地	鉴湖水街文创园区	万盛文创园
创意西溪基地	江北区乐恩文化创意产业园	伟丰文化创意产业园
慈溪文化创意园	江干区文化创意产业优秀园区	伟丰文化体育产业园
达利丝绸文化产业园	江南传媒文化创意产业园	温州故事文化创意产业园（楠溪江路）
大观文化电商园	江南文化创业产业园	温州红连文化创意园
定海区残疾人文化创意产业孵化基地	江南文化创意园	温州市文化创意产业园
定海文化创意产业园区	金华CRC文化创意园	温州文化金融小镇
东禅酒厂文化创意园	金华乾湖艺术区	温州学院路7号LOFT
东城意库文化创意园	金华市将军188创意产业园	温州智慧谷文化创意园
东城智库文化创意园	金华双龙文化信息产业园	温州珠宝玉文化创意园
东街6号·艺术空间	金时文化创意园	文创产业基地
东瓯智库文化创意产业园	锦衣汇文化创意园	文化创意园
东溪德业必易园	丼树文创园	文化创意中心
东阳市横店影视基地	九堡新天地文创园	文新文化创意产业园区
凤凰公社文化创意园	开化根艺文化创意产业园	五常文化创意园
凤凰1138文创园	科贸文创电商园	西湖创意谷
凤凰御元文化创意基地	科贸文创园	西湖数字娱乐产业园
福地创业园2·0	孔乐·长青文化创意产业园	西溪华洋创意园
福勒199创意园	孔乐·长青文化创意园	西溪湿地·洪园艺术集合村
福田之心特色文化产业园·招商中心	蓝堡精酿文创园	下城区文化创意产业园区
富春文创产业园	蓝天文化园	下沙大学科技园
概帮文化创意产业园	朗朗文化信息产业园	香山文化创意园
鼓楼里文化创意创业园	老车站·1970文创园	象山县文化产品创意园
广年文化创意园	了凡文化创意园	象山艺术公社
海曙区文化创意产业园区	黎明92文化产业集聚区	萧山区天文化创意产业园
海盐馨文化创业园	理享104展览文化创意园	萧山文化创业产业中心
杭州299文化创意园	丽水大修厂文创园	小西街文化创意产业园区有限公司
杭州A8艺术公社	丽水摄影文化产业园	新金龙婚庆文化创意园

续表

杭州 E8 文创产业园临浦分园	丽水万象文化创意产业园	信联文创园
杭州 E8 信息文创园（下湘湖路）	良库文化创意园	淘美物联网文化产业园
杭州 LOFT49	良渚蓝都创意园	阳明 188 文化创意园
杭州 SOHO 创意部落	临平绸厂文化创意园	杨家 30 度文化创意园
杭州超山文化创意园	临平新天地文化创意产业园	洋溪·逸龙文化创意园
杭州城市之星国际文化旅游综合体	龙岛桃源生态文化园区	一棵树文化创意园
杭州传媒文化创意产业园	龙泉青瓷文化创意基地 1 期	义乌市创意园
杭州创新创业新天地	龙泉青瓷文化创意基地 2 期	逸龙文化创意产业园
杭州创意桥产业园	龙湾文博文化产业园	余姚市阳明 188 文化创意产业园
杭州东方文化创意园	骆驼文化创意产业园	玉鸟流苏创意产业园
杭州凤凰公社文化创意园	门婆渡智慧园	元谷和睦文化创意园
杭州富义仓创意空间	米德尔顿文化创意园	愿石湖文化创意园
杭州和达文化创意产业园	缪家桥八号创意文化园区	云天文化创业园
杭州建华文化创意产业园	南官天地文化产业园	运河天地唐尚 433 文化创意园
杭州锦衣汇文化创意园	南官天地文化创意产业园	运河天地文化创意园
杭州经济技术开发区传媒文化创意产业园孵化中心	南宋御街中北创意街区	运河天地文化艺术园区
杭州经纬国际创意产业园	宁波 211 创意产业园	长城 178 文创园
杭州聚落五号创意产业园	宁波 228 创意园	长江 178 文创园
杭州开园 198	宁波 867 文化创意中心	长青文创园
杭州乐富·智汇园	宁波创 e 慧谷	长兴文化产业园
杭州良渚玉文化产业园	宁波创新 128 园区	招宝山文化创意产业园
杭州山南国际设计创意产业园	宁波创新 1956 产业园	浙报传媒瑞安电商文创园
杭州圣泓工业设计创意园	宁波创意三厂	浙报理想·青芝坞七树园
杭州时尚创意园	宁波和丰创意广场	浙报理想·智库创意产业园
杭州市 116 时尚设计创意园	宁波民和·惠风和畅文化产业园	浙报理想文创园
杭州市 LOFT555 创意园区	宁波奇艺国创意广场	浙报理想文化创意产业园
杭州市维艺 56 创意园	宁波杉杉·时尚产业园	浙报理想祥园创意产业园
杭州市萧山区文化创意产业园（振宁路）	宁波市国家大学科技园文化创意产业园	浙江敦奴时装文化产业园
杭州水印天文化创意园	宁波新芝 8 号创意园	浙江国智 9 号创意街区
杭州丝联 166 创意产业园	瓯园文化创意城	浙江婚庆文化创意产业园
杭州台湾城文化创意园	欧虎文化创意产业园	浙江省文化创意产业实验区
杭州唐尚 433	平湖服装文化创意园	浙江文体市场电商文化园区
杭州天水 177 创意园区	麒麟文创园区（远洋乐堤港店）	浙江越生文化创意产业园区
杭州网投文化创意产业园	千年舟科技文化创意园	之江文化创意园
杭州西岸国际艺术园区	千禧阳光文化生活创意园	智慧谷文化创意园 A
杭州西溪创意产业园	群贤 198 文化创意园	智慧谷文化创意园 B
杭州香山文创园	瑞安喜文化产业园	智慧谷文化创意园 F
杭州湘湖创意产业园	三宝中博文化创意园	智慧谷文化创意园 G
杭州雅客林文化创意产业园	三花·江虹国际创意园	中传文化创意产业园
杭州长城·F317 创意产业园	沙门粮库文化创意园区	中国（温州）白鹿城文化创意产业园
杭州之江文化创意产业园	上塘河 198 文创园	中国美院风景建筑设计创意产业园
杭州智点微创园	上塘左岸文化创意产业基地	中国轻纺城创意产业基地
杭州智新塘文化创意园	上正时尚文化产业园	中欧纺织创意中心
杭州紫东创意设计产业园	尚 1051 文化创意园	中石·文创园
航坞文化创意园	尚坤·生态创意园	钟艺文创园
和达文创园	绍兴传媒文化创意产业园	舟山鲁家峙文化创意园
河姆渡文创园	绍兴迪荡新城文化创意园	舟山市定海伍玖文化创意中心
绍兴轻纺城 F5 创意园	绍兴金德隆文化创意园	紫荆城创意产业园
红连文创园		

5-2-5

广东省部分文创类
产业园区名录

表 5-5 浙江省部分文化创意类园区名录

0759 科技文化孵化基地	凤凰创意园	玖玖优品文创园
0759 文化创意产业基地	佛山创意产业园	玖智谷创意园
101 文化创意园	佛山创意产业园 (季华四路)	巨大创意产业园
127 陈设艺术产业园	佛山泛家居电商创意园	钜鸿电子商务创意园
1506 创意城	佛山分析仪文化创意产业园	卡尔丹顿时尚创意产业园
178 创意园	佛山市皇马汽车创意产业园	凯达创意产业园
182 创意设计产业园	服装辅料创意产业园	客家梦工厂创意创业孵化基地
1850 创意产业园	福傲时装集团创意产业园	空中创意园
1860 文化创意园	港华泰城家居文化产业园	孔文化产业创意园
1978 文化创意园	港湾创意园	榄山影视文化创意园
1980 科技文化产业园	高柏创意园	乐善 2 号创意园
1980 青春圆梦园	工农 8 号创意园	乐士文化区
1980 文化产业创意园	光明（雪仙丽）居家服饰创意谷	乐天创意园
1993 文化创意园	光明华强创意产业园 (建设中)	乐湾创意园
200 创意文化产业园	光明喜德盛国际休闲文化创意园	励丰文化创意产业园
211 创意园	广东晨露茶文化旅游产业园	励弘文创旗舰园
228 创意园	广东高新区黄花岗科技园	荔园创意园
22 艺术区	广东高新区文化与科技融合示范基地	莲丰创意园
268 度园林式文化创意产业园	广东工业设计城	联丰创意谷
31 路摄影创意园	广东国家数字出版基地	联星创意园
33 小镇文化创意产业园	广东南浦文化产业园	凌海创意园
37 创新岛创意园	广东省大健康文化产业园	岭南 V 谷 - 鹤翔小镇创意园
39 度空间艺术创意社区	广东省广州火炉山创意园	岭南 v 谷 - 穗东·1936 创意园
456 蚕种场文化创意园	广东省青年文化创意创业园	岭南创意园
507 创意园	广东世必达创意产业园	岭南电商创意园
58 创意园	广东琪观文化创意产业示范基地	六社创意园
760 文化创意产业园	广东文化（创意）产业园区	六韬珠宝创意产业园
769 梦工厂	广东文化创意产业园	六约珠宝文化产业园 (天林路)
769 文创园	广东现代广告创意中心	龙城华夏动漫创意产业园文博会分会场
796 设计精英创意产业园	广东音像城	龙岗 2013 文化创客园
7 号小镇创意园	广东游戏游艺文化产业城	龙岗创意设计集聚区
910 文化创意园	广东中腾汽车文化产业园	龙岗动漫创意产业园
922 宏信创意园	广纺联创意产业园	龙岗平湖澳亚视文化创意产业园
CIC 创意产业园	广纺联创意园	龙岗区客家文化产业园
COV 创意园	广佛创意岛	龙华文具礼品创意园
DCC 文化创意园	广佛数字创意园	龙门农民画文化创意产业园
EACHWAY 艺之卉创意产业园	广田装饰	满京华艺象 iDTOWN 国际艺术区
e 世代文化创意园	广信创意产业园	满堂红创意产业
K 友汇梅州创意创业中心	广兴源互联网科技创意园 (兴业路)	玫瑰海岸婚庆文化产业基地
M3 创意园	广印创意园	梅台文化创意产业园
M8 创意园	广宇包装设计创意园	梅州客家文化创意产业孵化基地
Moca 创意城	广纸活力城燕岗创意园	梅州麓湖山文化产业园区
OCT-LOFT 华侨城创意文化园	广州 T.I.T 创意园	美年文化创意广场

T.I.T 创意园	广州白云国际汽车文化产业园	萌芽 1968 广州创意产业园
T3 艺博城	广州创意产业园	南方传媒文化创意产业园
T6 电商创意园	广州创意产业园 229 服装设计园区	南国俪人时尚创意中心
T6 艺术区	广州创意产业园淘金园区	南海意库创意产业园
TCL 文化产业园	广州创意创业服务中心	南宏汽车文化创意产业园
U–Park 创意园	广州国际单位艺术中心	南宏文创园
v12 文化创意产业园	广州火狐珠宝创意园	南华生态农业文化科技园
艾派格创意园	广州嘉禾创意产业园	南岭中国丝绸文化产业创业园
爱莎国际创意	广州金年华珠宝文化创意产业园	南门 155 创意园
安达创意园	广州青年文化创意孵化基地	南沙国际影视城
凹凸凹创意园	广州设计港	南沙恒成创意园
百众创意园	广州设计港金鼎产业园	南沙资讯科技园
坂田 1970 文创园	广州市 1879 设计创意园 (南北美术)	南山互联网创新创意服务基地
坂田创意园	广州太古仓	南山商业文化中心区
坂田手造街	广州珠影文化创意园	南山数字文化产业基地
邦泰创意园	国瓷永丰源	南石 28 创意园
包装印刷文化创意产业园	国家电子商务创意产业园	南松商务创意园
宝安区文化产业园区	国家文化产业示范基地	南洲小聪科技创意园
宝安艺术城	国家音乐创意产业基地	南洲小聪科技创意园 2 期
宝安珠宝文化创意产业中心	国泰创意产业园	琶洲会展创意园
宝鼎电商文化双创产业园	国韵文化创意园	攀龙茶文化园
宝福李朗珠宝文化产业园	海北创意园	盘古创意电商谷
宝立方珠宝玉石文化创意园	海博汽车文化创意园	鹏兴创意园
宝龙文化科技创意产业园	海大创意园	品尚优谷创意产业园 (公明红星)
宝狮隆创意园	海伦堡创意园	平沙创意园
保诚科技创意产业基地	海珠创意产业园	平山文化科技创意园
保利青洲香市文化产业园	海珠景业创意园	坪山雕塑艺术创意园
保税旅游创意园	汉美达创意园	七喜创意园
北岸文化码头国家级创意产业园	恒基创意园	七星创意工场
北岛创意园	恒隆创意园	岐海九曲文化城
北滘创意园	恒然创意园	祈福创意文化产业园
北京路文化核心区（集聚区）	恒生创意园	启盛文化产业园
北山广鹰科技创意园	恒泰・云谷创意园	前海文化创意园
北山科技创意园	横沥创意产业园	侨鸿盛文化产业园
北山中西文化创意产业园	横琴国际广告创意产业基地	青促创意园
滨水创意产业带	弘大创意园 (建设中)	清湖创意园
缤纷创意园	弘典创意产业园	清沐软装创意园
博园创意谷	红八方创意产业园	清远龙湖奇石文化产业园
不夜城佛山创意园	红顶商人红木家具惠阳文化产业园	清远市龙湖奇石文化产业园
财富森林文化创意设计产业园	红风创意园	热点创意园
常平文化产业园	红谷创意园	人人创意园
常平珠宝文化产业园	红盒子创意园	荣信兴创意园
超发创意园	红太阳亲子文化产业孵化园	融昊创意园
潮 LOFT 文化创意园	红专厂创意艺术区	瑞麟创意园
潮流创意产业园	红砖厂创意园	睿志创意园
潮人码头新媒体产业园	宏信 922 创意园	赛亚创意
潮汕文化创意产业园	宏宇・石湾古镇文创园	三联水晶玉石及中百饰创意园
潮州市扬光科技文化创意中心	鸿丰华互联网创意园	三联水晶玉石文化村

潮州中国瓷都陶瓷文化创意产业园	鸿兴商务创意园	三山科技创意产业中心
城基科技创意园	侯宝斋文化创意产业园	山水国画产业基地
程界西创意园	后滘文化创意园	汕头1860文化创意园
创E基地	厚道文化创意园	商邦文化科技产业园岭厦园区
创益文化园	厚德群文化创意园	商洲文化创意园
创意保税园	虎门服装创意产业园	上胜创意园
创意产品示范展贸园区	花城创意产业园	上水国际文化创意产业园
创意产业园	花城创意产业园（石楼园区）	尚京文创粤港澳大湾区文化科技产业园
创意制作园	花城创意产业园大北路园区	尚盈创意园
纯然文化创意园	花城创意产业园市莲路园区	蛇口网谷
村尾创意产业园	花都珠宝小镇（集聚区）	深大荔园
大阪仓1904创意产业园	华创达文化科技产业园	深港室内文化创意园
大芬油画村	华创动漫产业园	深圳1979文化生活新天地
大夫山文体创意产业园	华丰互联网+创意园（通成路）	深圳创意保税园
大脚优品创意园	华联创意园	深圳大学3号艺栈艺术原创基地
大朗创意产业园现代信息服务创意区	华南绿谷文化创意园	深圳大学城创意园
大朗现代信息服务创意产业园	华南智慧城	深圳大学工业设计特色学院
大朗镇创意产业园	华宁装饰创意园	深圳定军山数字电影文化科技创意园
大铃创意园	华强创意公园	深圳动漫园
大南山生态农业文化科技园	华强文化创意产业及出口基地	深圳法律创意园
大念创意产业园	华强文化科技集团	深圳古玩城
大望·精鼎文化创意产业园	华侨城LOFT创意文化园1期	深圳广播电影电视集团文化创意产业园
大新文创园	华侨城创意文化园	深圳广播电影电视文化创意产业园
大学城创意园	华侨经济文化合作试验区	深圳广弘国际影视文化产业园
东澳创意小镇	华西电商创意园	深圳国际创意印刷文化产业园
东八区音乐创意园区	华夏动漫产业园	深圳国际文化产业园
东风文化产业商务园	华夏动漫创意产业园	深圳国际影视文化产业园
东风小聪科技创意园	华夏影视文化创意产业园	深圳国家动漫画产业基地
东莞创意产业中心园区	华印国际创意产业园	深圳华侨城创意文化园
东莞创意信息产业园	环球数码	深圳华侨城国家级示范园区
东莞东城创意产业园	黄花岗科技园	深圳华侨城文化旅游集聚区
东莞东城创意产业园（振兴路）	汇创意产业园	深圳欢乐谷
东莞广裕通创意产业园	汇星创意园	深圳欢乐海岸OCTHARBOUR
东莞市创意产业园	汇亿丰文化创意产业园	深圳设计产业园
东莞市级文化产业园区	绘米大学城创意电子商务园	深圳时尚创意产业联盟
东莞市潇湘文化传播有限公司生产基地	惠州市第86区动漫创意园	深圳世纪工艺品文化广场
东莞泰库文化产业园	惠州文化创意园	深圳市宝安区文化产业园区
东进1号文化创意园	吉虹创意设计文化产业园A	深圳市宝安区文化创意产业园区
东山创意园	吉莲19	深圳市茶文化产业园
动感旺岗创意园	季华4路创意产业园	深圳市鼎创国际文化创意产业园
斗门创意创业创新产业园	家乐电子商务创意园	深圳市非物质文化遗产跨境电商（莲塘）产业园
法律服务创意	嘉禾创意产业园	深圳市非遗文化创意园
番禺金山谷创意产业基地	嘉兴创意园	深圳市国艺书画玉石文化产业园
番禺中颐创意产业园	建侨文化创意园	深圳市泓锦文创意文化园
非遗文创产业基地	锦凤·番禺创意园	深圳市龙岗区文化产业园区
芬尼创意园	精密达数字文化产业园	深圳市文化产业基地
奋达科技创意园	景盛创意园	深圳市艺之卉创意产业园
丰汇CASE创意园	九鼎国际城	深圳市影视文化创意园
凤凰古村落文化旅游集聚区	九洲创意园	深圳市中山苑设计创意产业基地

5-2-6

山东省部分文创类
产业园区名录

表 5-6　山东省部分文化创意类园区名录

1861 创意产业园区	济南市重点文化产业园	山东延长线影视文化创意基地
1919 创意产业园	济南市重点文化产业园区	山东滋阳山国际农业文化产业园
CHINA 公社·齐鲁文化创意产业园	济南市重点文化创意产业园	山水云文化旅游产业园
D17 文化创意产业园	济南涂涂主题美术创意园	石岛文化创意产业园
JN150 创意园	济南文化广场创意园	水浒文化广告产业园
MS 创意园	济南文化广告创意产业园	台儿庄古城文化产业创业园
白鹭湾文化创意产业园	济南张而草莓文化科技园	台儿庄古城文化产业园
百变奇特 DIY 创意园	金智源文化创意产业园	泰山华博文化创意产业园
百川创意产业园	京广文化广场创业园区	泰山科技文化产业园
碧钰岭休闲旅游文化创意产业园	孔圣文化产业园	唐巢聚匠餐饮文化生态产业园
滨州市民俗文化产业园	聊城灵芝文化产业园	陶朱公文化产业园
草柳编创意文化产业园	临港区文化创业中心 (建设中)	万科空调文化园
宸豪文化创意园	临港区文化创意产业基地	威海佳润文化创意苑区
创意 100 文化产业园	临清五洲汽车文化产业园	潍坊广告创意产业园
创意产业园 (建设中)	龙鼎美客文创产业园	潍坊广告创意小镇
创意西街	南大营文化创业园	潍坊铁皮石斛科技文化产业园
德州文化创意产业园	平度智汇谷文化产业园	潍坊文化创意产业园
地矿唐冶珠宝玉石文化产业园	七星文化创意产业园	潍坊文化创意产业园 (亚星路)
第五空间文化创意中心	齐鲁七贤文化城	文化创意产业先导基地
东北乡文化发展区	齐鲁文化产业园	文化创意产业园
东鲁文化创意产业园	青岛达尼文化产业园	文化美术产业示范基地
东平县文化产业园	青岛大珠山文化产业园	吴家核桃文化产业园
东唐影视创意园	青岛海都文化产业创意生活园区	西街工坊创意文化产业园
东夷文化创意产业园	青岛即墨金日文化产业园	新华印刷文化创意基地
东营文化创意产业园	青岛即墨文化产业园	新泰市盆景奇石文化产业园
东营文化艺术产业园	青岛灵山湾影视文化产业区	亚太婚庆文化产业园
凤凰文化园	青岛民俗文化产业园	烟台报捷文化创意产业园
凫山街道文化产业创业园	青岛少海新城文化创意产业园	烟台广告创意产业园区
广友茶文化创意产业园	青岛市文化创意产业 (市南)-实训和创业孵化基地	烟台文化创意产业园
国贸天成文化创意产业园	青岛数字传媒创意基地	烟台中青文化创意信息产业园
海云民俗文化街大学生创业孵化基地	青岛文化创意产业园	阳信翰墨文化创意园
涵海文化产业园	青岛羊毛沟花海湿地文化产业园	阳信县鲁木匠文化创意产业园
红场 1952 文化产业园 1 期	青岛永昌国际文化产业园	壹零壹奥冠文化创意产业园
红高粱文化创意园	青岛智立方国际科技文化产业园	沂蒙企业文化产业园
呼雷汤文化产业园	青州市旅游文化创意创业园	峄城区红石榴文化产业园
花海湿地生态文化产业园	曲阜文化产业园创意中心	印象齐都文化产业园
花加芳香科技文创园	泉城国际文化创意产业园	枣庄汽车文化贸易产业园
华安·汽车文化产业园区	日照文化产业园	中国海盐文化产业基地
华夏海盐文化产业园	山东嘉元盛世文化科技创业孵化基地	中国文化产业示范基地
黄河三角洲文化产业园	山东金明文化产业园	中国现代兵器文化创意园
黄河三角洲文化创意人才创业孵化基地	山东美猴动漫文化创意体验基地	中韩文化创意产业园
汇和文化产业园	山东设计创意产业园南区	中通快递文化产业园
婚庆文化创业产业基地	山东省文化产业示范基地	中兴玉石文化产业园
济南东郊记忆文化创意产业园	山东省文化产业重点园区基地	淄博龙之媒文化创意园

5-2-7

福建省部分文创类产业园区名录

表5-7　福建省部分文化创意类园区名录

886文创区	海峡文创园	妞新文化创意园
933文创广场	海峡影视文化创意产业园区	平和林语堂文化产业园
933文化创意广场	涵江（国际）商贸城宗教文化创业园	莆田坝下工艺村
fun想文化园	何厝文创园	莆田九华文化创意产业园
SM文化创业园	红坊福州海峡创意产业园	莆田市七彩仙石创意园
标新天地文化体育产业园	洪山文创园	桥头堡文创园
灿坤文化创意园	洪山文化创意产业园	泉州T淘园文化创意产业园
晨晖文创产业园	后埔坐标文创园	泉州惠安雕艺文化创意园
川捷文化创意园	湖里区海峡设计文创园	泉州锦绣庄民间艺术园
大榕树文化创意园	华昌文化创意产业园	泉州领Show天地创艺乐园
大自然文化创意园	华强方特文化产业基地	泉州六井孔音乐文化创意园
德化县嘉绿生态农业文化创意园	集美集文化创意产业园	泉州体育旅游文创园
鼎新建筑设计创意园	集美集文化创意园	泉州源和1916创意产业园
福百祥1958文化创意园	集美集影视文创园	三明文化创意产业园
福建春伦茉莉花茶文化创意产业园	家居工艺文化产业园	三明文化创意产业园（红印山1号）
福建海峡文化创意产业协会示范园区	嘉盛创意园	厦门根深智业文创园（都市牛庄文创园）
福建省文化产业示范基地	甲第门文创园	厦门根深智业文化创意产业园
福建喜果红豆杉文化产业园	建宁闽江源文化产业园	厦门海沧翔鹭文化产业园
福建影视文化创意产业园	建宁县休闲文化产业园	厦门宏泰文化创意园
福远文创园	将乐玉华文化产业园	厦门华美文创园
福州登云一号文创园	金鸡山建筑设计创意园	厦门惠和石文化园
福州海西创意谷	锦成天福茶文化创意园	厦门旅游文化产业园
福州海峡工业设计创意园	晋江国际工业设计园	厦门世纪金桥文化产业园
福州榕都318文化创意艺术街区	晋江市尚之坊文创园	厦门市灿坤文化创意园
福州芍园一号文化创意园	晋江婴童产业文创园	天翔体育文创园
福州市闽台国家级文化创意产业园	九九红文创园	天艺文创园
福州市中国·东方漆空间创意园	橘园洲时尚设计创意园	万年青兰花创意文化园
福州新华文化创意园	六井孔音乐文化创意园	文化创意产业基地
福州中国白文化创意产业园	龙翔军旅文化创意园区	乌山文创园
高山茶文化创意产业园	龙岩台湾群创意文化园	五华文化广场
工艺美术产业园	龙岩文化创意产业园区	武夷山茶叶包装文化创意园
海都红木文化创意园	洛基山文创园	新龙城文创园
海西青年文化创意产业孵化园	洛江文化创意产业园	星港文创园
海西文创基地	曼山古玩文化创意园	一百文创园
海西文化创意产业园	慢生活文创产业园	艺生活文创产业园
海西婴童文化创意产业园	闽澳互联网＋文创园	永春老醋文化创意园区
海峡电子产业文化创意园	闽侯闽都民俗园	永润文化创意园
海峡两岸建筑设计文化创意产业园	闽侯县创之源文化创意产业园	漳州牛庄文创园
海峡两岸龙山文创园	闽台（永安）文化创意产业园	长泰县闽虹文创园
海峡两岸龙山文化创意产业园	闽台AD广告创意产业园	兆泰1988文创园
海峡天翔体育文化创意产业园	明丰文化创意体验园	中国（福鼎）白茶文化产业城

5-2-8

四川省部分文创类
产业园区名录

表 5-8　四川省部分文化创意类园区名录

成都客家文化产业园	天府国韵文化产业园	熊猫婚嫁文化产业园
成都台湾文化创意产业园	万贯服装产业园	321 文化创意产业园
成都文化创意产业园	望丛文化产业园	成都青羊绿舟文化产业园区
成都西村大院	唯信文化产业园	成华区小微文化科技创意创业孵化器
成都西村文化创意产业园	温江文化产业园	青羊区残疾人文化创意区
成都中华武侠文化产业园	文井湖贵妃文化产业园	院子文化创意园
成都中铁产业园	西美创意农业产业园	青城文创硅谷
大北川禹羌文化产业园	新都区北村艺术区	9 街文创园
大科星·创意园	中国科幻产业园区	U37 文创园·成都 HHC
东部新城文化创意产业综合功能区	自贡龙乡文化产业园	剑阁县休闲农业与文创康养产业园
广元蜀汉文化产业园	大凉山民族文化创意产业园	少城视井文创产业园区
红星路 35 号文化创意产业园	佛头山文化产业园	文创园
娇子创意产业园	巴中建国汽车产业文化园	红星路三十五号成都广告创意产业园 B 区
宽窄巷子	三国文化产业园	成都广告创意产业园
蓝顶艺术区	文化产业园	成都国家广告产业园创意设计基地
凉山州民族文化创意产业园	蜀汉文化产业园	成都国家广告产业园爱盒子创意设计基地
泸州天府创意产业园	雨浓养生农业文化产业园	红星路三十五号创意产业园
眉山东坡文化产业园	泸州市文化创意产业孵化园	锦江区创意产业园
绵阳 126 文化创意园	中国自贡彩灯之乡文化创意产业园	绵阳高新·国际创意联邦
牧马山天府国韵文化产业园	绵阳华夏历史文化科技产业园	宜宾市创新创意孵化基地
南充创意产业园	锦江文化创意产业中心 2 期	T39 创意园
浓园国际艺术村	金沙乐廊文化产业集聚区	西部门窗创意产业园
羌王城文化产业园	四川省文化产业示范基地	锦江·艺术时尚创意公园
青城山文化产业园	国家文化产业示范基地	U37 创意仓库
青羊绿舟国家级创意产业园	五凤镇如意湾生活文化创意园	四川旅游创新创意孵化园
青羊绿洲创意产业园	华侨城创意文化园	U37 创意库
双桥区生态文化产业园	废墟文化创意园	大科星创意园
四川文化产业园	唯信文化产业园	西村创意产业园
太极文化产业园	中国国际文化艺术产业园	龙潭裕都·创意产业园
天府创意产业园	中国石文化产业博览园	互联网创意产业园
锦江大学生创意城	都江堰建国汽车产业文化园	成都梦视界创意工场

5-2-9

湖北省部分文创类
产业园区名录

表 5-9　湖北省部分文化创意类园区名录

神农红生态红酒文化产业园	华中（刺绣）科技文化产业集群基地	创意农谷阳光创谷（武汉江夏）服务中心
汉口精武国际鸭产业文化城	武汉市文化和科技融合示范园区	红 T 时尚创意街区
羊楼洞茶文化生态产业园	德成国际文化创意软件园	中航长江（武汉）创意产业园
小白楼文化创意园	标识文化创意产业园	华中儿童创意产业城
荆州华夏历史文化科技园	凤凰文化创意产业园	九五世纪创意产业
丽水湾文化创意园	湖北太子湖文化数字创意产业园	汉口北电商创意产业基地
2015 文化创意产业园	楚天 181 文化创意产业园	中国光谷创意产业基地
荆门上清丸（非遗）文化产业园	汉阳造文化创意产业园	凤凰社创意园
鄂州市华容区荷塘月色文化创意园	华中影视文化国际产业园	创意天地
米公 8 号创意文化园	新媒体文化创业产业园	标致缇诗服饰创意园
卧龙新街旅游文化产业园	武汉·中国光谷文化创意产业园	55 家居创意园
生态放养猪文化产业园	武汉鑫闽都茶文化产业园	363 创意园
中国汉城（枣阳）汉文化产业园	古滇宫文化产业园	合亿达创意园
三峡桑蚕丝绸产业文化园	文创谷天使街区	SBI 创意园
宜昌青年文化创意产业园	出版文创科技园	宏信创意产业园
东楚传媒文化产业园	武汉文创谷飞马旅创业基地	武汉经济开发区艺术创意产业园
聚创空间文化体育产业孵化器	中秀文创园	爱帝时尚创意产业园（政工路）
盛世华中国际茶文化产业城	汉阳造 1889 国际文创产业园	5.5 创意产业园
武汉良友红坊文化艺术社区	宜昌时尚创意中心	

5-2-10

湖南省部分文创类
产业园区名录

表 5-10　湖南省部分文化创意类园区名录

常德武陵文化创意产业园	岳麓文化创意产业基地	衡阳国家高新区文化创意产业园
创谷长沙广告产业园区	岳麓文化艺术产业园	中华茶祖文化产业园
东方影城封神榜文化创意产业园	云台山文化生态产业园区	长沙市雨花区文化创意产业示范基地
湖南 2688 文化创意园	长沙（国家）广告产业园	建强雕塑文化创意园
湖南工艺美术创意产业园	长沙创意园	青山小镇文化创意园
湖南回龙湖生态文化产业园	长沙芙蓉区建筑创意园	湘台文化创意产业园

续表

湖南圣得西时尚产业园	长沙高新区动漫文化创意园	悍马·天华十个一农民文化产业园
湖南湘绣城	长沙高新区信息产业园	九道湾农业文化产业园
湖南雨花创意产业园	长沙国家广告产业园	湘江国际文化创意产业园
湖南云龙创意产业园	长沙水玻璃艺术工厂	青龙寨宁乡花猪产业文化园
金荣长沙宝石文化创意产业园	长沙天心国家级文化产业示范园区	创谷·长沙天心文化 (广告) 产业园
锦绣潇湘文化创意产业园	长沙晚报报业集团麓谷文化产业园	长沙晚报报业集团麓谷文化产业园 (建设中)
雷宜锌国际文化创意产业园	长沙西湖文化园	凤凰之窗文化旅游产业园
龙洞文化艺术园	长沙西街创意领地	凤凰文化旅游产业园 (凤凰之窗)
清水湖文化生态创意园区	长沙医药健康产业园	家文化创业园
曙光 798 城市体验馆	长沙艺术家文化村	中方县湘商文化科技产业园
天汇文化创业园	长株潭国际影视文化产业城	湖南九城望城汽车文化园
文艺巢文化创意中心	昭山文化创意产业园	美大·谷德文化艺术创业园
武陵山民族文化产业园	中国花炮文化产业园	秦汉文化广告产业园
湘台文化产业园	中南国家数字出版基地	岳州文化创业园
湘潭市昭山示范区白合文化产业园	中南民族工艺美术创意产业园	马栏山视频文创产业园
湘潭文化创意产业园	株洲文化园	九章文创产业孵化基地
永州文化产业园	2688 文化创意园	湖南山水道生态文化产业园
月亮岛观演公园		

5-2-11

重庆市部分文创类
产业园区名录

表 5-11　重庆市部分文化创意类园区名录

N18 文创园	龙城养生美食文化创意产业园	中蜂文化产业园
巴南科技文化微型企业创业园	南滨路文化产业长廊	中华蜜蜂文化产业园
磁器口古镇园区	盘山文化产业园	中山文化产业园
二厂文创公园	荣昌陶文化创意产业微企孵化园	重报涪陵文化创意产业园
国际恐龙文化创意产业园	三峡库涪陵印刷包装产业园区	重庆大学生文化产业园区
汉昌文化产业集团	三峡文化创意产业园	重庆高新区广播影视文化创意产业园
虎溪公社艺术工作室	三峡文化创意产业园	重庆金山意库文化创意产业园
华夏酒文化产业园	沙坪坝区文化创意产业园区	重庆旅游文化创意产业园
黄桷坪艺术园区	天怡文化创业园	重庆旅游文化创意产业园
金山文化创意产业园	万盛动漫文化产业园	重庆沙坪坝区教育培训文化创意产业园
京渝国际文创园	艺度创 &DDK1939 石棉厂文化创意园	重庆市沙坪坝区文化创意产业园区
两江机器人产业园	艺度创文化创意产业园	重庆文化创意产业园

5-2-12

天津市部分文创类
产业园区名录

表 5-12 天津市部分文化创意类园区名录

1895 天大建筑创意大厦	艺华轮创意工厂	烁维创意园
3526 艺术创意工场	意库创意产业园	艺华轮创意园区
6 号院创意产业园	国家级文化科技孵化器	晨辉创意产业园区
C18 世界之窗创意产业园	西沽文化创意产业园	华瑜创意园
C6 动漫创意园	北京文化创新工场	九洲创意园 (赤龙街)
C92 创意产业园	北新文化创意产业中心	天宇荣昌创意园
北新创意产业园	三一文化产业中心	人工创意园
辰赫创意产业园	天津国际茶文化产业基地	意库创意园
创意桥园产业园	颐湖国际文化产业总部基地	融金创意产业园
方舟天马农业生态旅游观光园	京滨文化创意产业园	昱达丰泰创意创业园
飞鸽 88 创意产业园	海河文化创意产业园	海泰创意科技园
红桥文化产业园	聚力梅江文化科技创意产业园	天明创意产业园
静海团泊湖文化创意产业园	博润思文化创意产业园	云海创意产业园
凌奥创意产业园	京津国际文化创意产业园	意库创意产业园
马文化产业城	呈辉酒文化产业园	巷肆创意产业园
盘龙谷文化城	芦台春文化创意产业园	金色创意产业园
太阳树创意产业园	中国天津影视文化产业园	1946 创意产业园
泰达城创意空间	天津 3526 创意工场	东丽创意产业园
泰达国际创业中心	意库创意产业集聚区	天津市创意产业园 (安和路)
天津民园西里	棉三创意街区	天津市创意产业园 (台儿庄路)
武清安徒生产业创意园	海河创意中心	东方嘉诚 (天津) 创意产业园
武清创业总部基地创意产业园	凌奥创意园三期北商业区	天津凌奥创意产业园
西沽文化创意产业园	凤凰网凌奥创意产业园区采编基地	天津市创意产业园
巷肆创意产业园	凌奥创意园 1 期	天津市创意产业园
鑫茂青年创新创意产业园	津南区恒田创意园	荣大汽车生态创意园
亚洲文化产业园		

5-3
设计小镇类园区

2018 年 7 月 18 日，住建部、发改委和财政部三大部委联合发布了《关于开展特色小镇培育工作的通知》，通知指出到 2020 年，我国将培育 1 000 个左右各具特色、富有活力的休闲旅游、商贸物流、现代制造、教育科技、传统文化、美丽宜居等特色小镇。通知同时明确了特色小镇的推荐条件，指出特色小镇原则上为建制镇（县城关镇除外），优先选择全国重点镇。对于符合条件的特色小镇建设项目，国家发展改革委等有关部门将支持其申请专项建设基金，中央财政会对工作开展较好的特色小镇给予适当奖励。

2020 年国务院办公厅转发了国家发展改革委《关于促进特色小镇规范健康发展的意见》国办发〔2020〕33 号（以下简称《意见》），旨在进一步推动特色小镇高质量发展，明确要求各地方政府和相关部门深入贯彻习近平新时代中国特色社会主义思想，坚持新发展理念，强化特色小镇的规范管理与健康发展。

《意见》强调，特色小镇作为微型产业集聚区，其发展应注重产业特色鲜明、产城人文融合、空间利用集约高效，旨在成为经济转型升级和新型城镇化建设的重要推动力。针对当前存在的问题，如概念混淆、主导产业不突出等，《意见》提出了具体措施，确保特色小镇建设既符合经济规律又适应城乡融合发展趋势。

《意见》明确，特色小镇的建设要遵循"遵循规律、质量第一"、"因地制宜、突出特色"、"市场主导、政府引导"以及"统一管理、奖优惩劣"等基本原则，避免盲目跟风，确保每座小镇都能形成独特产业优势，同时发挥市场机制作用，政府则侧重于规划引导和环境营造。

为实现这一目标，《意见》部署了多项主要任务，包括准确把握特色小镇的发展定位，聚力发展主导产业，促进产城人文深度融合，突出企业主体地位，通过创业带动就业，完善产业配套设施，并开展改革探索试验。这些措施旨在打造一个宜业宜居宜游的新型空间，强化特色产业，提升公共服务水平，保护和发扬地域文化，优化营商环境，以及创新投融资机制。

规范管理方面，《意见》实行清单管理制度，强化底线约束，同时加强激励引导，对特色小镇进行动态管理。对违法违规的项目将及时整改或淘汰，确保特色小镇建设不偏离高质量发展轨道。此外，为保障实施效果，文件还明确了压实地方责任和加强部门指导的具体要求，强调省级政府的统筹作用和跨部门的协同协作，以确保政策落地见效。

表 5-13　全国设计小镇类园区名录

小镇名称	所在地区	小镇名称	所在地区
住总·塘悦电影小镇	北京市	匡堰产业小镇	浙江省
映像小镇	北京市	YOLO 芯城昌吉镶产业文旅小镇	新疆维吾尔自治区
中关村创客小镇理想谷	北京市	中轴智造小镇	宁夏回族自治区
张家湾设计小镇创新中心	北京市	创客小镇	河南省
大兴河马科技小镇	北京市	红星小镇	河南省
西红门河马科技小镇	北京市	华商汇中原物流小镇	河南省
体汇+合川小镇	上海市	富民科技小镇	山东省
苏州生命健康小镇	江苏省	兰陵县梦想小镇	山东省
元宝小镇	江苏省	白鹭湾科技金融小镇	山东省
苏绣小镇	江苏省	邹城市蘑菇小镇科创园	山东省
金融小镇 2 期	江苏省	青海小镇	山东省
云裳小镇	江苏省	秀天下直播生态小镇	山东省
南京鼓楼高新技术产业开发区幕府创新小镇	江苏省	和华科技物流小镇（建设中）	山东省
丁兰智慧小镇	浙江省	梦翔小镇	山东省
云谷小镇	浙江省	智造小镇赤乌园	江西省
滨江创意小镇	浙江省	智造小镇祥瑞园	江西省
三江创智小镇	浙江省	翠林斜杠广场直播生态小镇	福建省
百村·农创小镇	浙江省	中国文房四宝小镇	安徽省
良渚生命科技小镇	浙江省	六安康桥婚纱特色产业小镇	安徽省
梦栖小镇设计中心	浙江省	雾耕小镇	浙江省
良渚智谷梦栖小镇	浙江省	椒江绿色药都小镇	浙江省
大创小镇	浙江省	中国义乌江北下朱电商小镇	浙江省
雪浪小镇	江苏省	绿色动力小镇	浙江省
武汉 D+M 小镇	湖北省	金华新能源汽车小镇	浙江省
滨海基金小镇	天津市	长兴新能源小镇	浙江省
嘉善影视综艺小镇	浙江省	尚东产业小镇	湖南省
瑞安侨贸小镇	浙江省	蓝月谷智造家电产业小镇	湖南省
信息港小镇	浙江省	香城科创小镇咸宁职院大学科技园	湖北省
海陵智慧动力小镇	江苏省	麻城文化小镇	湖北省
头桥医械小镇	江苏省	掇刀区人民万福梦想小镇	湖北省
颐高小镇	江苏省	硅谷小镇科技园	湖北省
常州智能传感小镇	江苏省	智能服装产业小镇	河南省
雪浪小镇	江苏省	中云电商小镇	河南省
创星小镇	江苏省	阳庙文创小镇（建设中）	河南省
步云小镇创客空间	辽宁省	创业柏庄梦想小镇	河南省
和谷智能科技小镇	河北省	新智科创小镇	河南省
唐山创新小镇	河北省	郑州鲲鹏软件小镇	河南省
京唐智慧小镇	河北省	中加科技创新小镇	河南省
天山万创创想小镇	河北省	东中一厨具小镇 4C	山东省
云商谷产业小镇	广东省	聊城高新区百利来科创小镇	山东省
南海新经济小镇	广东省	中晨艺术小镇创业园	山东省

续表

小镇名称	所在地区	小镇名称	所在地区
千灯湖创投小镇	广东省	新迈尔数字小镇 (建设中)	山东省
七星小镇	广东省	江北仙草小镇	山东省
东澳创业小镇	广东省	WIDC 烟台国际设计小镇	山东省
五号服装小镇网红网批直播孵化基地	广东省	鲁南智能制造小镇	山东省
广东省 " 互联网 + 创意 " 小镇	广东省	青岛海创小镇	山东省
汉景青创小镇	广东省	跨境电商小镇	山东省
盛华创投小镇	广东省	筑梦小镇	山东省
花文里小镇 (建设中)	广东省	筑友智造科技产业集团海洋智慧小镇 2 期 B 区	山东省
云栖小镇 (建设中)	新疆维吾尔自治区	即墨互联网小镇	山东省
苏武小镇	甘肃省	聚龙国际创业小镇	福建省
石泉县梦想小镇教育孵化基地	陕西省	福州马尾基金小镇	福建省
互联网苹果小镇	陕西省	仓山 A[小镇	福建省
百鸟河数字小镇双创园	贵州省	北斗小镇	福建省
金钟电子商务小镇	贵州省	橄榄湖创客小镇	福建省
众创小镇 (遵义软件园创新创业示范基地)	贵州省	智造小镇东关园	江西省
启林创客小镇	贵州省	安义宗山米粉小镇	江西省
贵阳创业小镇	贵州省	东站电商小镇	江西省
溪云小镇	贵州省	安义门窗特色产业小镇	江西省
创新创业小镇	四川省	永润文化创客小镇	福建省
红邦小镇红木文化创意产业园	四川省	伯勒小镇时尚文创产业园	福建省
沙井电子信息创新小镇	广西壮族自治区	四季体育小镇	福建省
罗定梦想小镇创业园	广东省	互联网小镇	福建省
碧桂园潼湖科技小镇	广东省	数字小镇	安徽省
韶关互联网农业小镇	广东省	八里河互联网香米小镇	安徽省
道县数字智造产业小镇 (建设中)	湖南省	曹山工业设计小镇	安徽省
岳塘星域森林直播生态小镇	湖南省	智能网联小镇	安徽省
骑客小镇	浙江省	怀柔科学城创新小镇	北京市
中国螺杆小镇	浙江省	世界动车小镇新材料产业园	山东省
中国大唐袜艺小镇	浙江省	梦翔小镇	山东省
游小镇	浙江省	吉利汽车小镇	浙江省
秀洲光伏小镇	浙江省	陶艺小镇	河北省
平湖现代包装印刷小镇	浙江省	泰山新闻出版小镇	山东省
两岸小镇 · 青创菁谷	浙江省	彭艾小镇	河北省
马家浜食品小镇	浙江省	贺胜金融小镇	湖北省
桃园数字小镇	浙江省	中国长安互联网融合小镇 (产业园)	陕西省
乌镇大数据高新技术产业园区数字经济小镇	浙江省	泵业智造小镇	浙江省
梦栖小镇创新中心	浙江省	汝瓷小镇	河南省
滨江互联网小镇	浙江省	玫瑰小镇	山东省
中国 (杭州) 人工智能小镇	浙江省	德州太阳能小镇智慧光谷	山东省
浙江农创客小镇	浙江省	温州文昌创客小镇国际科创园	浙江省
云栖小镇	浙江省	D+M 工业设计小镇	湖北省
智慧网谷小镇	浙江省	运河小镇总部产业园	江苏省
大创小镇	浙江省	井财小镇	江西省

小镇名称	所在地区	小镇名称	所在地区
硅谷小镇	浙江省	蓝月谷智能家电产业小镇	湖南省
京东云小镇	江苏省	衡水湖国际香料小镇	河北省
筑梦小镇	江苏省	大智无界空中小镇	湖北省
中国宿迁保险小镇	江苏省	钢贸小镇	辽宁省
网尚小镇	江苏省	1号小镇创意产业园	广东省
民俗酒香小镇客厅	江苏省	寿光市古城街道番茄小镇高科技示范产业园区	山东省
隆力奇小镇养生文化区	江苏省	衡水VR小镇（建设中）	河北省
苏州红璞创智小镇	江苏省	红邦小镇	四川省
苏州生命健康小镇产业园	江苏省	东湖数字小镇	福建省
鸿山物联网小镇	江苏省	大·小镇文化创意园（建设中）	江西省
智慧小镇	江西省	亚欧特色农产品小镇双创园	四川省
佟二堡皮草小镇电商园创业中心	辽宁省	梦想小镇智造村	浙江省
中国北方网红电商自贸小镇	辽宁省	南岭1983创意小镇	广东省
长涛健康科技小镇	辽宁省	中原创科小镇航美国际智慧城	河南省
塞北金融小镇	内蒙古自治区	江西工业设计小镇	江西省
中国手艺小镇国际文创品牌孵化中心	山西省	产业互联网小镇	浙江省
中国手艺小镇双创基地	山西省	酿造小镇（建设中）	山西省
民营经济创新创造创业小镇	山西省	钦州华为数字小镇	广西壮族自治区
沁州黄耕读小镇双创基地	山西省	酷车小镇电子商务楼	北京市
中关村e谷（衡水桃城）创业小镇	河北省	海棠小镇獭兔产业园	四川省
沧州东塑明珠服饰特色小镇	河北省	中国股村职教特色小镇智创园	江苏省
蓝城幸福小镇（建设中）	河北省	嘉善影视综艺小镇	浙江省
文化创意小镇	河北省	山西田森番茄小镇	山西省
北京城市副中心设计小镇创新中心	北京市	广东工美科创小镇	广东省
银川轴承造小镇	宁夏回族自治区	上塘电商创业小镇（建设中）	浙江省
云裳小镇互联网经济电商产业园	福建省	青龙小镇	上海市
中国凹凸棒产业小镇	安徽省	陆港电商小镇	浙江省
海达健康颐养小镇济宁大健康产业城	山东省	蓝印时尚小镇	浙江省
海丝智能机器人小镇	福建省	空港小镇	浙江省
仙营电商小镇	山东省	江北膜幻动力小镇	浙江省
中南高科创智未来产业小镇（建设中）	山东省	金州童鞋小镇	浙江省
e游小镇数创广场	浙江省	艺创小镇凤凰创意国际	浙江省
金柯桥基金小镇	浙江省	沃尔沃小镇（建设中）	浙江省
宣城洪林电商小镇	安徽省	浙江苍南台商小镇科技企业孵化器	浙江省
原平新能源智慧小镇	山西省	运河财畜小镇	浙江省
丹阳互联网小镇	江苏省	银江孵化器云制造小镇创业工坊（创享青山湖园区）	浙江省
大兴河马科技小镇	北京市	浙大紫金科创小镇	浙江省
中国文房四宝小镇	安徽省	梦想小镇E商村	浙江省
万商红新履小镇	江西省	瓯海生命健康小镇	浙江省
草原小镇那达慕浩特	内蒙古自治区	天子岭静脉小镇	浙江省
龙游红木小镇产业区	浙江省	世闽罗曼小镇	陕西省
安宁渠文旅小镇	新疆维吾尔自治区	南浔智能电梯小镇	浙江省

续表

小镇名称	所在地区	小镇名称	所在地区
丽水绿谷智慧小镇	浙江省	防城港市 IT 小镇门户	广西壮族自治区
乐活小镇	新疆维吾尔自治区	玉皇山南基金小镇	浙江省
中国童装小镇	山东省	德清地理信息小镇	浙江省
华为欧洲小镇	广东省	麦腾 365 众创小镇	上海市
智慧小镇	广东省	云安小镇	浙江省
顺德新能源汽车小镇	广东省	富阳硅谷小镇 (创意路)(建设中)	浙江省
大学城创客小镇	广东省	万丰航空特色小镇	浙江省
大浪时尚小镇	广东省	江北膜幻动力小镇	浙江省
广州云科小镇	广东省	物联网小镇	浙江省
东澳创意小镇	广东省	丝绸小镇婚庆文化创意产业园	浙江省
岭南 V 谷 - 鹤翔小镇创意园	广东省	电商创业小镇	河南省
迪茵湖小镇	广东省	涞水科技创新智慧生态小镇	河北省
七号小镇	广东省	金阳重庆映像物联网产业小镇	重庆市
大运软件小镇	广东省	广丰区梦想小镇	江西省
光源科技小镇	浙江省	南康家居小镇	江西省
黄岩智能模具小镇	浙江省	云上小镇	云南省
安吉两山创客小镇	浙江省	长沙亿达智造小镇	湖南省
杭州医药港小镇	浙江省	天府国际基金小镇	四川省
梦想小镇	浙江省	西部硅谷小镇	重庆市
温州文化金融小镇	浙江省	梅厂淘宝小镇	天津市
168 创业小镇	浙江省	北京电影小镇	北京市
梦想小镇	浙江省	欧香智慧小镇	四川省
森山健康小镇健康产业园	浙江省	南充创业小镇	四川省
金阳重庆映像物联网产业小镇	重庆市	曲阜互联网小镇	山东省
信阳国际家居产业小镇	河南省	三板小镇工业产业园区	山东省
中国濮阳创业小镇	河南省	圣祥小镇	山东省
孟州梦云电商小镇	河南省	济北智造小镇	山东省
百鸟河数字小镇	贵州省	稻田创业小镇	福建省
青山小镇文化创意园	湖南省	众创园启林创客小镇	贵州省
设计小镇智汇园	北京市	智慧小镇科创园	浙江省
酷车小镇汽车文化创意产业园区	北京市	艺尚小镇	浙江省
叠街文创小镇	安徽省	富阳硅谷小镇	浙江省
安商 1980 文创小镇	安徽省	天使小镇	浙江省
音乐小镇	安徽省	中国 (杭州) 人工智能小镇	浙江省
盆景小镇	江苏省	佛罗伦萨小镇	广东省
昆山智谷小镇	江苏省	拱墅运河财富小镇	浙江省
南京生命科技小镇加速带	江苏省	鄞州四明金融小镇	浙江省
南京生命科技小镇北区	江苏省	余杭梦栖小镇	浙江省
中国国瓷小镇	江苏省	杭州湾信息港小镇	浙江省
苏州设计小镇	江苏省	滨江物联网小镇	浙江省
东方 1 号·创意小镇	江苏省	余杭梦想小镇	浙江省
互联网小镇	山东省	云栖小镇	浙江省
蓬莱纳帕溪谷葡萄酒小镇	山东省	玉皇山南基金小镇 2 期	浙江省
潍坊广告创意小镇	山东省		

5-4

创新创业及设计孵化类园区

2021 年，中国的创新创业设计孵化类园区发展呈现出积极的趋势。根据《中国创业孵化发展报告（2022）》，全国创业孵化机构数量达到 15253 家，其中包括 6227 家孵化器和 9026 家众创空间。这些机构的总收入达到 801.76 亿元，同比增长 10.58%。在孵企业年总收入达 1.24 万亿元，同比增长 21.3%。此外，全国创业孵化机构在孵企业及团队拥有有效知识产权 141 万件，其中发明专利 21 万件。2022 年，北京超过 10 万家科技型企业孕育而生，平均不到 5 分钟就有一家科技企业诞生。北京市政府推动标杆孵化器建设，加速硬科技企业孵化，促进高精尖产业发展和未来产业培育，以支持北京国际科技创新中心和中关村世界领先科技园区建设。此外，北京市科委、中关村管委会等 5 部门在全国率先出台《标杆孵化器培育行动方案（2022-2025 年）》，提出支持标杆孵化器在海外设立实体，探索在京建设保税孵化器，积极引进国际一流孵化机构。国务院办公厅发布的实施意见也强调了提升大众创业万众创新示范基地带动作用，以促进创新创业更加蓬勃发展，更大程度激发市场活力和社会创造力。该政策旨在强化政策协同，增强发展后劲，以新动能支撑保就业保市场主体，尤其是支持高校毕业生、返乡农民工等重点群体创业就业。

5-4-1

北京市部分创新创业、设计孵化园区

表 5-14　北京市部分创新创业、设计孵化园区

园区名称	所在地区	园区名称	所在地区
城子街道办事处社会组织服务（孵化）园	门头沟区	东城文化人才（国际）创业园	东城区
北京市小企业创业基地	石景山区	京铁美立方电商创业园	通州区
鼎轩创业中心	石景山区	北服海外人才创业园	朝阳区
石景山首特创业基地	石景山区	博亚信诚创业园	海淀区
大栅栏街道创业孵化基地	西城区	崇文都市馨园创业孵化园	东城区
北外大学生创业中心	海淀区	瑞天绿色创业园	朝阳区
百度开发者创业中心	海淀区	餐饮创新创业园	通州区
北京硅普芯片孵化基地	海淀区	青橄榄创业园	石景山区
海淀·创业期科技型企业集中办公区	海淀区	北控兴业创业园	昌平区
紫荆花孵化园	海淀区	中国大学生创业园	丰台区
北科产业孵化楼	海淀区	创业公社·上市产业园	石景山区
利玛孵化基地	西城区	通州区青年创业（宋庄）园	通州区
北京市小企业创业基地	西城区	中天创业园	昌平区
东华残疾人就业孵化基地	东城区	北大创业园	海淀区
中国创业者中心	东城区	飞翔创业园	顺义区
北京市东城区小企业创业基地	东城区	经开创业园	大兴区
东城园斯迈夫体育产业互联网创新孵化基地	东城区	国际科技园西区	海淀区
中央企业创新创业中心	海淀区	比目鱼创业园	朝阳区
彩虹汇微创业联盟	朝阳区	梦想创业园	昌平区

园区名称	所在地区	园区名称	所在地区
普天孵化基地	朝阳区	蓝鲸创业园	朝阳区
鑫联盟创业总部基地	朝阳区	宏福创业园东园	昌平区
天行之鹰创业孵化器	朝阳区	兴国文化创业园	通州区
朝阳区企业集中办公区北服创业孵化器	朝阳区	北京留学人员创业园(科兴路)	丰台区
高碑店创业文化中心	朝阳区	顶佳文化创业园	大兴区
丰收企业孵化器	朝阳区	尚帝佳创业园	朝阳区
清华经管学院创业者加速器	朝阳区	金鑫创业园	丰台区
北大孵化器文化与科技基地	朝阳区	万家创业园	昌平区
石龙经济开发区产业孵化中心	门头沟区	北京都市型现代农业海外人才创业园	丰台区
中科电商谷创业孵化中心	大兴区	北京联合大学应用文理学院大学生创业园	西城区
信创宇轩科技孵化器	昌平区	北京市房山区通智汇城科技创业园	房山区
正圆科技企业创业园	通州区	中国留学人才创业园北京奥运园	朝阳区
北印龙森科技企业孵化园	大兴区	中国留学人才创业园北京来广营园	朝阳区
政通科创科技孵化器	房山区	北京高校大学生创业园理工园	海淀区
创新创业合作基地	丰台区	北京东方磊石文化创业园	昌平区
中都创业科技企业孵化中心	丰台区	北京青年创业园石景山园	石景山区
九州通孵化器	丰台区	北京市留学人员大兴创业园	大兴区
兴鹏科技孵化器	丰台区	上地国际创业园	海淀区
京卫生物科技孵化器	丰台区	昌平文化创业园	昌平区
赛欧科园科技孵化中心	丰台区	北京青年创业园通州园	通州区
洪海文创孵化	昌平区	北京鑫亿达文化创业园	朝阳区
中国创业创新发展委员会新三板创业创新基地	海淀区	中关村兴业创业园	昌平区
apus全球移动孵化基地	海淀区	中国农大国际创业园	海淀区
科方创业孵化器	海淀区	北京交大留学人员创业园	海淀区
创客天下创新创业共享经济生态系统	海淀区	北京青年创业示范园	昌平区
中科创新创业示范基地	海淀区	北京市留学人员海淀创业园	海淀区
北焦科创孵化器	朝阳区	北京大唐高新技术创业园	通州区
海外学人创新创业基地	朝阳区	中国北京(望京)留学人员创业园	朝阳区
国家创业工程示范园区	朝阳区	北京高校大学生创业园	房山区
中关村科技园区丰台园生物医药孵化中心	丰台区	光华创业园	海淀区
芮歌文化专业演员孵化基地	朝阳区	青年创业园	房山区
中国电影基金会影视产业孵化基地	朝阳区	808创业园	朝阳区
北京市东城区文化创业产业示范基地	东城区	龙德创业园	昌平区
北京市高新技术产业孵化基地	海淀区	冠京创业园	丰台区
北京市高新技术产业孵化基地	丰台区	金鑫创业园(二部)	海淀区
北京市高新技术产业孵化基地	西城区	北京青年创业园大兴园	大兴区
中国电影产业孵化基地	朝阳区	创业园东区	石景山区
中天科软件园孵化加速器	海淀区	北京青年创业园京仪园	海淀区
假日财富创业园	丰台区	中关村科技园区石景山园首特创业园	石景山区
北交大留学人员创业园	西城区	清华科技园大学生创业基地	海淀区
中关村科技院区亦庄汇龙森留学人员创业园	大兴区	启迪科技园紫成创业园B区	海淀区
北京高校大学生创业园(软件园)	海淀区	大众创业万众创新科技园	昌平区
清河顺事嘉业创业园	海淀区	富华科技创业园	顺义区
北四环东路6号院科技创业园	朝阳区	中关村民营科技创业园	海淀区
中关村电子城西区望京科技创业园	朝阳区	洛娃科技创业园	顺义区
中关村博雅海外人才创业园	海淀区	望京科技创业园西区	朝阳区
中关村国际孵化园(创业路)	海淀区	大厂影视文化创意产业园创世纪影视人才孵化基地	朝阳区
梦想文教创业园	朝阳区	创业公社(密云分部)	密云区
留学人员创业园	昌平区	北房镇中小企业创业园	怀柔区
上地国际科技创业园党建管理孵化平台	海淀区	北京雁栖国际孵化园	怀柔区
中关村数字娱乐留学人员创业园	石景山区	昌科晨宇孵化器	昌平区
北交大留学生创业园	海淀区	信创宇轩科技孵化器有限公司留学人员创业园(分园)	昌平区
易亨·苏州街创业园	海淀区	北京市小企业创业基地	昌平区
北郎中小微企业创业园	顺义区	北京临空创新创业示范基地	顺义区
治汇城科技创业园示范基地	房山区	杨镇新技术承接转化示范基地中小型企业孵化	顺义区
中关村丰台园创业服务中心分中心	丰台区	博士后科研创新孵化基地	通州区

5-4-2

广东省部分创新创业、设计孵化园区

表5-15　广东省部分创新创业、设计孵化园区

园区名称	所在地区	园区名称	所在地区
中山张企科技企业孵化器	中山市	香洲区大学生创业孵化基地	珠海市
中安创新企业孵化园（建设中）	东莞市	珠海市大学生创业孵化园	珠海市
唐创婕意社区创业基地青年创业家学院企业孵化基地	广州市	中山市横栏镇智能照明产业孵化基地	中山市
领航骐仑丰企业孵化器	广州市	中山市示范性创业孵化基地	中山市
国家级科级企业孵化器	深圳市	中山市东区软件园孵化中心展厅	中山市
龙华中小企业孵化中心	深圳市	深圳一帝国郡文化创意产业孵化中心	深圳市
嘉恒科技企业孵化园	深圳市	狂牛小镇孵化园	东莞市
廉江市大学生创业孵化中心	湛江市	中山市火炬开发区创业孵化基地	中山市
南方海谷海洋产业孵化中心	湛江市	中山市西区创业孵化基地	中山市
青年创业孵化器	湛江市	森石脉科技孵化园	深圳市
湛江市创新创业孵化基地	湛江市	福田区高新技术创业中心-多丽孵化基地	深圳市
廉江市大学生创业孵化基地	湛江市	包装印刷搭产孵化工业园	东莞市
智圆谷科技企业孵化器	湛江市	国家级科技企业孵化园	深圳市
0759科技文化孵化基地	湛江市	深圳市福田皇冠自主创业孵化基地	深圳市
湛江高新区科技创业服务中心	湛江市	九牛双创孵化基地	东莞市
华炬国家级孵化器	清远市	龙爱优购互联网创业品牌孵化基地	东莞市
四会市高新科技企业孵化中心	肇庆市	东莞市青年创新创业孵化基地	东莞市
南方医科大学大学生科技创业孵化基地	珠海市	东莞电子商务创业孵化基地	东莞市
大学生创业孵化基地	珠海市	松山湖网商创业孵化基地	东莞市
广东珠海公共创业孵化（实训）基地	珠海市	云通互联网人才孵化基地	东莞市
中山跨境电商孵化基地	中山市	南华互联网+创业孵化基地	东莞市
潮州市创业孵化基地	潮州市	东莞市横沥镇模具产业孵化器	东莞市
万鹏高新技术企业孵化基地	广州市	华科城·创新岛产业孵化园	东莞市
广佛跨境电商孵化园	佛山市	擎洲智能生物光电产业孵化器	东莞市
广州美迪电商学院大学城创新创业孵化基地	广州市	龙华区科技企业孵化园	深圳市
平远县电子商务创业孵化基地	梅州市	东莞软件企业孵化园	东莞市
梅州市青年电商创业孵化基地	梅州市	东莞市科技企业孵化器（加速器）	东莞市
梅州市嘉一度回乡青年创业孵化基地	梅州市	松湖华科产业孵化园	东莞市
客家梦工厂创意创业孵化基地	梅州市	铨盛产业孵化园	东莞市
淘金地电子商务孵化基地	深圳市	松山湖中小科技企业创业园	东莞市
梅州市创业孵化基地	梅州市	贝特利科技创业园	东莞市
阳春市青年创业孵化基地	阳江市	南山区创业带动就业孵化基地	深圳市
阳江市大学生创业孵化基地	阳江市	南山区科技创业服务中心第二孵化基地	深圳市
云浮市创业带动就业（罗定·附城）孵化基地	云浮市	深圳市科技企业孵化器	深圳市

续表

园区名称	所在地区	园区名称	所在地区
韶关市前进国际建材城 – 商贸创业孵化基地	韶关市	海珠区创新创业孵化示范基地	广州市
浈江区大学生创业孵化（实训）基地	韶关市	大灵山科技孵化器	广州市
源城区创业孵化基地	河源市	松湖产业孵化园	东莞市
端州区青年创新创业孵化基地	肇庆市	南沙新区青年创业孵化基地（卓才园区）	广州市
肇庆市创业创新孵化园	肇庆市	广州科信光机电企业孵化器龙科园区	广州市
清远市融合创业孵化基地	清远市	银江孵化器广州园区	广州市
清城区创业带动就业孵化基地	清远市	精诚微谷汽车产业孵化基地	广州市
恩平市创业孵化基地	江门市	琶洲会展产业孵化基地（启盛园区）	广州市
江门市社会组织孵化基地	江门市	广州大学城健康产业产学研孵化基地	广州市
江门市创业带动就业孵化基地	江门市	广州国际创新城国家数字家庭应用示范产业基地研发孵化园配套管理综合楼	广州市
今古洲民营科技园创新创业中心	江门市	中山市职工服务孵化基地	中山市
江门高新区科技创业园	江门市	正邦北斗孵化基地	中山市
百龙创新创业孵化基地	汕头市	中山市创新创业孵化基地	中山市
汕头市创业孵化基地	汕头市	中山市东凤镇青年创业孵化基地	中山市
汕头市龙湖区创业孵化基地	汕头市	中山市东升镇创业孵化基地	中山市
科技创新孵化中心	惠州市	华谷科技创业园	广州市
惠南科技创业中心	惠州市	中山市创业孵化基地	中山市
东平互联网时尚产业孵化中心	惠州市	启梦创业孵化园	广州市
大学生创新创业孵化园	广州市	广州百鹤孵化创业园	广州市
创新创业孵化园	广州市	荔湾区留学生科技园东沙创业中心	广州市
东方军地创新科技商品化孵化园	广州市	广州市海珠科技创业园	广州市
中峪智能机械智能装备孵化	佛山市	坪山新区创业孵化基地	深圳市
佛山高新技术企业孵化器	佛山市	广州青年文化创意孵化基地	广州市
一城一寓公寓产业孵化基地	佛山市	广州国际企业孵化器	广州市
航城创新创业孵化基地	深圳市	科学城国际企业孵化器 D 区	广州市
广州鹤巢大健康孵化器	广州市	广州开发区科技企业孵化器（科智路）	广州市
华顺智能硬件孵化园	广州市	广州开发区科技企业孵化器	广州市
佛山市创业孵化基地	佛山市	奥磁孵化园	广州市
佛山市新材料科技企业创业中心	佛山市	红太阳亲子文化产业孵化园	深圳市
佛山千里马创业者孵化中心	佛山市	虚拟大学院孵化器	深圳市
佛山高新区禅管委创业孵化基地	佛山市	广东省大学生科技创业孵化基地	广州市
南海科技创业中心	佛山市	社会组织孵化基地	广州市
广盈科技孵化园	广州市	广州市越秀区社会工作人才孵化基地	广州市
沧江工业园科技企业创业中心	佛山市	广州市越秀区科技企业孵化器	广州市
科技企业孵化基地	广州市	安立邦科技园（创业路）	深圳市
广东省数字娱乐人才孵化基地	广州市	福田天安科技创业园	深圳市
海珠区科技企业孵化器	广州市	深圳市自主创业孵化园	深圳市
悦多米 · 孵化基地	广州市	创业高新科技园	深圳市

5–4–3

上海市部分创新创业、设计孵化园区

表 5–16　上海市部分创新创业、设计孵化园区

园区名称	所在地区	园区名称	所在地区
网巨创业园洞泾分园	松江区	共舞台创业园（上海总部）	松江区
科技孵化基地	奉贤区	上海爱登堡科技产业园（孵化器）	闵行区
上海电商创业孵化基地	奉贤区	上海张江东产业孵化基地	浦东新区
张江创业源园区	浦东新区	中东（上海）跨境电商外贸产业孵化基地	金山区
上海奉浦工业投资有限公司中小企业孵化基地	奉贤区	上海市科普产业孵化基地	虹口区
上海低碳技术产业孵化器	奉贤区	中国科学院上海产业技术创新与育成中心孵化基地	浦东新区
上海西虹桥商务区中小企业孵化基地	青浦区	上海仪器仪表研究所上海唐辉电子有限公司产业联盟孵化基地	奉贤区
青浦海外创业谷	青浦区	大学生创业示范园	杨浦区
上海太浦河经济城中小企业孵化基地	青浦区	上海菊园软件信息孵化器	嘉定区
8090 青年创业基地	青浦区	漕河泾开发区创新创业园	闵行区
中国纺织国际产业城科技创业中心	青浦区	普陀区青年创业园	普陀区
青浦区夏阳青年创业园	青浦区	松江青年创业园	松江区
青浦工业区昂真国际创业园	青浦区	恒升创业园	浦东新区
申建创业园区	松江区	长宁区创业园区	长宁区
OTT 电子商务孵化园	嘉定区	新鑫创业园	宝山区
OTT 电子商务孵化园宝园分部	嘉定区	漫居创业园	长宁区
联西村科技创业园	嘉定区	齐成创业园	普陀区
上海游戏产业孵化器	嘉定区	新雅创业园	松江区
菊园创业园区	嘉定区	乾锦创业园（莘松路）	闵行区
乐视视频孵化基地	宝山区	中纺科技创业园	青浦区
华制工业 4.0 孵化器	宝山区	慧谷创业（虹桥路）	徐汇区
上海宝山金融科创产业孵化园	宝山区	聚诚创业园（申江路）	浦东新区
021 创业孵化器	杨浦区	勤劳箱体创业园	闵行区
中国电信创新创业基地	杨浦区	闵行留学生创业园区	闵行区
大学生创业孵化中心	杨浦区	积旺创业园	松江区
皕酷数字影视孵化基地	杨浦区	烈银创业园	青浦区
延吉大学生（青年）创业家园放想社	杨浦区	蕾特创业园	闵行区
中国（上海）创业者公共实训基地	杨浦区	阳明国际创业园	闵行区
五角场镇创业孵化基地	杨浦区	川公创业园区	静安区
同济科技园密云路孵化基地	杨浦区	吴淞街道创业园区	宝山区
杨浦区大学生（青年）创业园江浦路街道创业孵化基地	杨浦区	徐汇留学人员创业园	徐汇区

续表

园区名称	所在地区	园区名称	所在地区
杨浦区青年公益服务支持中心公益性社会组织孵化园	杨浦区	普陀区桃浦镇创业园区	普陀区
大学生就业创业基地杨浦都市经济院区分园	杨浦区	青浦朱家角创业园	青浦区
股交中心科创板孵化基地	静安区	控江路街道创业园	杨浦区
联合创业办公社 (创客 15)	静安区	吴淞口创业园	宝山区
锦荣科技创新创业基地	静安区	浦东张江青年创业园	浦东新区
XNode 创业加速器	静安区	嘉定区创业广场	嘉定区
上海股权托管交易中心 – 彭浦孵化基地	静安区	青年创新创业园	闵行区
上海经济城创业企业服务平台	静安区	云谷电商创业园	静安区
中国青年创业国际计划 (上海办公室)	静安区	春申·鑫集创业园	闵行区
聚能湾创新创业中心	静安区	诚屹创业园区	杨浦区
国际青年创业社区	静安区	枫林创业园区	徐汇区
上海市科技创业孵化基地	静安区	黄浦青年创业园区	黄浦区
静安青年创业实践孵化园	静安区	金宝创业园区	崇明区
静安寺街道孵化园区	静安区	曹杨创业园区	普陀区
静安青年创业园区	静安区	才智创业园	闵行区
苏河湾人力资源产业青年创业孵化园	静安区	杰安创业园	浦东新区
创合工社临空创业孵化基地	长宁区	静安江宁创业园区	静安区
创业首站国际创新创业合作基地	长宁区	世丰创业园	松江区
清控科创联合创业空间	长宁区	长宁区创业园区 (仙霞路)	长宁区
创源创业孵化基地	长宁区	滨江文化创业园	虹口区
上海市科技创业苗圃	长宁区	贝尼尔创业园	浦东新区
临空经济园区创业楼	长宁区	598 创业园	闵行区
长宁区创业援助园区	长宁区	临港创新创业园	浦东新区
新联坊孵化园	长宁区	喝采创业园	松江区
临空汇孵化园	长宁区	巍奥创业园	松江区
上海集成电路设计孵化基地	黄浦区	闽贤创业园	松江区
上海市黄浦区科技创业中心 (思南路)	黄浦区	千墨移动互联网创业园	闵行区
上海市黄浦区科技创业中心 (制造局路)	黄浦区	网巨创业园洞泾分园 B	松江区
卢湾五里桥青年创业孵化园区	黄浦区	励心创业园	松江区
浦东新区大学生创业基地	浦东新区	八元桥创新创业园	浦东新区
张江创业源北区	浦东新区	七星创业园	闵行区
中国青年蔬菜产业创业就业培训园	浦东新区	春申创业园区	徐汇区
浦东新区北张家浜非正规就业劳动组织创业园区	浦东新区	百村创业园	奉贤区
麦腾创业天地张江高新区普陀分园	普陀区	西浜创业园	宝山区
上海市标准化企业孵化器	普陀区	富盛经济开发区创业园	崇明区
燎申创业港	闵行区	杨浦大学城大学生科技创业园	杨浦区

园区名称	所在地区	园区名称	所在地区
众创电商孵化空间·松江基地	松江区	品耀创业园区	松江区
大学生创新创业孵化园	静安区	瀚赢盛世创业园	闵行区
上海生物与医药创新孵化园	浦东新区	如新大中华创业园区	奉贤区
上海市社会创新孵化园	黄浦区	宝山区罗泾镇农业创业园	宝山区
上海市科技创业苗圃（上大路）	宝山区	积旺创业园区	松江区
华东理工大学科技园孵化基地	徐汇区	杨浦区大学生（青年）创业园	杨浦区
行健园企业孵化基地	长宁区	璨优创业园	嘉定区
延吉新村街道大学生创业家园	杨浦区	杨浦区大学生创业园	杨浦区
上海国际汽车城－海外高层次人才创新创业服务中心	嘉定区	智慧树创业产业园	杨浦区
国家高科技术创业服务中心	徐汇区	静安曹家渡创业园区	静安区
上海市松江科技创业中心	松江区	老洋行1913创业园区	虹口区
融和高新科技孵化园	松江区	庙行镇电子商务创业园	宝山区
上海市科技创业苗圃	浦东新区	浦东航头互联网创业园	浦东新区
上海临港海洋科技创业中心8	浦东新区	梁杭创业园	松江区
上海临港海洋科技创业中心4	浦东新区	网巨创业园	松江区
上海临港海洋科技创业中心2	浦东新区	上海国际汽车城创业园	嘉定区
上海临港海洋科技创业中心10	浦东新区	爱建创业园	普陀区
上海临港海洋科技创业中心5	浦东新区	秀上创业园	闵行区
上海临港海洋科技创业中心7	浦东新区	时尚创业园	徐汇区
上海临港海洋科技创业中心9	浦东新区	上海精细化工火炬创新创业园	金山区
上海临港海洋科技创业中心3	浦东新区	上海莘闵留学人员科技创业园	闵行区
上海市科技企业孵化器	浦东新区	上海张江留学人员创业园	浦东新区
上海市科技创业苗圃（知行路）	浦东新区	沃力创业园	浦东新区
上海科技企业孵化器	浦东新区	创业园区	徐汇区
张江创业工坊Vπ空间	浦东新区	上海莘闵留学人员创业园	闵行区
上海市科技企业孵化器上海市科技创业中心	嘉定区	上海康桥先进制造技术创业园	浦东新区
上海市科技创业中心	嘉定区	丽德创业园	松江区
闵行区社会组织孵化园	闵行区	宇申创业园（九干公路）	松江区
奇士信息科技孵化器产业集群	闵行区	创业孵化园	杨浦区
莘闵国家科技创业孵化器	闵行区	上海莘莘学子创业园	松江区
莘闵国家科技企业孵化器	闵行区	上海南汇新城人才创新创业园	浦东新区
上海市科技创业中心闵行基地	闵行区	留学人员上海嘉定创业园（菊园科技分园）	嘉定区
上海节能环保科技孵化基地	闵行区	静安创业园区	静安区
上海市科技创业中心西区分中心	闵行区	上海千人计划创业园	奉贤区
大学生青年创业园	杨浦区	上海金桥新兴金融创业园	浦东新区

续表

园区名称	所在地区	园区名称	所在地区
高新技术企业孵化基地总部	虹口区	上海中韩创新创业园	奉贤区
自我保健医学项目孵化基地	虹口区	御洲创业园	松江区
小马创业村	虹口区	金光创业区	浦东新区
复景·辉河创业中心	虹口区	上海杨浦留学人员创业园	杨浦区
上海公安微课程建设孵化基地	虹口区	华芮创业园	松江区
虹口区创业孵化基地	虹口区	上海晟槟生态农业创业园	崇明区
ADD 沪港创业馆	虹口区	上海聚能湾高新技术创新创业园	静安区
上海市科技创业中心 (松花江路)	虹口区	上海晶稻品穗创业园	宝山区
普陀区创业孵化基地	普陀区	上海大众经济城发展中心国际汽车城创业园	嘉定区
上海市科技企业孵化器 (昌化路)	普陀区	上海农业孵化器科技创业园	奉贤区
AFT 孵化基地	徐汇区	上海莘闵留学人员科技创业园 (浦江分园)	闵行区
国家高新技术创业服务中心	徐汇区	上海百兹杰创业园	嘉定区
中国动漫原创研发孵化基地	徐汇区	上海南汇留学人员创业园	浦东新区
蓝湾孵化器	徐汇区	上海杉中科技创业园 (日樱北路)	浦东新区
徐汇创业孵化基地	徐汇区	上海杉中科技创业园 (富特北路)	浦东新区
盐商集团中国青年创业社区	徐汇区	创业软件园	嘉定区
上海市纳米技术孵化基地	徐汇区	IWOOW 创业园	虹口区
上海优创会·创新创业中心	徐汇区	上海豪禹创业园	松江区
上海谷歌开发者社区创业孵化器	徐汇区	创业园区	奉贤区
上海科汇高新技术创业服务中心科汇孵化基地	徐汇区	程居创业园	浦东新区
优家青年创业社区上海石龙路社区	徐汇区	静安创业园	静安区
徐家汇青年创业孵化园区	徐汇区	璀璟创业园	松江区
斜土青年创业园区	徐汇区	上海波阳创业园	杨浦区
上海智能制造科技创业中心	徐汇区	上海连富创业园	松江区
漕河泾新兴技术开发区科技创业中心 (桂平路)	徐汇区	上海杰天创业园	松江区
上海慧谷高科技创业中心	徐汇区	康桥科技创业园区	浦东新区
上海漕河泾开发区科技创业中心 (分部)	徐汇区	上海美宝科技创业园区	金山区
上海市科技创业中心 863 软件孵化分中心	闵行区	上海天青科技创业园	松江区
惠南科技文化创业基地	浦东新区	上海复旦科技园创业中心	杨浦区
水木年华健康产业青年创客孵化基地	浦东新区	上海能日科技创业园	奉贤区
上海市创业孵化示范基地	黄浦区	上海金山科技创业园	金山区
创业汇 (宁夏路园区)	普陀区	上海导航科技创业园	静安区
菊园软件信息孵化园	嘉定区	上海矮柳科技创业园	金山区
国家 863 软件专业孵化器 (上海) 基地	闵行区	上海海洋科技园 – 创业苗圃	杨浦区

第 6 章

设计园区综合发展力指数分析

Data analysis and interpretation of comprehensive development capacity of park

为了更精准地洞悉我国设计园区的发展脉搏，我们依托中国工业设计协会及其专家工作委员会的权威资源和专业指导，经过严格的筛选流程，依据既定标准精心选取了50家国内运营的设计类园区作为本次研究的标杆样本。这50家园区不仅在设计创新、产业集聚、品牌建设等方面表现卓越，而且充分展现了我国设计园区发展的多样性和鲜明特色。我们对这50家设计园区进行详尽而深入的剖析，通过全面的综合指数分析来揭示其真实的发展状况。这一分析将涵盖园区的规模大小、创新能力强弱、经济效益高低以及社会效益的广泛影响等多个关键维度，以期全面、客观地反映各园区的综合实力与发展潜力，为我国设计园区的未来发展提供有力的数据支撑和决策参考。

6-1
设计类园区发展概述

设计园区在中国的发展是独树一帜的，这种独特的设计组织形式为中国设计的发展探索了新的方式。

751D·PARK 北京时尚设计广场前身为成立于 1952 年的华北无线电器材联合厂动力分厂，是在周恩来总理关怀下、民主德国援建的国家重点工程，为当时国内规模最大、最先进的电子科技企业，于 2003 年结束运营。2006 年转型文创产业，在市政府推动下创建 751D PARK 北京时尚设计广场。园区以时尚设计为主题，涵盖服装设计、音乐设计、汽车设计、视觉设计及高端家居陈设等门类，每年举办大型高端品牌国际会展及新品发布活动。如今，751 每年举办国际设计周、国际时装周等大型活动，吸引众多国家领导、国际友人、国内外政要到访，对国内外公众开放，已具有广泛国际影响力，是展现文化自信的重要窗口。2009 年，广东工业设计城开园运营，国内最大的工业设计产业基地就此形成。设计城以工业设计产业为核心，并发展成为产业链上下游提供高端增值服务的现代服务业聚集区。截至 2021 年底，广东工业设计城已聚集了设计研发人员超 8000 人，吸引了 283 家国内外设计企业入驻，孵化原创品牌 50 多个，园区内企业创新设计产品转化率近 85%，构建起工业设计全产业链服务，赋能广东制造业转型升级。2010 年左右，设计类园区经过了快速的发展，全国范围内形成了各色的特色设计园区，尤其以文化创意类园区为主。目前设计园区的发展已经越来越成熟，国内已经形成了多家具有影响力的设计园区组织，这些设计园区组织在运营上越来越成熟，产业上与周边形成了融合发展，业态上越来越全备、丰富。

6-2
设计类园区综合发展力数据综述

为了更精准地把握我国设计园区的发展态势，我们依托中国工业设计协会及其专家工作委员会的权威资源与指导，经过严格的筛选流程，按照既定标准推荐了 50 家国内运营的设计类园区作为本次研究的样本，如表 6-1。这 50 家园区不仅在设计创新、产业集聚、品牌建设等方面具有代表性，同时也体现了我国设计园区发展的多样性和特色。

通过对这 50 家设计园区的深入剖析，我们将对园区的发展状况进行全面、细致的综合指数分析。这一分析将涉及园区的规模、创新能力、经济效益、社会效益等多个维度，旨在全面反映园区的综合实力和发展潜力。

在此过程中，我们还将注重数据的收集与整理，确保分析结果的客观性

表 6-1 专家委员经过评选认定考察园区名单

序号	所在地区	园区名称
1	北京	北京 751D-PARK 设计公园
2		北京 DRC 工业设计创意产业基地
3		国家新媒体产业基地
4		清华大学创意创新创业教育 x-lab 平台
5		中关村智造大街
6	天津	中国工业设计智造：e 谷
7	河北	邯郸工业设计中心
8	上海	上海国际工业设计中心
9		上海 8 号桥创意产业园
10		上海长征工业设计中心
11		上海东方尚博创意产业园
12		上海前滩尚博创意产业园
13		上海草编创意产业园
14	辽宁	大连积基米艺术科学馆
15	山东	烟台工业设计小镇
16		济南国际创新设计产业园
17	江苏	无锡 (国家) 工业设计园
18		太仓 LOFT 工业设计园
19		南京紫东国际创意园
20		大丰东方 1 号创意产业园
21		南京晨光 1865 创意产业园
22		苏州 69 阁设计园区
23		苏州工业园星海 5 号创意产业园
24		苏州云霄创业孵化器
25	湖北	武汉 D+M 工业设计小镇
26	湖南	长沙德思勤亚太设计中心
27	江西	洛客谷全球陶瓷产品创新中心
28		景德镇陶溪川文化创意园
29	重庆	重庆工业设计产业城
30	浙江	宁波和丰创意广场
31		中国轻纺城名师创意园
32		杭州经纬国际创意产业园
33		诸暨 2025 创意产业园
34	福建	福建省工业设计创意产业 (南安) 基地
35		海峡两岸 (漳州) 设计创意中心

序号	所在地区	园区名称
36	广东	深圳设计产业园
37		广东工业设计城
38		深圳 F518 时尚创意园
39		广东工业设计科技园
40		中国（深圳）设计之都创意产业园
41		广东大门设计创新产业园
42		广东家居设计谷
43		广州力合科创中心
44		佛山力合创新中心
45		佛山泛家居电商创意园
46	四川	成都红星路 35 号工业设计示范园区
47	河南	郑州大信设计文化园
48		国家知识产权创意产业试点园区
49	安徽	中国（合肥）工业设计城
50		中国（六安）设计创新城

和准确性。同时，我们还将结合访谈、问卷调查等多种方法，深入了解园区的运营情况、发展需求以及面临的挑战，为政策制定和园区发展提供有力的决策支持。

6-2-1

园区基础配置情况

1. 业务类型配置方面

驻园企业业务类型及其各类业务营业额是反映园区创新力侧重点的重要数据。综合各个园区的营业情况，设计类业务中，工业设计、建筑设计、平面设计、广告设计、技术研发业务的营业额往往为园区营业总额的重要组成部分。因此，在当前园区及驻园企业设计创新发展过程中，这五大方面将继续成为园区与驻园企业精力与资源投放的重点，其中工业设计占大半部分。

2. 人员结构配置方面

在被调研的各园区中，工业设计类与研发类人才比重高，其中工业设计人才比例趋于多样化，技术人才比例分两大区间。当前不少园区及驻园企业在拓展过程中，往往优先将资源投入到创新人才的拓展当中，创新人才对于园区及驻园企业的发展与推动必不可少，直到园区初具规模，才逐渐调整因业务和运营所需的市场人员与管理人员。

3. 园区技术知识储备方面

国内工业设计园区自主创新意识正逐渐加强，其并不满足于担任"二房东"、"扶植基地"、"企业保姆"等角色，开始基于园区所在地域产业属性、园区软硬设施基础、外脑资源等要素构建有利于自身进一步发展的知识储备。该现象反映出园区创新意识与品牌增值意识都在加强。此外，部分园区已开始对构建有利于产业发展的产学研联合模式进行探讨，如建设创意港或设计营，务求以该方式推进产学研联合的长期运行。这表明园区对地方产业资源与智库外脑的整合的认知与积极性都在提升。

6-2-2
园区社会化服务建设创新情况

1. 平台建设方面

通过对各园区综合发展力调研表进行定性解构，并提取其四大模块中的立项关键词，可发现在被调研园区中，平台建设工作集中在快速成型、云技术、共性技术、信息服务、体验中心、品牌推介与专利事务等专题之中。当我们总结近年来的服务与技术热点时，不难发现园区平台服务建设专题与适时的服务与技术流行趋势相匹配，如云技术、快速成型技术、体验服务等时代热点。该现象说明园区的平台服务建设步伐紧跟时代技术与服务需求特征，善于结合园区业务与地方产业特征搭建公共服务平台。

然而紧随热点背后或将埋有隐患。在项目组人员的实地专访中，不少园区负责人曾表示园区正处于收益"降温"阶段，当下正处于"尝试摸索，谨慎投资"阶段，盲目跟风的平台建设方式绝不可行。因此，在平台建设中，不能只在形式层面对热门专题进行照搬，各园区须结合当地产业、政策、人才、经济等特征对技术或服务进行本土化改造，才能最大化地实现平台价值，体现园区创新优势。

2. 社会化创新活动方面

通过对数据进行整合统计，可发现设计竞赛、设计周与设计节、人才研修、文创交流、企业设计管理、知识产权保护等内容往往是园区开设培训、讲座与交流活动的热门专题。这表明大多数园区十分重视高端人才的联合聚集与培养打造，并致力于通过筹办专业活动打造地域品牌特色，扩大园区地域品牌辐射效应，以聚集更多的技术、人才、资金资源，促进地方产业发展。

3. 产学研联合孵化方面

部分园区十分重视结合高校及地方产业进行产学研联合孵化，以促进产业、学校、科研机构等相互配合，发挥各自优势，形成强大的研究、开发、生产一体化的先进系统。

6-2-3

园区驻园企业创新情况

综合调研表中各驻园企业的项目孵化情况与创新典例介绍，当前工业设计园区驻园企业的设计创新热点主要体现在技术、人文与社会责任三大方向。

1. 信息技术、人工智能

随着科学技术发展的突飞猛进，设计必将从中受益，越来越多地考虑产品智能的因素，也就是能通过设计使产品的智能性得到全面的体现。如智能交通平台建设、智能机器人开发、传感器开发、电子科技开发、数字城市建设等。同时，3D 打印技术的不断成熟，为设计创新类企业提供了快速原型、个性化创新的机会。

2. 高端装备等先进制造业

高端装备制造业是强国之基，为加快发展新质生产力、落实制造强国战略、建设现代化产业体系提供重要支撑。近年来，我国高端装备制造业不断输出先进生产力，以"新"赋能千行百业，推动我国工业制造向"新"发力。高端装备制造业处于价值链高端和产业链核心环节，其发展离不开高新技术引领。研发创新是推动制造业新质生产力发展壮大、工业持续转型升级的原动力。

3. 以人为本，注重用户体验，体现社会责任

以人为本位的设计主导思想必将进一步深化"任何设计都要围绕人是设计中心点"的设计理念，强调人在设计中的主导地位，强调设计的人性化和"人情味"。在满足个性化需求的同时，更加注重人性关怀。

特别是在医疗行业、特殊人群的生活改善等方面有突出表现。同时，在以人为本的基础上，提倡社会的可持续发展及绿色设计。

4. 提升人文素养，宣扬传统文化

趋向文创产品研发与孵化。主要涉及文化产业项目的投资、文化艺术交流策划、文化活动策划、系列文创产品研发、系列文化产品研发、系列化妆品研发等。

从上述三个方向可见，企业设计创新的运作模式有别于以往单纯针对单一个体的技术创新与概念创新，以加强信息互动、情感互动、文化互动为要点，为技术的创新赋予智能化的人文因素，为艺术文化的创新赋予商业化的价值因素，重点突出"融合""健康""文化"等时代热门概念。

6-3
设计类园区综合发展力基础情况

6-3-1
园区资产状况分析

1. 园区所有制性质比较

本次考察的园区总数为 50 家，其中有 24 家园区为民营所有制园区，在所有类别中数量最多，几乎占到统计数量的一半，紧随其后的是国有所有制园区。另外合资园区和其他类别也有一定的数量比例。在其他所有制性质中还有台商投资的园区。

若将统计园区的数量总和设为 1，将各所有制类别的园区数量占园区总数的比例换算成百分制，其结果如图 6-1 所示。

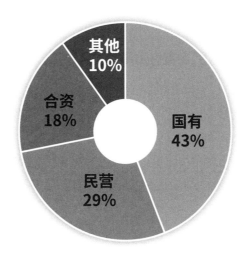

图 6-1 园区所有制性质比较

2. 园区资金情况

园区资金情况分析园区的资金投入主要分为自筹、贷款、地方政府投资和国家补助四种类型。从统计数据来看，大约 30% 的园区投资在 800 万 ~1 亿元之间。大约 52% 的园区投资在 1 亿 ~10 亿元之间，占比最多。投资在 10 亿元以上的相对较少，约占园区总数的 18%。

将纳入统计的所有园区投资资金数额相加求和得到的投资总额设为 1，各类型资金投入的总和与投资总额的比例如图 6-2 所示。

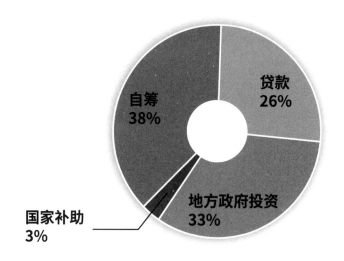

图 6-2　园区投资资金情况比较

3. 各园区资产总额比较

从统计的数据上看，园区资产总额在 5 000 万元 ~2 亿元之间的比例较大，占到 70% 以上，其中部分园区规模较大，例如国家新媒体产业基地已经达到百亿规模。

若将各园区资产总额统计得到的数据最大值设为 1，其余数值按其与最大值的比例进行排布，其结果如图 6-3 所示。

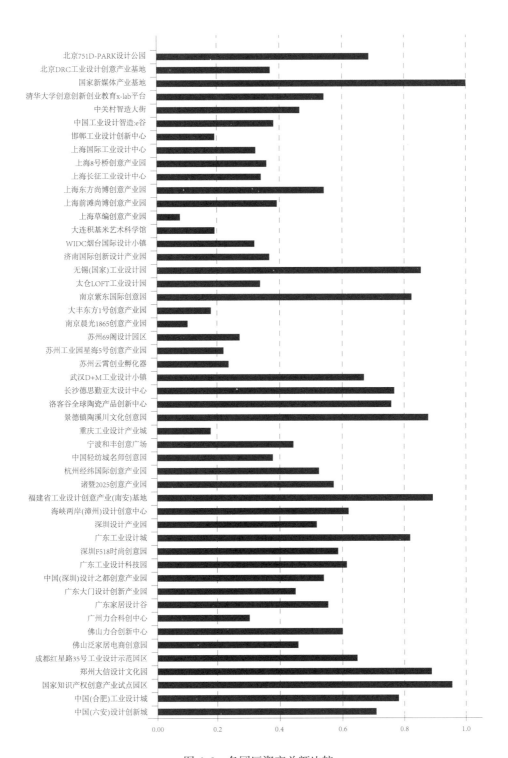

图 6-3　各园区资产总额比较

4. 各园区面积比较

园区占地面积和园区办公面积是反映园区发展状况的重要参考数值之一。由统计数据来看，所有园区中占地面积在 10 万平方米（150 亩）以下的园区居多，大约为 80%，而且总体来看园区的占地面积个体间数据相差很大，这反映出园区的空间规模形式的多样化发展。

在调研中，有些新兴的园区并非像传统意义上的园区那样划出一块地来统一规划园区，而是因地制宜地选择在一个写字楼的一部分区域进行建设，其占地面积就相对较小，甚至只有几百平方米。

从统计的数据来看，所有的统计园区中，大约 80% 的园区办公面积都高于占地面积，以其中德思勤城市广场为例，其占地面积是 79 070 平方米，但是办公面积是 290 000 平方米，办公面积是占地面积的 3.6 倍。也有一些占地面积较大的，如国家新媒体产业基地的运营面积达到 4 160 000 平方米，无锡（国家）工业设计园占地面积是 480 000 平方米，郑州金水国家知识产权创意产业试点园区运营面积达到 2 600 000 平方米。

由此可见，随着设计园区的进一步建设和发展，园区在土地使用方式上呈现较为丰富的多元发展态势。有些园区，注重以生态和自然环境为优势的打造将优美的自然环境作为园区硬件的主要特色。有些园区则突出办公面积的集聚与复合，在很少的占地面积上，创造出更多的工作场地。

各园区的占地面积与办公面积的数值对应表如图 6-4 所示。

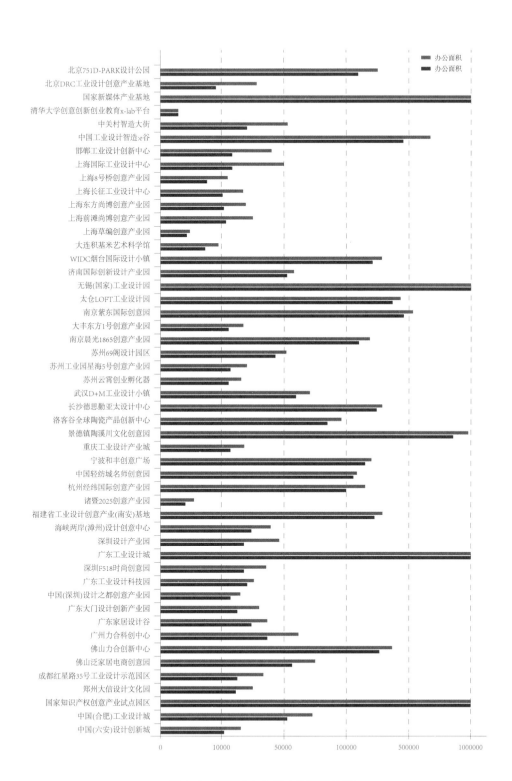

图 6-4　各园区办公及占地面积比较

6-3-2

园区驻园企业类别配置及发展

1. 各园区入驻企业数量

通过对反馈的有效问卷进行统计，计入统计的园区总数为 50 家。其中有 12 家园区入驻企业数量突破 200 家，数量最高的园区达近 800 家，其余被统计的园区设计类企业数量也有很大一部分在 100 家左右。若将各园区入驻公司总数采集数据的最大值设为 1，其余数值按其与最大值的比例进行排列，其结果如图 6-5 所示。

2. 驻园企业类别配置

从统计数据来看，在纳入统计的 50 家园区中，有 30 家园区设计类企业数量突破 100 家，数量最高的园区达近 600 家，其余被统计的园区设计类企业数量从十几家到几十家不等。

园区内非设计类企业数量整体低于设计类企业数量。在 50 家园区中非设计类企业数量超过 100 家的只有 6 家园区。园区内非设计类企业数量最多的也只有约 200 家。

若将各园区设计类企业数量和非设计类企业数量的最大值分别设为 1，其余数值按其与对应的最大值的比例进行排列，其结果如图 5-6 所示。从统计的数据来看，设计类企业占驻园企业总数 70% 以上的园区数量比例较大，接近 80%，其中近 10% 的园区内仅有设计类公司入驻。整合各园区数据可得，在被统计的园区当中，设计类企业与非设计类企业的比例为 2.8∶1。其中设计类企业中又以工业设计、建筑设计平面设计、广告设计、媒体艺术设计占比较大。

若将各园区设计类企业占其所驻园区企业总数比例的最大值设为 1，其余数值按其与最大值的比例进行排列，其结果如图 6-6 所示。

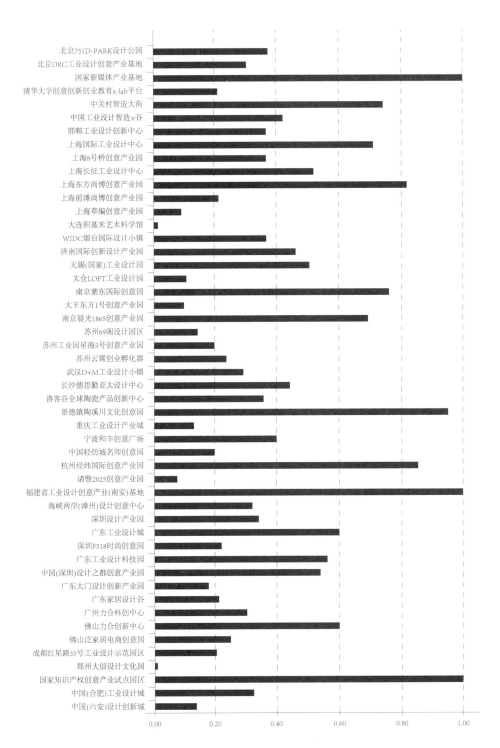

图 6-5　各园区入驻企业数量比较

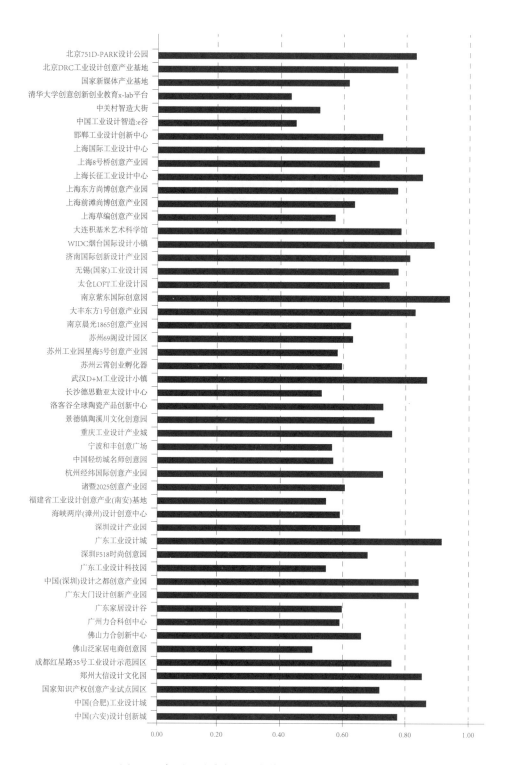

图6-6　各园区设计类企业占其所驻园区企业总数比例

3. 各园区入驻企业发展能力

驻园企业作为园区的重要组成部分，其创新能力、经营能力以及发展状况是园区综合发展力的重要体现，综合体现了园区对于优秀企业的吸引力、对企业的孵化能力以及园区资源的合理配置等多方面的经营管理能力。因此，驻园企业的发展能力是衡量园区综合发展力的重要指标，以园区推荐有代表性的驻园企业作为采集项，园区推荐的企业类型可以分为两大类：一类为设计创新类，主要涉及产业开发、设计服务、数字媒体及影视制作、汽车产品开发等；另一类为科技创新类，主要涉及高精尖技术创新、技术教育培训、网络科技公司、高科技装备开发等。

从驻园企业推荐的企业类型中可以看出，设计创新型企业和技术创新型企业作为园区发展过程中的重要支柱，为园区的发展提供了强有力的动力。而园区成为当地政府整合社会资源、对资源进行合理配置，同时结合地域优势，提升地区生活水平、发扬地域文化特色、发展地区经济的重要推手。因此，设计创新与技术创新正逐渐成为园区发展的中流砥柱，是园区经营者对于未来发展方向的准确把握。

从数据统计上来看，驻园企业代表的 2023 年度合同营业额大致分为三个区间：千万元以上、300 万 ~500 万元以及 200 万元以下，三个区间内的园区分布近似均等。驻园企业的发展能力根据园区针对推荐企业的发展规模、业务范围行业影响力描述，评估得分划分为 1~7 七个水平，将园区驻园企业的发展能力评估数值中的最大值设为 1，其余数值按其与最大值的比例进行排列，其结果如图 6-7 所示。

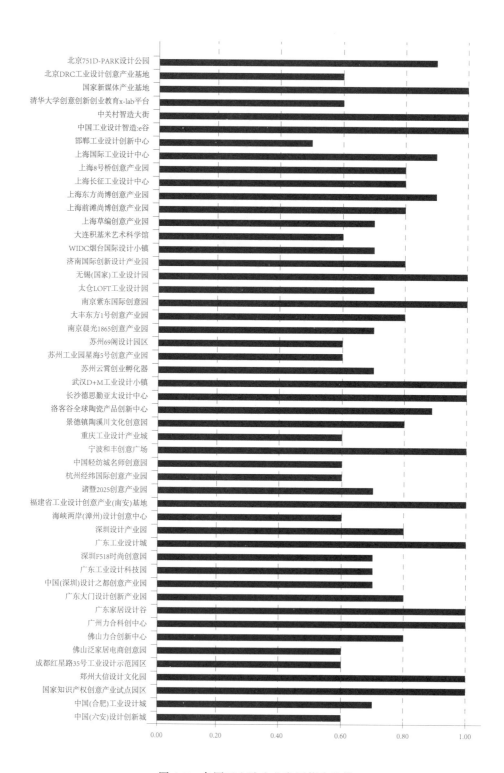

图6-7 各园区入驻企业发展能力比较

6-3-3

园区人才结构

园区经营能力的另一个方面就是园区人才的引进和人才结构的合理配比，通过对 50 家园区人才结构的研究和分析，将园区人才结构分为设计类人员、工程技术人员、市场人员、管理人员四种类型进行数据采集，其中设计类人员及工程技术人员归类为设计创新与技术创新人才，相应而言，市场人员及管理人员属非设计创新与非技术创新人才。

经过对 50 所设计类园区的深入资料收集与分析，我们可以清晰地勾勒出园区内人员结构的整体概貌。如图 6-8 所示，设计类人员占据了园区总人数的显著位置，比例高达 40%，这一数字显著超过了其他职能类别的人员。紧随其后的是工程技术人员，他们占比约 24%，为园区的技术创新和产品实现提供了坚实的支撑。管理人员和市场销售人员则分别占据了 13% 和 23% 的比例，他们在园区的运营、市场推广和客户关系维护方面发挥着重要作用。

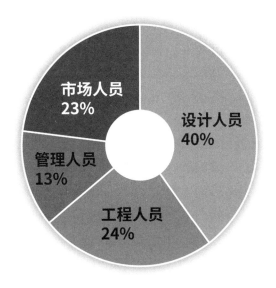

图 6-8 园区各类型人员占人员总数的比例

这一人员结构的变化，反映出我国设计类园区在经过十多年的快速发展后，对于设计价值的认识愈发深刻。设计类人才的高比例，不仅体现了园区对于设计的重视，更凸显了设计在推动园区发展、提升产品和服务质量中的核心地位。园区的发展已经不再是单纯的生产制造，而是更加注重设计创新、用户体验和品牌价值。

当我们将设计类人才与工程技术型人才这两大创新力量纳入考量

时，其占比显著超过园区人才总数的 60%。这一令人瞩目的数据不仅凸显了我国设计类园区正在经历一场深刻的变革，即由传统的制造和设计模式转向以创新设计为引领的全新发展阶段。这一转变不仅彰显了园区对于设计创新的高度重视，更预示着设计类园区将踏上一条更加注重技术研发、设计创新与市场应用深度融合的可持续发展之路。

从详细的数据统计中，我们可以观察到不同园区在创新型人才数量上存在的显著差异。这主要源于各园区的发展规模、经营结构以及战略定位的不同。具体来说，创新型人才的数量在 50 至 9 000 人之间广泛分布，这一跨度之大足以反映出园区间在人才吸引和培育方面的多样化策略，同时这些数据也来源于不同园区规模差异所致。

进一步分析数据，我们发现创新型人才数量超过 1 000 人的园区高达 39 家，占园区总数的 78%。这一数据充分表明，绝大多数园区已经充分认识到创新型人才对于园区发展的重要性，并付诸实践，努力构建一支高素质、高水平的创新人才队伍，更令人振奋的是，创新型人才数量超过 2 000 人的园区占园区总数的 45%。这意味着近半数的园区在人才集聚方面取得了显著成效，这些园区不仅为创新设计提供了强大的智力支持，更为园区的长远发展奠定了坚实的基础，以广东工业设计城为例，截至 2023 年，已聚集设计研发人员 8 645 人，创新人才规模在所考察园区当中所属前列。

我国设计类园区正逐步向创新设计转型，这种转型不仅体现在人才结构的优化上，更体现在园区发展战略的深刻变革中。未来，我们有理由相信，这些园区将在技术研发、设计创新和市场应用等方面取得更加辉煌的成就，为我国经济的可持续发展注入新的活力。

将创新型人才分为设计创新人才及技术创新人才，分别将各园区设计创新人才与工程创新人才的最大值设为 1，其余数值按其与最大值的比例进行排列，其结果如图 6-9、图 6-10 所示。

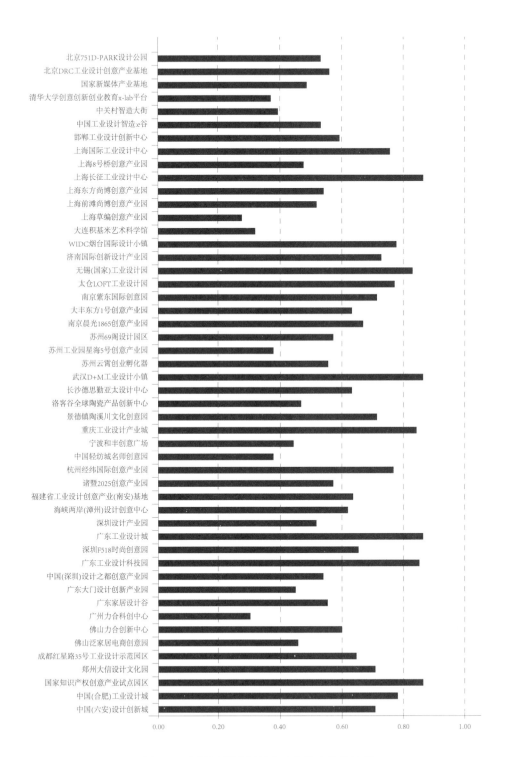

图6-9　各园区设计创新人才占总人数的比例

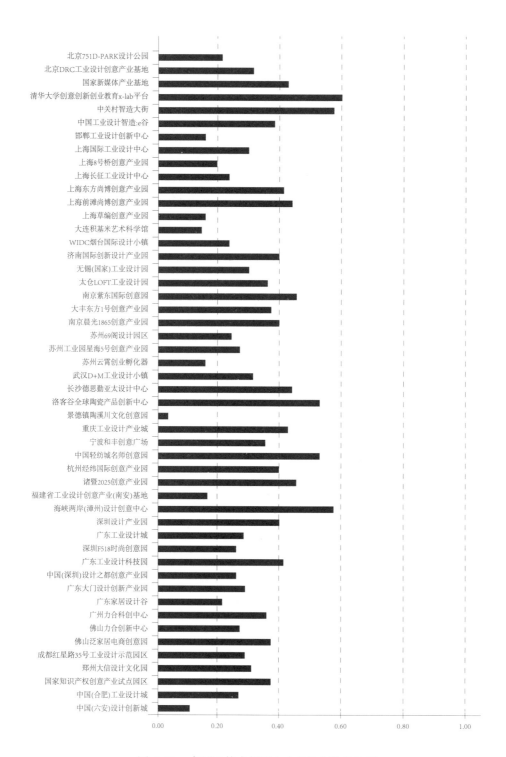

图 6-10　各园区技术创新人才占总人数的比例

6-3-4

园区经营配套能力

产业园区凭借其高度集成的基础设施、政策扶持、信息流、资金流、技术革新以及人力资源，已经肩负起集合创新资源、培育产业集群、驱动城市化进程的重大责任，成为众多地区推动转型升级、塑造新增长引擎的标志性区域。在这些园区中，相关配套设施对于其运营和发展至关重要，当前主要包括商务办公配套、企业经营管理服务体系配套、商业服务配套以及专业设计资源配套等。这些配套设施的完善，为园区的持续繁荣提供了强有力的支撑。

一、商务办公配套

园区商务办公配套是专为驻园企业精心打造的基础办公服务支持体系。这一体系涵盖了共享办公空间与会议空间的灵活配置，以及打印、快递、物流等基础办公服务的全面覆盖。这些服务不仅满足了企业经营的日常需求，更是其高效运作和持续发展的基石。作为园区的最基础配套服务，它们为企业提供了稳定、便捷、高效的办公环境，助力企业聚焦于核心业务，实现更高的商业价值。

二、企业经营管理服务体系配套

园区企业经营管理服务体系配套，旨在为入驻企业提供一站式、全方位的经营过程支持。该体系涵盖了税务筹划与咨询、法律咨询与保护、财务管理与优化、融资协助与对接，以及资源对接与整合等多维度服务。这些专业、高效的服务不仅为企业解决日常运营中的种种难题，更在关键时刻为企业提供关键支持，确保企业能够安心经营、稳健发展，从而在竞争激烈的市场环境中脱颖而出。这一配套层级是园区经营管理进一步升级的重点。

三、商业服务配套

商业服务配套是园区运营中至关重要的组成部分，涵盖了多元化的商业设施，如风味餐厅、精致咖啡厅、便捷便利店、金融机构（如银行）、高品质酒店、文化气息浓厚的书店以及充满活力的综合商业街等。这些商业配套不仅为园区内的企业和员工提供了日常所需的各类服务，同时也以其丰富的业态和独特的魅力，吸引着周边居民和广大人群前来消费和体验。通过商业的方式，这些配套内容与人群形成了紧密的互动，不仅丰富了人们的日常生活，也为园区的繁荣发展注入了源源不断的活力。

四、专业设计资源配套

园区专业设计资源配套是园区精心构建的一项创新支持体系，旨在通过资源对接的方式，广泛汇聚国内外一流的设计资源和智慧。这不仅包括与国内顶尖设计团队的深度交流与合作，还涵盖与国内一流高校产学研合作平台的搭建，以及与国际知名专家的学术讲座和经验交流。通过这些丰富多元的设计资源配套，园区旨在营造一种创新设计的浓厚氛围，进一步促进设计创意的碰撞与融合，形成强大的设计创新集聚效应，为园区内企业的发展注入源源不断的创新动力。

通过对这 50 家园区的考察，我们发现目前我国园区经营配套已经十分成熟，大多数园区在商务办公配套、企业经营管理服务体系配套和商业服务配套方面已经发展得很好。大部分园区的企业在商务办公配套、企业经营管理服务体系配套是通过在园区内引入对应企业，通过企业之间的经营互补来达到企业服务配套的支持，这样的方式降低了管理成本，同时也更好地提升了园区内企业发展的健全性，降低了企业发展的成本。例如国家新媒体产业基地以多维创新园、新媒体文化创新展示交易空间为代表的老工业厂房改造升级项目，利用老工业厂房等闲置资源，建设面向文化创意全产业链的多功能服务中心。

商业服务配套方面则是通过园区通体规划，引入相关的商铺，从而构建起相应的商业体系，为园区发展注入活力。专业设计资源配套方面部分园区发展得很好，园区内的文化交流已经成为常态，例如751D·PARK 会定期举办各种文化交流活动，包括引入国际著名设计师的服装发布会，潮流文化交流活动等，已经成为集文化创意、设计交流、艺术展示等多功能于一体的园区综合体。上海东方尚博创意产业园积极构建融社区、街区、文化创意于一体的新型开放式园区生态，已经取得了良好的发展。

本次园区经营配套服务建设情况总计分为 1~7 七个水平，将园区相关经营配套服务建设情况的自评数值中的最大值设为 1，其余数值按其与最大值的比例进行排列，其结果如图 6-11 所示。

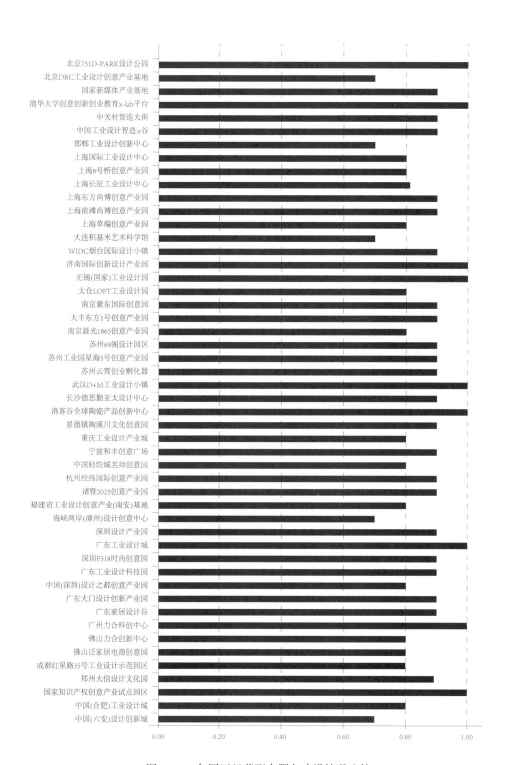

图 6-11　各园区经营配套服务建设情况比较

6-4

设计类园区社会化服务能力情况分析

6-4-1

园区社会化服务能力情况分析

公共服务平台建设是本次园区综合发展力考察的重要部分，作为地方产业整合升华的聚集地，公共服务平台的建设能为行业提供创业孵化、资讯共享、技术提升等服务支持，甚至能以杠杆效应带动地区经济、科技与文创水平的发展。

通过对调研资料进行对比分析可知，被统计的园区当中，公共平台服务建设方面受地域发达程度以及地区资金支持程度不同，表现出一定的差异，但是整体来看，全国几乎所有的园区都在积极搭建服务平台，扩大服务平台的数量和规模。

园区年度平台建设投资金额从数十万元到数亿元不等，呈现出特定的数额或区间聚集的状态，但整体来看，平台建设投资力度都在不断加大，公共服务平台的数量少则 2~3 个，多则十几个，类型逐渐趋于全面和丰富。由于设计类企业大都属于小微企业，其进行独立成长和发展受到诸多因素限制。从调研资料来看，园区公共服务平台的建设大致可分为材料和工艺成型等技术支撑平台、品牌推广或展示平台、法律咨询平台、工业设计企业孵化和投融资服务平台、工业设计人才培训和专家交流平台、工业设计产品展示与用户体验平台等。这些平台为企业从多个角度提供了发展支撑。园区的公共服务平台建设一方面帮助了园内企业的成长和发展，另一方面为企业更好地与区域产业资源对接提供了条件。进一步帮助制造企业进行转型升级，为制造业提供前端设计服务，降低生产成本，通过外观设计和结构改造等，增加产品价值，提高企业核心竞争力。充分发挥平台优势和资源，为制造企业设计创新提供一站式服务以及完整的产业链支撑。例如国家新媒体产业基地通过集聚高端人才和强化政府服务职能，为企业发展创造创业生态环境，以产业聚人才，实现人才集聚和产业发展相互促进，健全不同发展阶段的创业孵化器和孵化机制，着力为创新创业提供资源、搭建平台，充分发挥拾遗补缺作用，扶持创业和创新企业做大做强。设计园区的发展已经逐渐平台化，其对于企业的孵化扶持已经成为入驻企业考察园区的重要指标。

本次公共服务平台的建设情况总计分为 1~7 七个水平，将园区公共服务平台建设情况的自评数值中的最大值设为 1，其余数值按其与最大值的比例进行排列，其结果如图 6-12 所示。

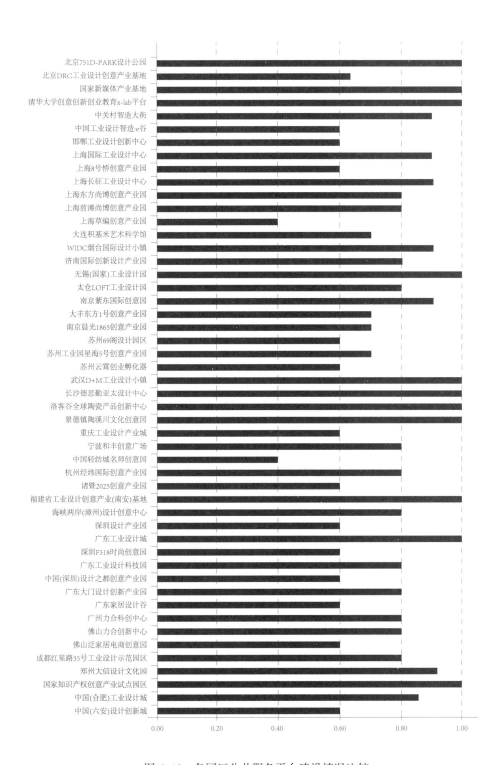

图 6-12　各园区公共服务平台建设情况比较

6-4-2

园区人才培训活动情况

在纳入统计的 50 家园区中，超过 90% 的园区都积极开展了多元化的培训活动，旨在为企业和人才提供全面的成长和发展机会。这些培训活动从时间的角度来看，主要划分为两大类：日常定期培训和不定期培训。整体来看，定期培训与不定期培训的比例大致为 1:2，这体现了园区在培训安排上既注重规律性和系统性，又兼顾了灵活性和实效性。

培训内容的设置十分丰富和全面，涵盖了企业所需的知识产权保护、科技计划申报、创新基地建设、文创产业发展、品牌建设策略、企业战略咨询等多个方面。此外，还特别针对工业设计技能的提升、设计师的岗前实训、项目孵化、投资咨询、政策申请、专利申请以及高精尖产品研发辅导等进行了深入培训。这些培训内容不仅贴近企业实际需求，也反映了园区对于人才专业技能和综合素质提升的高度重视。

在培训导师的选拔上，园区也颇为用心。除了来自专业培训机构的资深导师外，还经常邀请行业内的著名专家、优秀企业负责人等担任客座讲师。这些导师凭借丰富的实践经验和深厚的专业知识，为学员们提供了宝贵的学习机会和成长平台。

培训对象的范围也十分广泛，从园区企业的设计主管、设计研发人员、优秀设计师，到运营管理人员等各个层面都有所涉及。这种全方位、多层次的培训模式，使得园区内的每一个成员都能从中受益，实现自我价值的提升。

从园区培训所面对的人数来看，培训规模分为三个主要区间：1 000 人以上的大规模培训、100 至 500 人的中等规模培训以及 100 人以下的小范围培训。这三个区间的培训数量相当，体现了园区在培训规模上的均衡发展和多样化选择。园区通过培训活动不仅为企业和人才提供了宝贵的学习资源，更搭建了一个学习交流、开拓市场、项目对接和拓展人脉的广阔平台。这种资源整合和互通有无的方式，进一步体现了园区对于驻园企业多角度、全方位的经营理念的提升。

对于本次园区人才培训活动的评估，我们采用了 1 至 7 分的量化评分体系。其中，将园区人才培训活动情况自评数值中的最大值设为 1 分，其余数值则根据其与最大值的比例进行排列。如图 6-13 所示，这一评估结果直观地展示了各园区在人才培训活动方面的表现和差异，为园区未来的发展提供了有益的参考和借鉴。

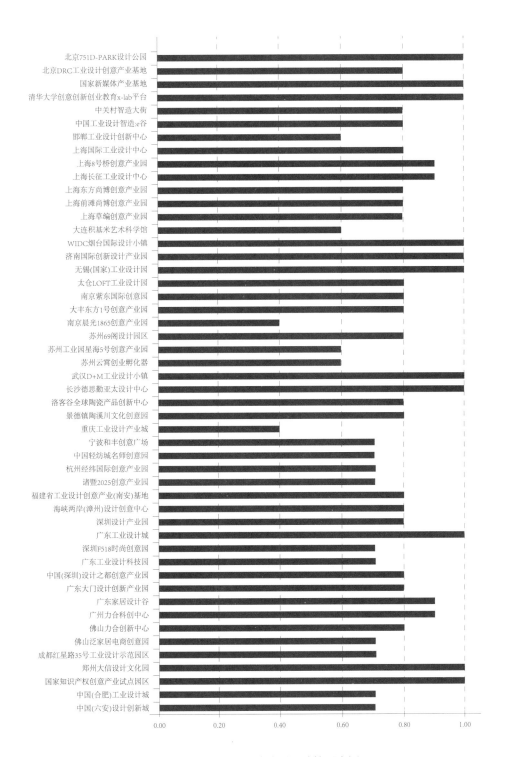

图 6-13　各园区人才培训活动情况自评

6-4-3

园区设计专题论坛或讲座活动情况

经过对统计资料的详细分析，我们发现所有被调查的园区均积极开展了园区讲座活动，这一举措充分展示了园区对于知识传播和学术交流的重视。从讲座的参与人数来看，尽管有个别园区成功吸引了超过 1000 人的规模，但绝大部分园区将讲座面向的人数控制在了 100 至 500 人之间，这一区间不仅保证了讲座的参与度，同时也确保了信息的有效传达和交流质量。

讲座的主题丰富多样，涵盖了设计教育、设计理论、设计与经济、商业模式等多个领域，以及传统文化在设计中的应用、设计点评、设计的智能化转变艺术解析、专利保护与设计思维等前沿话题。这些讲座不仅为驻园企业带来了时下最先进的技术和优秀的设计理论，还促进了园区及驻园企业与时俱进，不断追求创新和突破。

此外，高达 80% 的园区还举办过围绕设计专题的论坛活动。这些论坛的主题选择大都依据园区内企业的主要设计领域和需求情况而定，包括行业年度峰会、设计相关的趋势讨论、材料工艺、设计市场、经验分享等方面。论坛不仅扩大了园区的知名度和区域影响力，更为园内企业提供了一个获取最新趋势咨询、进行广泛交流合作的宝贵平台。

对于本次园区的设计专题论坛或讲座活动，我们采用了 1 至 7 分的量化评分体系进行评估。其中，将园区设计专题论坛或讲座活动的自评数值中的最大值设为 1 分，其余数值则根据其与最大值的比例进行排列。如图 6-14 所示，这一评估结果清晰地反映了各园区在设计专题论坛或讲座活动方面的表现和差异，为园区的持续发展提供了有益的参考。

6-4-4

园区开展的国际交流情况

在国际交流活动方面，园区同样展现出了极高的积极性。交流主题主要集中在设计探讨与设计创新两个方面，通过这些国际设计交流活动，园区成功接触了国际优秀的设计院校及机构，引入了先进的设计理念。结合我国的国情及不同地域的设计发展状况，园区不断探索发展机遇，推动设计与国际接轨。据统计资料显示，各园区均开展了各种形式的国际交流活动，其中活动次数以 2 至 3 次居多，部分园区更是达到了 10 次以上。

对于本次园区的国际交流活动，我们也采用了 1 至 7 分的量化评分体系进行评估。将园区国际交流活动的自评数值中的最大值设为 1 分，其余数值按其与最大值的比例进行排列。如图 6-15 所示，这一评估结果直观地展示了各园区在国际交流活动方面的活跃度和成效，进一步证明了园区在推动国际化合作、提升设计水平方面的不懈努力。

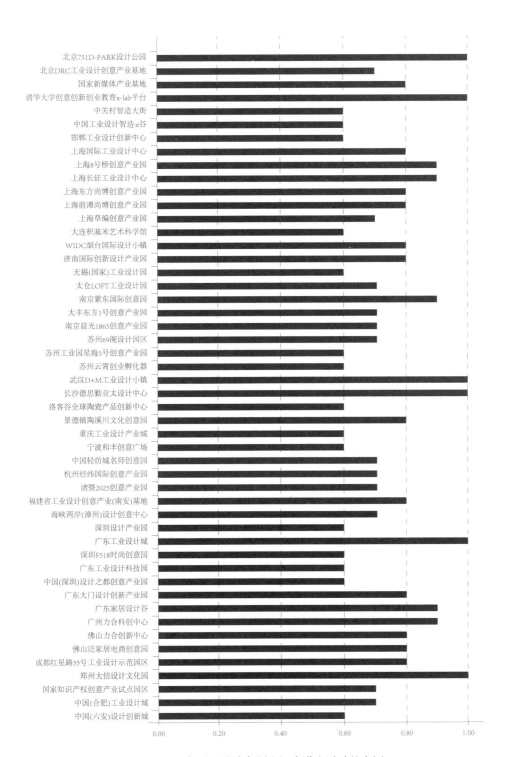

图 6-14　各园区设计专题论坛或讲座活动的自评

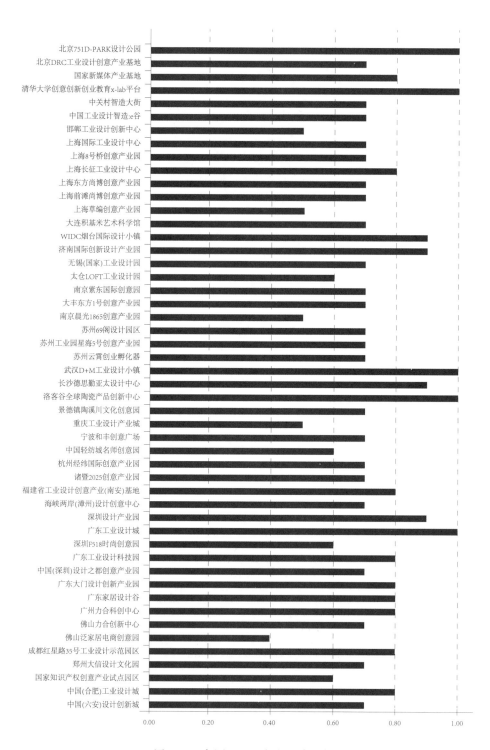

图6-15 各园区国际交流活动的自评

6–5
设计类园区自主立项与产学研情况分析

经过对 50 家园区的详尽分析，我们发现接近 85% 的园区在自主创新立项方面展现出了显著的活跃度，这一比例相比 2017 年增长了 32%。这些创新立项并非简单地响应外部需求或甲方委托，而是园区自发倡议、组织、投资并监管的。这些立项的目的并非直接追求经济效益，而是更侧重于为园区构建丰富的知识储备，为未来的持续发展奠定坚实基础。

这一现象深刻地反映了国内设计类园区自主创新意识的显著增强。它们不再满足于仅仅作为"二房东"、"扶植基地"或"企业保姆"等传统角色，而是开始积极探索并发挥自身的主动性和创新性。园区基于其所在地域的产业特性、自身的软硬件设施基础以及外部资源，精心策划并实施了这些自主创新项目，以期在知识储备、技术创新和品牌影响力等方面取得更大的突破。

6–5–1
园区自主创新立项能力

从具体的园区来看，北京 751D · PARK、国家新媒体产业基地、广东工业设计城、江苏南京紫东国际创意园、广东深圳设计之都、郑州大信设计文化园等园区在非平台建设类的自主创新立项方面均有所投入。这些园区的投资金额分布在百万层级和千万层级之间，且项目主题广泛，包括知识产权保护、技术研发、创意平台建设等多个方面。这些项目涵盖了知识产权管理、成果转化、开放性技术研究院建设、软件与信息服务提升、工业设计强化、SUV 平台技术设计传感器研发、创意基础设施建设以及助残辅具等多个领域，充分体现了园区在自主创新方面的多元化和前瞻性。

园区自主创新立项的活跃不仅反映了其创新意识的提升，也体现了其品牌增值意识的加强。通过不断创新和积累，园区在提升自身综合经营能力的同时，也为企业和地区的发展注入了新的活力和动力。这些创新立项的成果将成为园区宝贵的财富，为其在未来的市场竞争中占据有利地位提供有力支持。

本次对园区自主创新立项能力的评估采用了 1 至 7 分的量化评分体系。我们将园区自主创新立项能力自评数值中的最大值设为 1 分，其余数值则根据其与最大值的比例进行排列。如图 6-16 所示，这一评估结果直观地展示了各园区在自主创新立项方面的能力和水平，为园区的未来发展提供了有益的参考和指导。

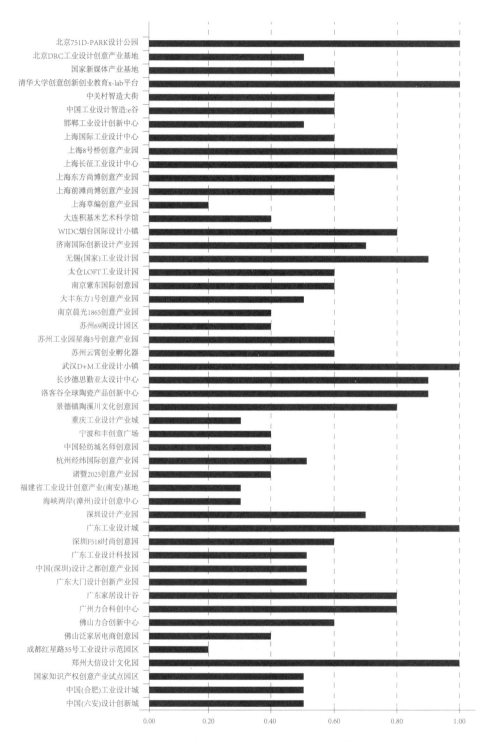

图6-16　各园区自主创新立项能力的评估

6-5-2

园区产学研联合孵化开创类活动

产学研联合孵化，作为一种前瞻性的合作模式，深刻融合了科研、教育与生产三大社会分工的核心功能与资源优势，展现出无与伦比的协同效应。其精髓在于，它能够打破传统界限，实现技术创新链条上、中、下游的无缝对接和高效协同，形成一个集研究、开发、生产于一体的综合性强大系统。这种综合优势不仅在于单一领域的专业深度，更在于跨领域合作的广度与深度，使得各方能够充分发挥各自的特长，共同推动创新成果的诞生。

根据我们详尽的数据采集与统计分析，北京 751D · PARK、清华 X-LAB、中关村智造大街、广东工业设计城、广东深圳设计之都、北京 DRC、江苏大丰东方 1 号创意产业园、江苏南京紫东国际创意园、江苏无锡国家工业设计园、南京晨光 1865、武汉 D+M 工业设计小镇、郑州大信设计文化园等园区均积极投身于产学研联合孵化的实践之中，占比高达被调研园区总数的 60%。这些孵化项目各具特色，涵盖了从节能系统到文创项目研究智库，从高校在校生设计营到创意港等多个领域，充分彰显了产学研联合孵化的丰富性与创新性。

值得特别关注的是，部分孵化项目在规划与实施过程中，不仅关注于短期内的具体产品、服务或系统的产出，更着眼于构建一种长期稳定的产学研联合模式。例如，一些园区已经开始积极打造研究生工作站，以此作为产学研联合孵化的重要平台，旨在吸引和培养更多的高层次人才，推动产学研联合的长远发展。这种转变深刻反映了园区对于地方产业资源与智库外脑整合的深刻理解和积极态度，预示着产学研联合孵化模式将朝着更加深入、更加广泛、更加持久的方向发展。这不仅将极大地推动科技创新与产业升级，也将为我国的经济社会发展注入新的活力。

为了更直观地展示各园区在产学研联合孵化方面的开创性活动情况，我们采用了 1 至 7 分的量化评分体系进行评估。其中，我们将园区自评数值中的最大值设为 1 分，其余数值则按照与最大值的比例进行排列。如图 6-17 所示，这一评估结果为我们提供了清晰的园区排名与分布情况，有助于我们更深入地了解各园区在产学研联合孵化方面的实力与潜力。

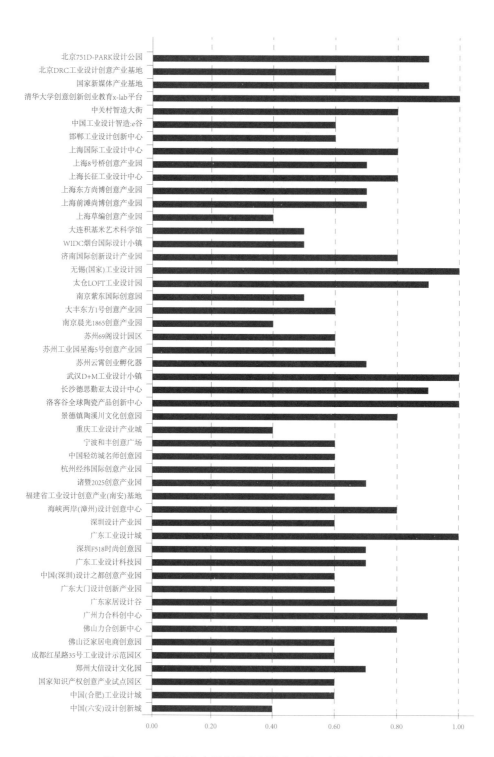

图6-17 各园区在产学研联合孵化方面的开创性活动自评

6-6
园区产业协同配置能力

园区产业协同配置能力是指园区在推动驻园企业在产业间合作与协同发展过程中，通过优化资源配置、提升产业链效率、促进技术创新和市场共享等方式，实现园区整体产业竞争力提升的能力。这一能力对于园区的可持续发展和经济增长具有重要意义，园区产业协同配置能力无疑是衡量其发展水平的关键指标。

6-6-1
园区入驻企业业务互补性自评

一、驻园企业业务互补

园区驻园企业业务互补是指园区内不同企业之间在业务上形成相互补充、相互促进的关系，从而实现资源共享、优势互补，共同推动园区的整体发展。这种业务互补的模式在产业园区中具有重要意义，主要体现在以下几个方面：

资源优化利用：园区内的企业各自拥有不同的资源和优势，如技术、资金、市场渠道等。通过业务互补，企业可以共享这些资源，实现资源的优化利用，降低生产成本，提高生产效率。

产业链完善：业务互补有助于形成完善的产业链。园区内的企业可以根据自身的特点和优势，在产业链的不同环节发挥作用，形成上下游紧密协作的产业生态系统。这种产业链完善有利于提升整个园区的产业竞争力。

市场拓展：园区内的企业可以通过业务互补，共同开拓市场，实现市场资源共享。企业之间可以相互介绍客户、分享市场信息，共同拓展业务领域，提高市场占有率。

技术创新：业务互补还可以促进技术创新。园区内的企业可以在技术研发、产品创新等方面进行合作，共同推动技术创新和产业升级。这种技术创新有利于提升企业的核心竞争力，推动园区的可持续发展。

根据我们最新的调研自评数据，可以清晰地观察到，当前我国设计类园区在进行企业招商规划时，已经开始有意识地注重企业之间业务的互补性设计。通过精心策划和布局，园区成功吸引了具有不同业务特长和资源优势的企业入驻，从而在园区内形成了一个互补性强、协同高效的产业生态环境。这种环境有助于企业之间的资源共享、信息交流和技术合作，进一步推动了园区的创新发展和产业升级。

各园区在驻园企业业务互补方面的发展情况，我们采用了 1 至 7 分的量化评分体系进行评估。其中，我们将园区自评数值中的最大值设为 1 分，其余数值则按照与最大值的比例进行排列，如图 6-18 所示。

图6-18 各园区在驻园企业业务互补方面的发展情况评估

6-6-2

**园区入驻企业产业
链协作能力自评**

二、驻园企业产业链协作能力

设计类园区驻园企业产业链协作能力是园区产业核心竞争力的重要
体现，它涉及企业间在产业链各个环节的紧密配合与高效协作。这种协
作能力不仅有助于提升园区的整体运营效率和创新能力，还能增强园区
的吸引力和竞争力。这些企业之间通过紧密的协作，能够形成完整的产
业链条，实现资源的优化配置和价值的最大化。例如，在设计研发阶段，
企业可以共享设计资源、交流设计理念，共同推动设计创新；在生产制
造阶段，企业可以优化生产流程、提高生产效率，确保产品质量；在市
场营销阶段，企业可以共享市场资源、拓展销售渠道，提高市场占有率。
企业产业链协作是比业务互补性进一步的深入合作。

设计类园区的驻园企业产业链协作能力体现在资源共享、业务衔接、
技术创新、市场拓展、人才培养、信息交流和政策引导等多个方面。这
些方面的协作能力共同构成了园区内企业间高效协同的产业链环境，推
动园区的创新发展和产业升级。

经过本次深入的考察与访谈，我们欣喜地发现，国内设计园区在推动
驻园企业产业链协作方面已经取得了显著成果，并探索出了具有自身特色
的路径。以广东工业设计城为例，园区通过一系列创新举措，有效地促进
了企业间的交流与协作。广东工业设计城定期召开企业座谈会，为企业提
供了一个交流与分享的平台。这些座谈会不仅加深了企业间的了解与信任，
还促进了业务上的互补与协作。同时，园区还建立了企业信息共享系统，
实现了信息资源的快速流通与共享，进一步提高了企业间的协作效率。为
了推动产业链上下游企业之间的紧密合作，广东工业设计城积极组织对接
活动。例如，园区会组织驻园企业共同参观相关产业的领头生产基地，这
不仅有助于企业了解行业最新动态，还能促进产业链上下游企业之间的深
度交流与合作。此外，广东工业设计城还为驻园企业提供了一系列培训和
支持服务，旨在帮助企业提升协作能力和水平。为了激励企业之间的协作，
园区还建立了相应的激励机制。通过设立协作奖励、合作项目补贴等方式，
园区鼓励企业积极参与协作活动，共同推动园区的创新发展和产业升级。

各园区在驻园企业产业链协作方面的发展情况，我们采用了 1 至 7
分的量化评分体系进行评估。其中，我们将园区自评数值中的最大值设
为 1 分，其余数值则按照与最大值的比例进行排列，如图 6-19 所示。

图 6-19　各园区在驻园企业产业链协作方面评估

6-6-3

园区周边产业辐射能力

三、园区周边产业辐射能力

设计园区的周边产业辐射能力是其影响力和带动作用的重要体现，它反映了园区在促进区域经济发展、推动产业升级以及带动相关产业链发展方面的能力。

（1）辐射周边产业，推动区域经济发展。设计园区作为创新高地和产业集聚地，其强大的创新能力和产业集聚效应能够显著推动周边区域的经济发展。园区内的设计企业和相关产业通过提供高质量的设计服务、研发新产品、引入新技术等方式，为周边企业提供了强大的支持，推动了区域经济的转型升级。

（2）产业链的延伸与拓展。设计园区不仅聚焦于设计本身，还涉及与之相关的产业链上下游企业。园区通过组织产业链上下游企业之间的对接活动、建立紧密的合作关系等方式，推动了产业链的延伸与拓展。这种产业链的拓展不仅增强了园区的产业竞争力，还带动了周边相关产业的发展，形成了更加完整、健康的产业生态系统。

（3）创新资源的集聚与扩散。设计园区作为创新资源的重要集聚地，吸引了大量的创新人才、技术和资金。这些创新资源在园区内形成了强大的创新能力和竞争优势，并通过园区内的企业、研究机构等向周边地区扩散。这种创新资源的集聚与扩散不仅推动了园区的持续发展，还带动了周边地区的产业升级和经济发展。

（4）品牌效应与区域形象的提升。设计园区通过打造具有影响力的品牌和设计产品，提升了园区的知名度和美誉度。这种品牌效应不仅吸引了更多的企业和人才入驻园区，还提升了整个区域的形象和吸引力。同时，园区内的企业也通过参与各种设计比赛、展览等活动，展示了自身的实力和成果，进一步提升了园区的品牌价值和影响力。

我们可以发现，我国设计园区的产业辐射能力有了很大提升，部分园区已经形成了周边产业辐射优势，甚至开始有意培育周边产业的发展，从而构建周边健全的产业生态。

各园区周边产业辐射能力的发展情况，我们采用了 1 至 7 分的量化评分体系进行评估。其中，我们将园区自评数值中的最大值设为 1 分，其余数值则按照与最大值的比例进行排列，如图 6-20 所示。

图 6-20　各园区周边产业辐射能力评估

6-6-4

**园区产业集聚度
自评**

四、园区产业集聚度

设计园区的周边产业辐射能力是其影响力和带动作用的重要体现，它反映了园区在促进区域经济发展、推动产业升级以及带动相关产业链发展方面的能力。

（1）辐射周边产业，推动区域经济发展。设计园区作为创新高地和产业集聚地，其强大的创新能力和产业集聚效应能够显著推动周边区域的经济发展。园区内的设计企业和相关产业通过提供高质量的设计服务、研发新产品、引入新技术等方式，为周边企业提供了强大的支持，推动了区域经济的转型升级。

（2）产业链的延伸与拓展。设计园区不仅聚焦于设计本身，还涉及与之相关的产业链上下游企业。园区通过组织产业链上下游企业之间的对接活动、建立紧密的合作关系等方式，推动了产业链的延伸与拓展。这种产业链的拓展不仅增强了园区的产业竞争力，还带动了周边相关产业的发展，形成了更加完整、健康的产业生态系统。

（3）创新资源的集聚与扩散。设计园区作为创新资源的重要集聚地，吸引了大量的创新人才、技术和资金。这些创新资源在园区内形成了强大的创新能力和竞争优势，并通过园区内的企业、研究机构等向周边地区扩散。这种创新资源的集聚与扩散不仅推动了园区的持续发展，还带动了周边地区的产业升级和经济发展。

（4）品牌效应与区域形象的提升。设计园区通过打造具有影响力的品牌和设计产品，提升了园的知名度和美誉度。这种品牌效应不仅吸引了更多的企业和人才入驻园区，还提升了整个区域的形象和吸引力。同时，园区内的企业也通过参与各种设计比赛、展览等活动，展示了自身的实力和成果，进一步提升了园区的品牌价值和影响力。

我们可以发现，我国设计园区的产业辐射能力有了很大提升，部分园区已经形成了周边产业辐射优势，甚至开始有意培育周边产业的发展，从而构建周边健全的产业生态。

各园区产业集聚度的发展情况，我们采用了 1 至 7 分的量化评分体系进行评估。其中，我们将园区自评数值中的最大值设为 1 分，其余数值则按照与最大值的比例进行排列，如图 6-21 所示。

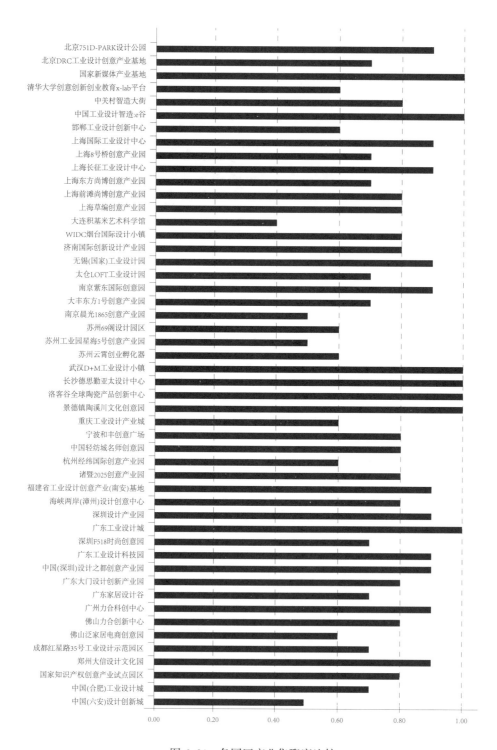

图6-21　各园区产业集聚度比较

第 7 章

设计园区综合发展力 指数呈现与趋势分析

Data analysis and interpretation of comprehensive development capacity of park

　　设计园区综合发展力指数呈现通过对园区综合发展里的整体数据进行汇总，呈现纳入考察的 50 家设计园区在综合发展力基础情况，社会化服务能力情况，自主立项与产学研情况，产业协同配置能力等方面的发展里指数。通过对园区综合发展力进行分析和比较，在不同层级区间内，园区综合发展力所呈现出的趋势主要表现为两个方面：一方面，部分园区分数近似，所表现出的综合发展力指数相近，甚至持平，这表明各地设计园区的建设水平开始趋向整齐；另一方面，少部分园区呈现出明显高于或低于平均的分数，这表明，即使是在园区规模及发展程度近似的情况下，园区经营的资源体体量也存在巨大幅差。

7-1

2018—2023 年度中国工业设计园区综合发展力指数说明

一、园区综合发展力指数说明

为全面、客观地评估中国工业设计园区的发展状况，本评估体系结合我国国情及工业设计行业的特性，筛选出 50 家具有代表性的工业设计园区，从园区基础配置、社会化服务能力、自主立项及产学研能力、产业协同配置能力等四个方面进行综合评估。

二、园区指数总分评估指标

1. 园区基础配置（权重：20%）

（1）物理设施：包括园区内建筑面积、办公设施、生产设施、展示中心等。

（2）技术设备：评估园区内技术设备的先进性、完备性及更新速度。

（3）基础设施：包括交通、通信、水电等基础设施的完善程度。

（4）绿化及环境：评估园区内绿化覆盖率、环境整洁度及舒适度。

2. 园区社会化服务能力（权重：25%）

（1）政策扶持：评估园区内政策优惠、税收减免等扶持政策的落实情况。

（2）金融服务：包括园区内金融机构的数量、服务种类及服务质量。

（3）人才服务：评估园区内人才引进、培养、交流等服务的完善程度。

（4）市场服务：包括园区内市场推广、品牌建设、国际合作等服务的提供情况。

3. 园区自主立项及产学研能力（权重：25%）

（1）自主立项：评估园区内企业自主立项的数量、质量及成果转化率。

（2）科研实力：包括园区内科研机构的数量、研究水平及与企业的合作情况。

（3）教育培训：评估园区内教育培训资源的丰富程度、培训内容的针对性及培训效果。

（4）创新氛围：包括园区内创新活动的活跃度、创新成果的展示及分享情况。

4. 园区产业协同配置能力（权重：30%）

（1）产业链完善度：评估园区内产业链上下游企业的集聚程度及

协作情况。

（2）企业间合作：包括园区内企业间合作项目的数量、质量及合作效果。

（3）资源共享：评估园区内资源共享平台的建设情况、资源利用效率及共享效果。

（4）协同发展机制：包括园区内协同发展政策的制定、实施及效果评估。

三、园区指数评估方法

采用定量与定性相结合的方法，对各项指标进行评分，最终加权汇总得出园区发展力指数。其中，定量指标根据客观数据进行评分，定性指标则通过专家评审、企业调研自评等方式获取评分。

四、理想指标

1. 园区基础配置

理想发展情况下，园区将拥有先进且完备的硬件设施，包括宽敞明亮的办公空间、高效的生产设施、现代化的展示中心等。技术设备方面，园区将引进最新、最先进的技术设备，并保持设备的持续更新，以支持企业的高效生产和研发活动。基础设施方面，园区将拥有完善的交通网络、高速的通信网络以及稳定可靠的水电供应，确保园区内企业的正常运营。同时，园区将注重绿化和环境保护，打造宜业宜居的环境。

2. 园区社会化服务能力

在理想发展情况下，园区将提供全面且高效的社会化服务。政策扶持方面，园区将积极争取和落实各项优惠政策，为企业减轻经营负担，提供有力支持。金融服务方面，园区将引入多家金融机构，提供多样化的金融服务，满足企业不同阶段的资金需求。人才服务方面，园区将建立完善的人才引进、培养和交流机制，吸引和留住高端人才，为企业发展提供人才保障。市场服务方面，园区将积极开展市场推广、品牌建设和国际合作等活动，提升园区的知名度和影响力。

3. 园区自主立项及产学研能力

在理想发展情况下，园区将拥有强大的自主创新能力和产学研合作能力。自主立项方面，园区将鼓励企业积极申报和承担各类科研项目，推动科技成果的转化和应用。科研实力方面，园区将引进和培育一批高水平的科研机构和创新团队，提升园区的整体科研水平。教育培训方面，园区将建立完善的培训体系，为园区内企业提供定制化的人才培训服务，提升企业的整体竞争力。创新氛围方面，园区将营造浓厚的创新氛围，鼓励企业间开展技术交流和合作，共同推动行业的创新和发展。

7-1-1

2018-2023 年度中国工业设计园区综合发展力指数总分

4. 园区产业协同配置能力

在理想发展情况下，园区将形成完善的产业链和强大的产业集聚效应。产业链完善度方面，园区将吸引上下游企业入驻，形成完整的产业链体系，降低企业的运营成本。企业间合作方面，园区将促进企业间开展紧密的合作和交流，形成合作共赢的发展格局。资源共享方面，园区将建立高效的资源共享平台，实现资源的优化配置和高效利用。协同发展机制方面，园区将建立完善的协同发展政策和机制，推动园区内企业的协同发展。

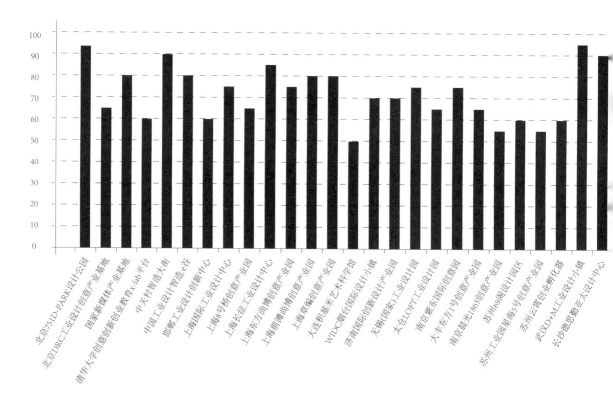

5. 指数说明与呈现

2018—2023 年度中国工业设计园区综合发展力指数总分是一个园区发展综合情况指数指标，该指数由园区基础配置、社会化服务能力、自主立项及产学研能力、产业协同配置能力四个方面的汇算分数加权得出（加权比例见图 7-1），最终形成汇总分数等级："优秀"等级指数为 86.3 分；"准优秀"等级指数为 73.7 分；"良好"等级指数为 61.8 分。各园区综合发展里指数总分结果如图所示。

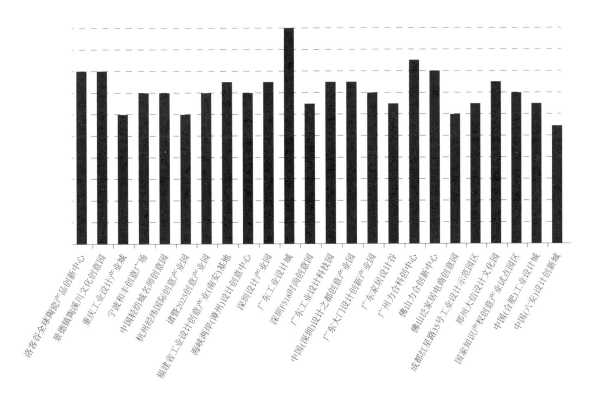

图 7-1　各园区综合发展力指数总分比较

7-1-2

2018—2023 年度中国工业设计园区综合发展力四大模块指数

一、园区基础配置情况指数

2018—2023 年度中国工业设计园区基础配置情况指数是反映园区基础运营能力的指标，由园区资产状况、园区驻园企业发展状况、园区人才结构状况、园区经营配套能力几个具体指标群构成，通过对以上指标进行考察后，进行加权汇算形成最终的园区基础配置情况指数（指数权重如下）。

1. 园区资产状况（权重：20%）

2. 园区驻园企业发展状况（权重：30%）

3. 园区人才结构状况（权重：20%）

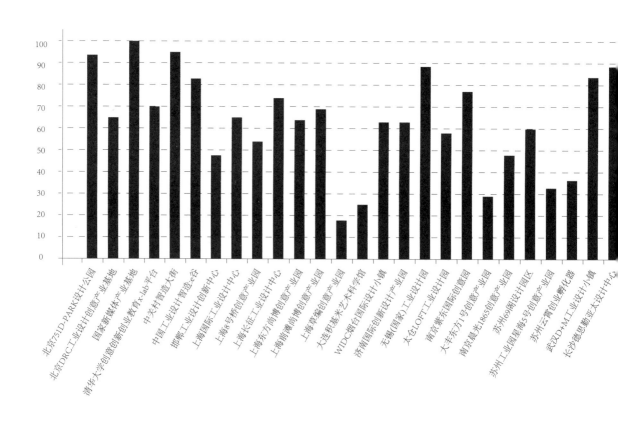

4. 园区经营配套能力（权重：30%）

通过对三类等级进行划分与均值计算，并对所得均值的数值进行百分制换算，可得 2018—2023 年度中国工业设计园区综合发展力模块 – 园区基础状况的等级指数："优秀"等级指数为 36.5 分，"准优秀"等级指数为 24.3 分，"良好"等级指数为 13.8 分。在"园区基础状况"模块的统计中，各园区在"优秀""准优秀""良好"三个等级的分布上较为平均，但三个等级的平均分值差异较大，体现出在园区综合发展能力的基础层面上，受园区经营规模以及组织构成影响较大，且全国范围内的设计类园区，在园区基础层面上表现出多样性。

2018—2023 年度中国工业设计园区综合发展力模块 – 园区基础状况均值结果如图 6-5 所示，各园区综合发展力模块 – 园区基础状况指数结果如图 6-6 所示。

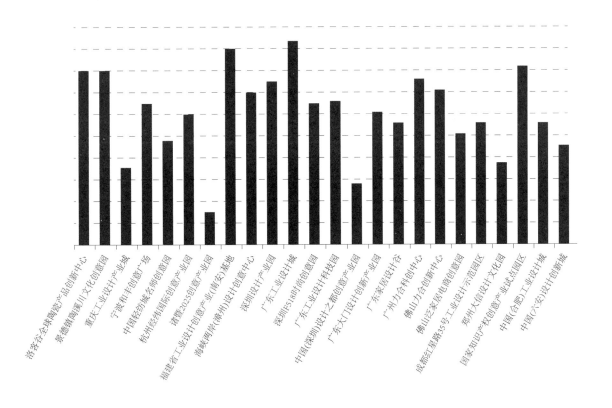

图 7-2　各园区基础配置情况指数比较

二、园区社会服务能力指数

2018—2023 年度中国工业设计园区社会化服务能力指数是反映园区社会化服务能力的指标，由公共平台建设、人才培训、园区设计专题论坛讲座集交流活动情况、园区国际交流情况几个具体指标群构成，通过对以上指标进行考察后，进行加权汇算形成最终的园区基础配置情况指数（指数权重如下）。

1. 园区公共平台建设（权重：30%）

2. 园区人才培训（权重：30%）

3. 园区设计专题论坛讲座集交流活动情况（权重：20%）

4. 园区国际交流情况（权重：20%）

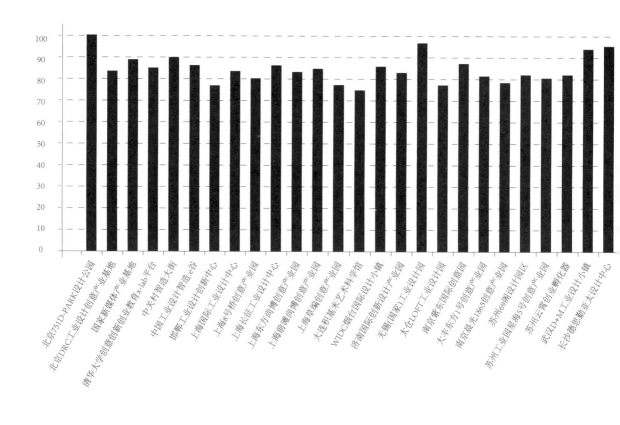

通过对三类等级进行划分与均值计算，并对所得均值的数值进行百分制换算，可得 2018—2023 年度中国工业设计园区综合发展力模块二——园区社会化服务能力的等级指数："优秀"等级指数为 90.5 分，"准优秀"等级指数为 75.3 分，"良好"等级指数为 50.0 分。在"园区社会化服务能力"模块的统计中，园区级别再"优秀"和"准优秀"的占绝大多数，且平分值比"良好"园区的平均分值高出很多，说明在园区社会化服务能力方面呈现出大部分园区成绩突出、部分园区尚需完善的发展现状。2018—2023 年度中国工业设计园区综合发展力模块 – 园区基础状况均值结果如图 6-5 所示，各园区综合发展力模块 – 园区基础状况指数结果如图 6-6 所示。

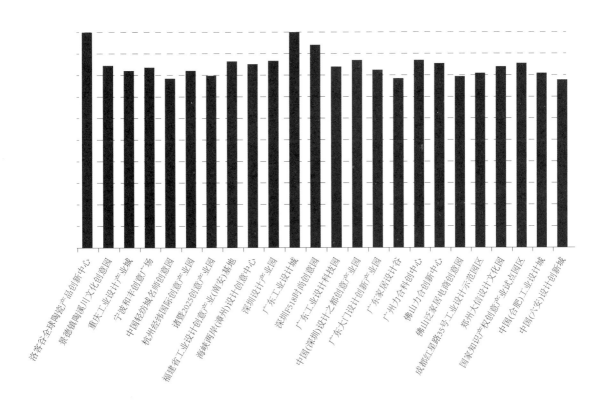

图 7-3　各园区园区社会服务能力指数比较

三、园区自主立项及产学研情况指数

2018—2023 年度中国工业设计园区自主立项及产学研情况指数是反映园区自主创新及产学研扩展情况的指标，由园区自主创新立项和园区产学研联合孵化开创活动两个指标群构成，通过对以上指标进行考察后，进行加权汇算形成最终的园区自主立项及产学研情况指数（指数权重如下）。

1. 园区自主创新立项（权重：50%）
2. 园区产学研联合孵化开创活动（权重：50%）

通过对三类等级进行划分与均值计算，并对所得均值的数值进行

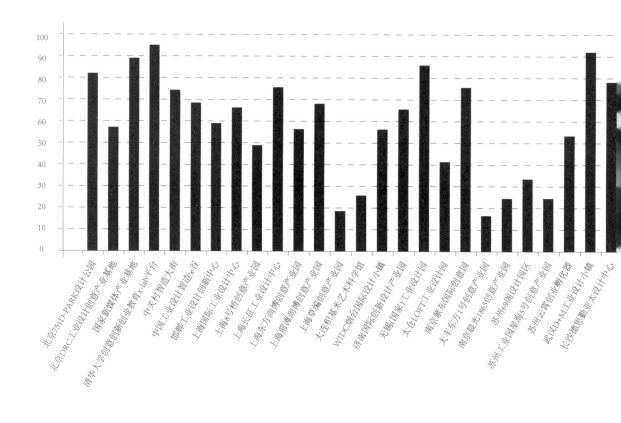

百分制换算，可得 2018—2023 年度中国工业设计园区综合发展力模块三——园区自主立项与产学研情况的等级指数："优秀"等级指数为92.7 分，"准优秀"等级指数为 73.5 分，"良好"等级指数为 56.9 分。

　　该指数表明，在"园区自主立项与产学研情况"模块的统计中，级别为"优秀"的园区的平均分值比"准优秀"与"良好"的园区的平均分值高出很多，说明园区综合发展力在社会认可度层面上，即园区自主立项与产学研情况方面少量园区成绩较为突出，且社会认可度较高。2018—2023 年度中国工业设计园区综合发展力模块三——园区自主立项与产学研情况均值结果如图 6-9 所示，各园区综合发展力模块三——园区自主立项与产学研情况指数结果如图 6-10 所示。

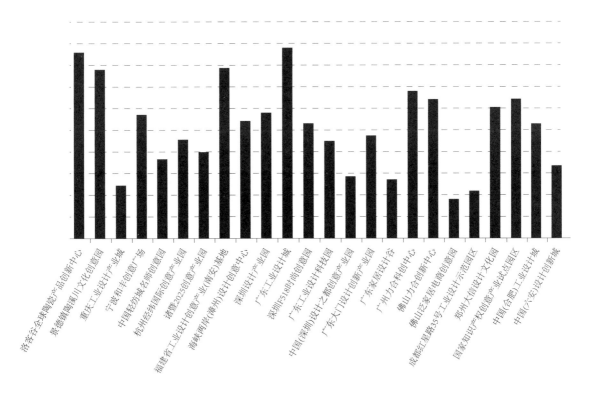

图 7-4　各园区自主立项及产学研情况指数比较

四、园区产业协同配置能力指数

2018—2023 年度中国工业设计园区产业协同配置能力指数是反映园区产业协同配置能力情况的指标，由园区驻园企业业务互补性、园区驻园企业产业链协作能力、园区周边产业辐射、园区产业集聚度几个指标群构成，通过对以上指标进行考察后，进行加权汇算形成最终的园区产业协同配置能力指数（指数权重如下）。

1. 园区驻园企业业务互补性（权重：20%）

2. 园区驻园企业产业链协作能力（权重：20%）

3. 园区周边产业辐射（权重：30%）

4. 园区产业集聚度（权重：30%）

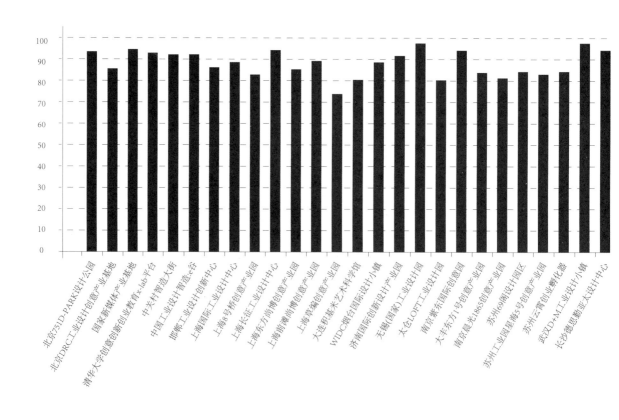

通过对三类等级进行划分与均值计算，并对所得均值的数值进行百分制换算，可得 2018—2023 年度中国工业设计园区综合发展力模块四——园区产业协同配置能力指数："优秀"等级指数为 90.5 分，"准优秀"等级指数为 72.3 分， "良好"等级指数为 58.9 分。

该指数表明，在"园区产业协同配置能力"模块的统计中，级别为"优秀"的园区的平均分值比"准优秀"与"良好"的园区的平均分值高出很多，说明园区综合发展力在社会认可度层面上，即园区产业协同配置能力方面少量园区成绩较为突出，且社会认可度较高。

2018—2023 年度中国工业设计园区综合发展力模块三——园区自主立项与产学研情况均值结果如图 6-9 所示，各园区综合发展力模块三——园区自主立项与产学研情况指数结果如图 6-10 所示。

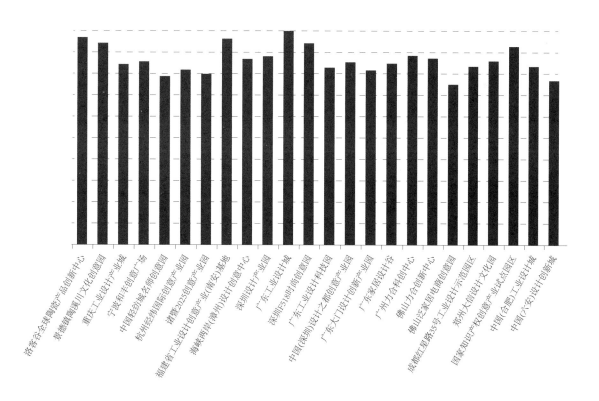

图 7-5　各园区产业协同配置能力指数比较

7-2
2018—2023年度中国工业设计园区综合发展力指数所反映园区发展趋势

设计园区作为我国设计产业发展的重要载体，其发展趋势不仅关乎设计产业的未来走向，也影响着我国创新能力和文化软实力的提升。因此，我们的分析旨在揭示设计园区在产业发展、技术创新、人才培养、文化交流等多方面的综合表现，以及它们在未来可能面临的挑战和机遇。在深入研究我国设计类园区的成长脉络与演变轨迹的过程中，我们结合了详尽的实地调研数据和专家评估意见，特别是依据了 50 位行业资深专家精心选定的园区样本及其综合发展指数，通过对这些数据的全面梳理和深入分析，我们得以把握设计园区的综合发展趋势，并形成了以下分析结果。

趋势一：设计类园区类型呈现多元化、丰富化趋势

随着工业设计行业的蓬勃发展，设计概念的普及和深化已经使得公众对设计的认可度显著提升。在这一背景下，设计类园区的类型也呈现出多元化、丰富化的趋势。

目前，设计园区的类型主要以文化创意类园区为主导，这些园区汇聚了众多创新创意人才，成为文化创意产业的重要孵化地。紧随其后的是创新孵化类设计园区，它们专注于为初创企业和设计师提供全方位的支持和服务，助力设计创新成果的孵化与转化。

此外，新媒体类园区和艺术类设计园区也崭露头角，它们分别聚焦于新媒体技术和艺术设计的融合，为相关领域的发展注入了新的活力。同时，各种细分领域的设计园区也如雨后春笋般涌现，如汽车文化创意园区、影视文化创意园区、音乐文化创意设计园区等，这些园区专注于某一特定领域的设计创新，推动了该领域的专业化、精细化发展。

值得一提的是，自 2018 年 7 月 18 日住建部、发改委和财政部联合发布《关于开展特色小镇培育工作的通知》以来，全国范围内的设计类特色小镇也迎来了快速发展的机遇。这些特色小镇不仅成为了乡村振兴的重要载体，也成为了设计产业集聚、创新发展的新高地。它们汇聚了各类设计资源，形成了完整的产业链和生态圈，为设计产业的持续发展提供了有力支撑。

趋势二：设计园区造血能力不断提升，开始自主发展开拓

设计园区的造血能力正稳步提升，这标志着一个重大的转变：从过去依赖政府补贴和企业房租的单一经营模式，到现在已经发展成为一个拥有自主发展能力、持续创新精神的多元化经济体。其经营方式正日益多样化、丰富化，不再局限于传统的房租收入。园区积极挖掘和拓展新的收入来源，如技术服务费、项目合作收益、知识产权转让费、投资收益以及对外开放类活动收益等，这些多元化的收入来源为园区的持续稳健运营提供了更为坚实的财务支撑。

此外，设计园区还通过深度整合产业链上下游资源，构建了一个紧密相连的产业合作关系网络。这种整合不仅显著提升了产业链的整体运行效率，还为园区带来了更多的商业机遇和利润增长点。同时，园区不断探索和创新服务模式，提供定制化设计服务、技术咨询、市场推广等增值服务，以满足企业日益多样化的需求，并为园区带来额外的经济收益。

这一系列的变革和创新，使得设计园区在经济发展中扮演着越来越重要的角色，成为推动区域经济增长和产业升级的重要力量。

趋势三：设计园区更具开放性

设计类园区的经营模式正日益展现出其开放性，逐渐摆脱了传统封闭产业园的局限，而是积极拥抱社会，构建成为一处共享的公共空间，对社会大众全面开放。这种转变不仅极大提升了园区的活力，还带来了诸多显著优势。

首先，设计类园区作为开放的交流平台，汇聚了设计师、企业家、创新者等多元化人才。他们在此分享经验、交流思想、碰撞创意，形成了知识共享和资源整合的良性循环。同时，园区向公众敞开大门，让更多人有机会参观、学习和体验，加强了园区与外部世界的联系，为园区发展开辟了更广阔的路径。

其次，园区定期举办丰富多样的社会类活动，如设计展览、讲座、研讨会、工作坊等，进一步彰显了其开放性和影响力。这些活动不仅为园区内的企业和个人提供了展示自身才华的平台，也吸引了广大社会大众的热情参与。人们通过这些活动，能够更深入地了解工业设计的魅力，激发对设计的兴趣与热情，从而提高了工业设计在社会中的认知度和地位。

再者，设计类园区的开放经营模式还有助于推动产业与社会的融合。通过参与园区的活动，人们能够直观地感受到工业设计对产业发展的巨大推动作用，认识到设计在提升产品竞争力、促进产业转型升级等方面的关键作用。这种融合不仅加深了社会对工业设计的重视，也为园区内的企业提供了更多的商业机会和合作伙伴。

最后，工业设计类园区的开放性经营模式对区域经济的发展起到了积极的推动作用。通过吸引更多的企业和人才入驻，园区形成了强大的产业集聚效应，促进了相关产业的发展和升级。同时，园区的开放性和共享性为周边地区带来了更多的商机和活力，推动了区域经济的繁荣与发展。

这种开放性的经营模式不仅增强了园区的活力和影响力，也为园区带来了更多的发展机遇和商业价值，这也是目前我国设计类园区的重要的经营发展趋势。

趋势四：工业设计园区风貌更加具有人文特征

我国工业设计类园区的整体风貌正日益凸显出丰富的人文特征。园区内，人性化的互动体验装置、网红打卡雕塑、多彩的商业街区、充满创意的艺术街区以及贴心的休息生活配套设施，共同构筑了一个充满人文情怀的工业设计空间。

这种人文特征风貌的形成，背后有着多方面的原因：

（1）地域与人文景观的深度融合：工业设计类园区在规划和建设过程中，巧妙地融合了所在城市或地区的地域特色和文化背景。这种融合不仅展现了园区现代化的工业设计特色，更赋予了其独特的人文气息。园区的外观设计与地域文化相得益彰，令人印象深刻。

（2）工业设计与文化传承的紧密结合：工业设计类园区不仅是创新生成的摇篮，更是工业文明和文化传承的重要载体。特别是那些以工业遗产为基础进行设计更新的园区，它们承载着丰富的历史文化底蕴。通过将现代生活方式与历史文化相结合，这些园区形成了集历史文化与现代生活于一体的城市综合体，既服务于社会，又承担着文化创新传承的重要使命。

（3）开放共享的文化交流平台：工业设计类园区秉持开放共享的经营理念，积极吸引社会大众和各界人士前来参观、学习和交流。这种开放共享的理念使得园区成为了一个文化交流的热土，不同领域和背景的人们在此汇聚，分享思想、碰撞创意。这种交流不仅推动了园区内部的创新与发展，也丰富了园区的文化内涵和人文特色。

（4）重视人才培养与人文关怀: 工业设计类园区深知人才的重要性，因此注重为设计师和创业者提供优质的培训和教育资源。这些资源不仅提升了设计师和创业者的专业素养和技能水平，更让他们深刻感受到工业设计的魅力与价值。在人才培养过程中，园区始终强调人文关怀和综合素质的提升，努力培养出一批既具备专业技能又富有人文素养的工业设计人才。

趋势五: 园区内公司的生态更加丰富

设计类园区的发展正聚焦于优化产业配置，通过精心打造企业生态，使园区内的企业更加多元化，同时展现出高度的产业互补性。这种策略进一步强化了园区的产业集聚效应，为入驻企业降低了运营成本，显著提升了其市场竞争力。

经过深入考察，我们发现园区在吸引企业入驻时，不仅注重数量，更重视质量与行业适配性。园区有意识地对入驻企业进行产业和行业的区分与筛选，旨在构建一个完整且互补的产业链。这种主动的策略确保了园区内产业的全面性和协同性，为园区内的企业提供了更加优越的发展环境。

此外，设计类园区还积极与周边产业互动，主动培育并促进周边产业的集聚与发展。这种举措不仅增强了园区的产业辐射力，还进一步提升了园区的整体产业配置能力。园区通过突出其独特的产业优势，为驻园企业创造了更加优质的产业环境，从而推动了整个园区的可持续发展。

趋势六: 园区更加注重影响力的打造

影响力作为设计园区的无形资产，对于塑造园区品牌形象、吸引人才和资本、促进产业发展等方面具有至关重要的作用。当前，多数设计园区都深刻认识到这一点，并主动采取行动，通过精心策划和组织各类文化活动来增强园区的吸引力和影响力。这些文化活动不仅形式多样、内容丰富，而且紧密结合园区的定位和特色，为园区注入了新的活力。通过举办设计展览、讲座、研讨会、工作坊等文化活动，设计园区不仅为园区内的企业和设计师提供了展示和交流的平台，也吸引了大量外界的关注和参与。这些活动不仅提升了园区的人气，还增强了园区与外界的互动和联系，进一步扩大了园区的影响力。

第 8 章

中国工业设计园区 综合发展优秀园区典例

Outstanding industrial parks and enterprises in China Industrial Design Park

　　设计园区宛如精心培育花朵的沃土，它汇聚全社会的力量，营造出一个更加健康、积极的环境与氛围，使设计事业与当今社会的整体发展紧密融合，成为激发创业热情、推动创新创造的核心动力。聚焦于中国设计园区内驻园机构或企业的发展状况，就如同悉心关注这片沃土上花朵的茁壮成长。深入探索其成长历程与心得体会，是解读中国设计发展奥秘的宝贵途径。在中国工业设计协会专家工作委员会的权威推荐下，我们的研究团队对部分典型设计园区进行了详尽的考察。我们深入了解了园区的经营内容、发展模式，并与园区经理人进行了深入的交流。这一系列细致入微的调研，旨在探寻我国设计园区在微观典型层面上的发展脉络，以期为我国设计园区的未来发展提供有益的启示和指引。

8-1
年度优秀园区

在深度剖析和细致评估园区发展潜力的过程中，我们特别将焦点对准了那些经过行业专家精心挑选、独具显著优势和鲜明特色的重点研究园区。从这份精选的园区名录中，我们提炼出了最具代表性和示范性的几个园区，将其树立为典型优秀设计园区的标杆。最终经过专家委员会评选，筛选出了6家独具典型的园区，进行深度考察与访谈。对于这些标杆园区，我们进行了详尽的考察，不仅追溯了它们的历史渊源和发展脉络，还深入剖析了它们的运营特色。我们从园区的定位策略、运营理念、运营模式，以及当前的发展状况等多个维度，进行了全面而深入的剖析。

此外，我们还与这些园区的管理团队进行了深入的访谈。通过与这些业界前沿的领导者进行面对面的交流，我们获得了他们宝贵的见解和经验。他们不仅分享了园区在运营过程中遇到的挑战与机遇，还为我们揭示了园区成功的核心要素以及未来发展的方向。

这些深入的考察和交流，为我们提供了丰富的信息和启示，有助于我们更全面地了解优秀设计园区的成功之道，并为其他园区的发展提供有价值的参考和借鉴。

图 8-1　北京 751D · PARK 园区场景

8-2
751 D·PARK

"751 D·PARK"之所以成为中国汇聚设计生态的典范园区，首先是因为它珍视和保存了中华人民共和国成立之初充满工业 2.0 特色的设备、设施和厂区建筑群。巨大且弥散着那个时代的轰鸣机器和蒸汽热浪，让每一个亲临现场的人，都能感受时光倒流似的置身体验。这样的场所，对于今天的人们，实在是难得、稀奇和百般珍贵。

中华人民共和国诞生伊始，百废待兴。当时以苏联和东德为主的共产国际世界对我国的战略建设伸出援助之手。"751 D·PARK"的前身是北京电子管厂的能源支部，是纳入中华人民共和国第一个五年计划的一百多个战略建设项目之一的北京地区重点企业。厂区和厂房的具体援建方案均落实给了当时的东德，并由德方全面设计和建设。由于这个原因，当时的工厂建筑群完全依据现代主义建筑理念和当时最先进的工业企业群的能源辅助系统来规划和建设。设计完整、建筑坚固、形制专业。今天置身其中，俨然是一个充满时代气息、彻底体现现代主义建筑理念的教科书般的工业建筑群。这样的经典场域，对当代的每一个设计者都充满着天然的诱惑和无穷的引力。

国际化的视野、时代的担当和最先进的专业建设理念，以及与国家发展战略高度一致的发展意志，在"751 D·PARK"诞生之前就被赋予了独特的基因。不能不说，这些独特的因素一定会像血脉一样，为其未来的变革和发展的意志埋下深刻的潜能。在某种意义上，一个设计园区的成功，往往依托的不是一时之力和一时之需，而是源于历史的积淀、源于时代的传承，以及社会发展的机理与基础，如同园地的沃土和太阳的光芒。

作为当代中国设计园区发展的典例，"751 D·PARK"是研究中国设计园地建设的良好素材。其隶属于北京正东电子动力集团有限公司。前身是北京电子管厂的一个组成部分。独立担当着整个工厂系统的能源伺服机能。不仅为当时所在地区的国防工业，还为当时的周边生产企业和居民生活提供着动力产品。

北京电子管厂是我国"一五"期间重点建设的 156 个大型骨干工业项目之一。始建于 1954 年，建成于 1957 年。在诞生之初就带有强烈的国家设计战略和意志。厂区的设计和厂房的建设，均由当时的德国援助。有着强烈的现代主义设计理念和设计手法，是经典的现代主义工业建筑群。

8-2-1

园区简介

2003 年北京地区各煤气厂按照市政府能源结构调整退出运行。2006 年响应政府号召，利用煤气厂厂房、设备设施，工业资源再利用，发展文化创意产业。2007 年 3 月 18 日，"751 D·PARK"北京时尚设计广场（以下简称"751 D·PARK"）正式揭牌，让正东集团形成了能源产业与文化创意两条轨道共同发展的新格局。园区迅速成为北京市创意产业的集聚区之一。按照北京市委市政府的战略布局和战略要求，园区利用腾退出的煤气厂区（原北京市人工煤气气源厂之一），保护留存了具有现代主义工业建筑特质的工业建筑资源，将工业遗存与科技、时尚、艺术、文化紧密结合，在历史与未来的更迭交汇中发展创意设计、产品交易、品牌发布、演艺展示等文化产业内容，推动以服装设计为引领，涵盖多门类跨界设计领域的时尚设计产业。开园之初就设立了明确的发展方针，即保护、利用、稳定、发展。发展的原则是整体规划和分步实施。发展的目标是国际化、高端化、时尚化和产业化。发展定位以坚持设计为核心，围绕服务、共享、交流、交易、品牌孵化，致力于打造国际化、高端化、时尚化、产业化的创意产业集聚区，占地总面积为 22 万平方米。在发展理念上，其高度围绕首都功能定位，以创意设计为核心，依托于科技创新，文创内容运营，推动创新创业。以金融资本介入，依托智慧管理，推动资源集聚、产融结合进行，建立共享、协作服务体系。目前，入驻园区的设计师工作室及辅助配套类公司 130 家，其中服装设计、建筑设计、环境设计、家居设计等 70 余家，时尚设计类及相关配套类企业占比超过 80%，文化科技类企业近 20%。

8-2-2

园区发展机制

2007 年 3 月 18 日，"751 D·PARK"北京时尚设计广场正式成立。如今，正东集团形成了能源产业与文化创意产业两大产业共同发展的格局，成为北京市创意产业集聚区之一。"751D·PARK"共分为火车头温馨体验区、设计广场 A 座、动力广场、老炉区广场、1 号罐（79 罐）、7000 立方米储气罐、设计师大楼等主要展示区域，"751 D·PARK"以时尚设计为主题，展示、发布、交易为核心、产业配套、生活服务功能于一体的创意产业集聚地和时尚互动体验区为定位；以时尚设计为引擎，不断推动原创设计及国际交流，打造设计产业交易平台，引领时尚潮流。按照国际化、高端化、时尚化、产业化的发展目标提供全面完善的服务与配套设施。

如今，正东集团形成了能源产业与文化创意产业两大产业共同发展的格局。园区利用腾退出的煤气厂区（原北京市人工煤气气源厂之一）保护留存的工业资源特色，在历史与未来更迭交汇中，将工业遗存与科技、时尚、艺术、文化紧密结合，致力于发展创意设计、产品交易、品牌发布、演艺展示等产业内容，推动以服装服饰设计为引领，涵盖多门类跨界设计领域的时尚设计产业。

发展方针：保护、利用、稳定、发展；

发展原则：整体规划、分步实施；

发展目标：国际化、高端化、时尚化、产业化；

发展定位：坚持以设计为核心，围绕服务、共享、交流、交易、品牌孵化，致力于打造国际化、高端化、时尚化、产业化的创意产业集聚区；

发展理念：围绕首都功能定位，以创意设计为核心，依托于科技创新，文创内容运营，推动创新创业；让金融资本介入，依托于智慧管理，推动资源集聚、产融结合进行，建立共享、协作服务体系。

目前，入驻园区的设计师工作室及辅助配套类公司 130 家，其中服装设计、建筑设计、环境设计、家居设计等类 70 余家，时尚设计类及相关配套类企业超过 80%，文化科技类企业近 20%。

锁定设计，让城市具有文化凝聚力

"751 D·PARK"北京时尚设计广场，D·PARK 是 DESIGN PARK 的缩写。"751"以时尚设计为主题，以服装服饰设计为引导，涵盖多门类跨界设计领域，集品牌展示发布、产品交易为核心，产业配套、生活服务功能于一体的创意产区集聚地和时尚互动体验区，以"四化"（"国际化、高端化、时尚化、产业化"）为目标的创意产业基地。

在国际化上，"751"历史上是能源产业大军，培养了一批与历史同步的高精尖技术人才和管理人才。在能源行业，其整体生产线是当时的先驱，设备也是来自东德的高端设备，使"751"最初就具有国际化基因。因此，"751"园区定位新产业时首先要坚守国际化。

在高端化上，发展时尚产业，"751"为入驻园区的设计师和艺术机构设置了较高门槛。入驻设计师必须是每年时装周设计大赛的第一名或十佳设计师。园区也吸引了像中国服装设计师协会这样的行业机构入驻。该协会加入"751"的同时，把中国国际设计周带入"751"，引入设计师工作室、工作室相关资源，与"751"的空间资源和平台资源对位融合。

在时尚化上，时尚和设计是未来创意产业的龙头，也是激情迸发的业态。"751"时尚产业定位以服装服饰作为引领，设计以家居设计和陈设以及汽车设计为主业态，辅以其他业态如原创音乐、视觉设计等。这几个领域确定后，"751"对室内和室外的特型空间进行改造。如今，奔驰、奥迪每年的设计发布会都选择在这里，奥迪的亚太研发中心目前也已入驻"751"。

在产业化上，工业领域内打造时尚产业，必须促进传统制造业转型升级。如服装行业，要想转型，必须意识到竞争力与设计有关，这时企业的资源配置就会随之发生变化。因此，企业再往前发展时，可能就会侧重于设计、研发和市场环节，而不是将重点放在生产环节上。

让"751"成为北京的文化地标

"751"本身就是一个品牌，是需要品牌构建的。为了让人们一提到"751"就知道它是北京的时尚设计代表，或者代表了北京时尚设计的最高水平，"751"正在努力打造品牌效应。如"751"与《GQ》杂志、奥迪汽车合作举办过一些颁奖盛典，如果这些合作能让"751"在每年某一个时段、某一个内容领域发生某个品牌的项目活动，就会对"751"这个品牌有助推的作用。

为了让"751"的品牌能够深入人心，在规划中，从空间管理到内容策划再到产业延伸，"751"的发展脉络非常清晰，每年"751"一共举办多少次活动，其中多少活动是"751"策划的，如何让资源和内容立体化，这些构想"751"都在不断尝试和总结。"不同地方的资源不同，设计周与时装周都有同步开放的项目，我们会协调与设计师相关的资源，增加设计师的互动性和资源活性，增加他们之间的链接。通过活动扩大后续产业的影响，并尝试引入国际设计师，这些生态链都是一环套一环的。"季鹏表示。

同时，"751"也培养入驻的工作室、企业等，从前期、中期、后期介入园区的相关活动，而不仅仅是出租房屋。对于"751"来说，其目标是为园区提供空间并尝试经营，经营这些入驻企业相互之间的产业链条。季鹏说："我们常想，把家居和服装设计师聚集到一起能产生什么样的业态？时尚回廊入驻了玫瑰坊时尚文化会馆、意大利生活体验馆等，设计师郭培已经和意大利家居设计师产生了互动，让这些设计师长期以邻居形式联系在一起，慢慢就产生了合作、跨界和结合。

为文创产业与能源产业并举发展

正东集团能源产业是文化创意产业培育和发展的保障，正东集团能源产业的发展，有效反哺文化创意产业，使得文化创意产业可以重长期效益，着力打造品牌，严格筛选入驻企业，保持品牌的自主性。文化创意产业为正东集团包括能源产业打开了国际化的视野，能够为能源产业注入新鲜血液，并推动国企转型发展。

在城市中创造文化园地

"751"自 2007 年成立起就不单单靠 "吃瓦片"，内容经营是核心。2016 年园区自主经营收入 2 亿元，文化科技融合产业内容收入快速增长，文创活动经营收入占比一直在提升。据介绍，2006 年园区就设立了创意产业办公室， 2007 年"751"与中国服装设计师协会结成战略合作伙伴关系，2008 年成立了以经营文化内容为核心的全资子公司，近年来逐步打造了"751"国际设计节、中国国际大学生时装周等，成为全世界时尚设计从业者追逐的盛会；还新开设"751"设计品商店，为设计师及企业提供了交流和交易的平台。"751 D·PARK"北京时尚设计广场园区面积 22 万平方米，建筑面积 10 万平方米。在张军元看来，园区要发展，不能只靠"吃瓦片"， "不仅要引入租户，也要引入内容和人才"。

北京原来有 7 座这样的煤气罐，除了在"751 D·PARK"的两座外，其他的都已拆除。它们分别是 1979 年和 1997 年建成的，是北京历史上第一座和最后一座煤气罐。现在已成为高端品牌青睐的独一无二空间特征的发布场。"751"同样聚集了一批时尚设计行业及文创关键人才。包括中国高级时装定制第一人郭培、知名时装设计师王玉涛等；著名音乐人小柯、张亚东、解晓东等；双创代表海军、雷海波，花艺大师高意静等，奥迪研发中心、小柯剧场、极地国际创新中心、荣麟家居、极客公园等相继落地"751"。北京国际设计周"751"国际设计节到 2018

年已经是第七年，设计节内容更加丰富百姓生活及时尚科技体验，其中北京第一家24小时全自助智能便利店于2018年设计周期间落地"751"。在"751"你看不到很多文创园都有的鳞次栉比的写字楼，一个个工作室散落掩映在由厂房改造的办公空间内。入驻企业不是越多越好，而是围绕设计，形成展示、发布、交易、双创孵化的业态聚集和内容经营。"751"创意产业办公室有一条规矩，就是"宁缺毋滥"——在行业内有影响力的设计师、符合"751"发展定位的企业才能入驻。目前入驻园区的设计师工作室及辅助配套类公司近150家，包括建筑设计、工业设计、时尚产业、汽车研发、家居研发、音乐发展、互联网科技、智能硬件、科技孵化器等，还吸引了顶级独立设计师和知名音乐人在此"安家"。

直至今日，正东集团还为电子城区域10.5平方千米区域提供清洁绿色的热电。"能源产业收入反哺文创产业，这在所有文创园中还是首例，体现了国企'国家队'，做文创产业的优势和担当。"张军元说。

保护与再生，老工业遗存与现代文化的融合

对于"751"这么一个庞大的工业遗迹来说，改造过程如果仅是简单的废弃和移除，那将是对工业遗迹的浪费，在"751"改造的过程中，每一个车间、每一件设备，都希望被重新赋予新的价值。所以，"751"开始转型时，对于厂区环境的改造并没有采取拆除重建的方式，而是采取尊重老工业环境文脉，保留工业环境律动的同时，结合综合文化环境、产业环境等当代需求，完成对原有环境文脉的再设计，这对于城市工业产业而言是业态的转化，对于"751"厂区而言，是环境文脉的转换，对于具体的设施、建筑物等是生命的延续，对于北京城市而言，是核心生产力退出工业舞台后的再利用，对城市特色工业文化的再整合，是宝贵的城市公共记忆，是城市价值效能的整体涌现，是可持续的空间大生产，是城市整体的涌现效应。"751"的改造或者说是再生，是由内而外的，从厂区建筑设备，到产业运行方式，如何在能源产业升级的条件下，搭建设计产业平台，不做瓦片生意，而是做一个实实在在的文创产业集聚体，"751"人都给出了完满的答案。

老工业遗存的价值再认识

进入21世纪，中国城镇化加快，空间紧张成为我国城市发展过程

中遇到的普遍问题。工业企业被不断扩展的城区包围，客观上对城市整体功能的划分形成障碍。同时，由于一些企业为重化工企业，对城市安全和居民生活环境也造成潜在威胁。老工业企业的搬迁、老厂址的改造成为城市发展的必然。越来越多完成工业使命的设施退出历史舞台，而退出的方式往往是拆除。不少人认为这些老旧厂房、陈旧设备早应一拆了之：一些企业认为"拆光厂子卖完地就万事大吉了"，一些居民希望拆迁以改善居住环境，多分几套新房。比如在黑龙江哈尔滨颇具历史的一家机械厂，老厂房大部分被直接拆除，完全看不出当初的影子，工业的意象仅仅靠弄一些钢管雕塑来提示一下。工业遗产要真正融入城市建设，不能简单粗暴开发或一拆了之，应该合理开发保护，保存工业文化的同时，为老工业遗产赋予新的时代意义，让其发挥新的作用。"751"的改造就是一个成功让老工业遗存"活在当下"的例子。

此外，不少园区定位不准、特色不彰、层级不高的背后是一些单位缺乏对工业遗存文化内涵、历史内涵的深入挖掘，仅将内外空间简单整治一下就对外招租。比如一些地方的工业遗存被一窝蜂改造成文创园项目，命名方式极其雷同，改造后的功能属性也惊人一致："创意产业＋办公"，产业园区"千人一面"。经济效益成为所追求的第一目标，文化价值和社会价值被冷落一旁。与一些纯粹民间资本专项后期政府和民营资本结合的方式不同，"751"得到政府的支持，定位目标一直清楚而明确：以能源产业和文化创意产业并行的双轨制产业园区。

然而，"751"走出了适合自己的独特发展模式和道路，成为老工业基地空间更新的典范。基于首都"四个中心"功能定位，以北京市城市规划修改为契机，依托"751"现有工业遗存和厂房空间，推动园区整体详细控制性规划的落实，加快重点项目的改造升级，提升文创发展的承载能力，开启智能化园区建设，打造新型创意空间。

城市生态综合体

像"751 D·PARK"这样汇聚设计生态要素，并成为城市中最具魅力的一个文化综合体，其实只是诸多设计类园区的一种。应该说，探究设计的生态型发展是本书的基本意图。之所以要系统、全面地描述和分析"751 D·PARK"的前世今生，是要认识和理解设计在中国当今社会中是如何组织和运行的。它在中国社会获得发展机遇和需要的存在方式又有着怎样的价值和意义。调研和考察的结果呈现了以下几个建设机理和运作特点。设计在性质上是人文学科，它的本质起点和行为逻辑让它始终闪耀着人文精神的光辉。所以，设计园区在本质上是一个国家、一个地区人文精神的崛起，是一个城市回归其作为一个文明综合体的功能展现。

"751 D · PARK"这样的设计园区给出了一类答案，即城市应该是装填文化与文明的综合体。文化属于特定社会的行为范畴，文明则是人类发展的良知与向度。只将过去的文化集中起来予以保护或博览，那只是对过去历史的一个记录和保存。虽然，今天这样的保护对中国大地弥足珍贵，但是，文明的向度依然是地球上每一个国家和人民建设生活、发展经济的基本价值判断。由此，综合了时代脉搏的设计文明才逐渐悄然兴起在今天的中国各地城市之中。

8-2-3
园区经理人访谈

张军元

原北京 751 D · PARK 设计园区总经理。

问：北京 751 D · PARK 设计园区是近年来北京最活跃的设计文化高地。在过去很长一段的时间里，我们研究所与贵单位一起深入交流和探讨了关于中国设计园区如何因地制宜地、因势利导地组织各类资源，发挥企业者的综合能力，稳步建设设计园区的方法与理念，并得到了良好的启示。现就这一主题，再次邀请您结合建设园区的实际经验和管理智慧，高屋建瓴地剖析和总结一下其中的要领和机制，以帮助我们更好地探索适合中国发展要求的设计园区科学发展道路。

答：北京"751 D · PARK"的出现是一个历史的继承和发展。自1954 年建厂，"751"成为我们国家第一个能源公司。当时，北京的酒仙桥地区是整个国家电子产业的基地。出于当时的国防安全需要，整个工厂以集团成建制建设，所有工厂均以代号来名称。那里，是我国电子产业的真正摇篮。随着时间的推移，到了 2000 年之后，社会发展、城市建设，以及企业转型等新的要求和挑战来临。到了 2006 年，北京市提出了以创意产业作为未来发展的支柱性产业之一。加之其他一些重要因素的出现，我们企业开始面临转型危机。我们开始战略研讨，既要响应政府的号召，又要安置好企业员工，还要整理出企业转型发展的新方向、迫在眉睫的措施，还能给未来留出发展的空间和余地。这件事情对"751"来说至关重要。

2006 年 6 月 7 日我们研讨会结论，决定将企业的工业资源再利用。当然，这个决策是在 2003 年企业部分停产和"798"艺术区发展得如火如荼的背景下作出的。所以，我们把职工安置到现在的天然气厂，首先，生产持续，稳定了老职工。其次，对腾出的"751"厂区提出了新的整体规划和分布实施行动。当时的建设方针是保护、利用、稳定和发展。保护，指的是保护好我们老的工业资源，老的历史文化，建国初期时的国际化工厂我们保存下来了。利用，指的是利用工厂建筑、环境和设备等实体，而不是开发。因为，如果要开发，就得拆，所以，我们要在保存好的前提下利用工业的设备、设施、厂房、场地。很多工业厂房都在开发中把自己的文化灵魂给拆走了。灵魂走了，还讲什么故事呢？我们保留了原来完整的煤气生产线、燃煤生产线和厂房，这也就把完整的故事保留了下来。所以，"751"的发展战略没有用开发这个词儿。稳定，指的是千名职工的安置。这其实是解决了一个社会稳定的问题。我们关怀每一个职工，关怀我们的城市，关怀我们的社会。发展，指的是我们的发展目标是国际化、高端化、时尚化和产业化的新型设计园区。

我们谋求的发展，保护、利用、稳步和发展八字方针不是空穴来风。以能源升级为目标，技术上意味着将用天然气来替换传统能源，建造一个全自动化的热电厂，为此，我们的老总多次带队去世界各地考察和访问。同时，也看到了国外那些老工业基地怎样利用工业资源，进而对自己所拥有的老工业遗存也有了再利用的思路和方法。比如，德国的鲁尔工业区、日本的红房子，等等。所以，我们既有能源的国际化现实目标，也在思考的过程中派生出了建设国际化设计园区的新目标。

我们发展设计园区的定位是以设计为核心的。因为设计是工业产业的核心动力。机缘巧合让我们首先与中国服装设计师协会进行了联合，并把中国国际时装设计周引进了"751"设计园区。2007 年 3 月 18 日是 751 D·PARK 开园第一天。国际时装周等活动带来了首批设计师。今天，园区入驻的设计企业和机构，涉及建筑、印刷、网络、展示、汽车和音乐等各个领域，逐渐形成一个设计文化的生态区。在理念上，园区紧密围绕首都战略功能的定位，以设计为核心，依托科技创新、文化创新的内容开展运营。在推动创新和创业的活动中引入金融资本。依托智慧管理，推动资源集聚，建立一个共享与协作的设计创业服务体系。

围绕着设计这个核心，我们提供服务、交流、会展、交易和孵化品牌。我们的发展又有了新的定位。目前，"751"可谓是一个动静结合的国际化设计园区。所谓静，指的是入驻的 100 多家机构或企业；所谓动，指的是每年 500 场的活动，围绕着展示、发布、交易和交流打造未来。这是我们的发展目标。这也十分契合整个北京市作为全国的政治中心、文化中心、国际交往中心和新产业发展中心的目标。进而"751"有着深厚的水准和基础，因此，它拥有国际化的基因。面对国际化的再发展的要求，"751"在心理上和思想上是有基础和不足为奇的。高端化的基础层指的是能源产业本身再发展的属性，高端化的深化层是发展设计创意产业。这样，就有了在战略上与中国服装设计师协会联合，并让其机构入驻的动作。产业化指的是文化创意事业一定要产业化，不然只是现象。

面对未来，"751"也有了既定的战略思路。从社会整体发展来考虑，目前，我们北京人的夜生活还很不丰富。下一步，推动供给侧改革和工业改革的关键是设计事业的振兴。很多百姓都不了解设计到底是什么，如果"751"能够让百姓们感受到设计的魅力，能够体验设计、理解设计、消费设计和享受设计，那么，我们的街区，乃至城市就会不一样了。我们希望倡导大家尊重设计，尊敬设计。在"十三五"期间，"751"紧密围绕北京功能定位和朝阳区的功能布局，在意图上坚守文化国际交流高地，并充分利用老工业资源，以时尚设计为核心，依托"产品＋服务"发展模式，结合"创新创业"，推动创意设计资源集聚、共享，发挥带动效力，取得了非常良好的成果。进而，意图结合"创新创业""大数据""人工智能""创意＋"等时代新动能，推动园区创新、创业与企业孵化和产融结合，通过进一步空间改造，全面提升服务品质。

我们这里第一是有了产业的聚集，实际上发展到今天"751"聚集了很多设计产业，实现了展示发布交易双创业态的聚集，形成以时尚设计为主，涵盖服装、建筑、家居、汽车、大数据、智能硬件等多门类跨界设计领域的产业基地；第二是关键人才的聚集，时尚设计行业及文创关键人才集聚，形成高端时尚设计资源集聚；第三是关键企业的落地，设计产业龙头企业入驻，带动产业集聚；第四是跨界元素的聚集，促进了新兴业态的融合发展；第五是成为了国际交流与时尚的地标。我们希望在这个过程中，"751"能够成为一个目前阶段的典范。近年，通过打造"751 D·PARK"品牌将文化创意和科技创新的全球首发（国际发布），以及国际交往和文化交流的时尚步行街区推向工作中心。初步建成了拥有自主品牌和文创内容，以及经营亿级以上规模的、集品牌价值与社会价值于一体的时尚设计产业示范区，使得"751D·PARK"成为以设计为核心的生活体验、消费、交易的国际化街区和老工业资源再利用的企业转型典范。

8-3
清华 x-lab（清华大学创意创新创业教育平台）

清华 x-lab，即清华大学创意创新创业教育平台，于 2013 年 4 月 25 日正式启动。依托清华大学经济管理学院，由清华大学经济管理学院、机械工程学院、理学院、信息科学技术学院、美术学院、医学院、航天航空学院、环境学院、建筑学院、材料学院、公共管理学院、工程物理系、法学院、新闻与传播学院、继续教育学院、电机系 16 个院系合作共建，是国内第一家高校创意创新创业教育平台，"x"寓意探索未知（unknown）和学科交叉（cross），"lab"代表体验式学习（experiential-learning）和团队工作（teamwork）。平台致力于引导学生把专业学习与其他学科融合，产生交叉创新，同时致力于提升学生基于实践的学习能力，让学生，特别是非商科的学生，在掌握专业知识的基础上，学习管理思维、创新创业思维，以及相关的技能和方法，从而建立"技术＋管理"的复合型认知体系，为培养学生的创新创业领导能力打下更好的基础。

8-3-1
清华 x-Lab 的组织机制

吸取世界知名大学创新创业创造教育的经验，设立配套的责任机构、组织安排与制度设计。以机构改革与组织创新构建"三创"教育组织生态，是世界知名创新创业创造型大学的共同举措。创新创业创造教育生态系统中所有的组织机构都并非只属于某一个子系统，而是各个功能不同的子系统相互交叉、相互作用形成的整个生态网络中的连接点。"三创"教育的成功经验启示，在"三创"教育生态系统构建的初步阶段，既要健全相关的组织机构，同时还要加强机构与机构之间的协同机制建设，促进有序发展。MIT 等这些大学努力做好"三创"教育的顶层设计，把创新创业教育纳入学校事业发展的整体规划中来，体现到人才培养模式、科研体制、人事制度以及内部治理等各项改革中，促进创新创业创造教育内涵理解共识的达成、战略规划与相关政策的协调一致。从这个意义上看，机构改革与组织创新在两个方面对清华 x-lab 的建立有着启示作用。

一、构建专门的责任部门。为更好地推动改革，世界知名高校普遍采用设立专门职能部门的方式。如，MIT 设立"MIT 创新倡议（MIT Innovation Initiative）"来统筹和协调三创相关课程、资金和活动的组织。德国慕尼黑工业大学则设立分管科研与创新、分管创业的两位副校长，还有面向全校的 TUM 创新创业中心（Unternehmer TUM），作为提供创业服务、创业加速器、创客空间、创业网络、创业活动、创新咨询和风险投资的综合性教育、服务与投资机构。职能部门的设定可以被视作一种组织结构的"重构"，即以重新固化的组织形式来持续推动某些重要的变革。根据马克思·韦伯在其著作《经济与社会》中的论述，部门的设置与分工的明确将带来人员的专业化与效率的提升。采用这种"硬件"的形式改革，有利于高校在此基础上实施"软件"的制度改革，以获得改革的持久力与稳定性。清华的教务处与校团委分别管理创新创业教育委员会与"创新 + 创业教育与服务平台"，面向社会与地方院与科技园等进行科研及其转化。

二、赋予相应的职责权利。如果说专职机构 / 部门与垂直的领导的设立是一种"硬件"的设置，那么世界知名高校对职能部门赋予的职权便是一种"软性"的安排。在这一点上，世界知名高校基于创新与创业过程中"高不确定性""高风险""高模糊性"等客观规律，普遍采用了较为灵活的管理模式与相对宽泛的职责授权。具体来讲，对于负责"三创"的部门采用柔性管理，在职责设置与考核上不进行过于细致的规定，对于产出结果设立宽泛的"容错"空间，对于负责人授予相对宽泛的权力并进行相对少的细节监督。例如，加州大学伯克利分校。负责三创教育的部门有二，其一为哈斯商学院下设的莱斯特创业中心（Lester Center for Entrepreneurship），其二为加州大学伯克利分校工程学院的创业与科技中心（Sutardja Center for Entrepreneurship& Technology，简称 SCET）。二者之间既权责分明，又互通有无，前者更偏向于商学院模式下"企业家思维"的培养。后者更注重"技术创新"模式下的科技工程类创新创业创造实践。又如，慕尼黑工业大学为更好地服务创业活动，提供相关思考和见解，设立了创业研究所以及创业和金融研究所。前者已成长为欧洲顶尖的创业研究专门化机构，研究范围涵盖从开始创业到创业退出的创业活动全过程，后者则瞄准创业过程中投融资、市场化应用等重难点问题，进行深度研究。从组织管理的角度看，上述这种权责分明又兼具灵活性的机制的建立，有利于将改革顶层设计向基层的推进与渗透，既有利于打破科层制所带来的效率低下、人浮于事等弊端，也有利于以"三创"为核心的改革方案的落实。

8-3-2

清华 x-Lab 的产教研融合机制

整合创新，协同发展，以"三创"赋能产教研一体化建设。国际知名大学以"三创"为核心教研改革的第三个重要经验，就是注重多种资源的整合与多主体的协同。需要注意的是，此处的整合不仅仅是一种机械性的合并（Integration），而是一种从整体思维（Holistic thinking）入手对现有资源的整合与重构，这与清华大学经济管理学院陈劲教授提出的"整合式创新"思维不谋而合。整合式创新（Holistic innovation）是以总体观、系统观为导向的技术创新管理新范式，由战略视野驱动的创新范式，是战略创新、协同创新、全面创新和开放创新的综合体，包含战略、全面、开放和协同 4 个维度。反观世界知名大学的创新发展战略，具有鲜明的以"三创"理念引领与驱动，整合现有资源，协同各主体行为，以实现跨越式发展与范式迭代目的的特征。总体而言，世界知名高校以协同与整合创新为范式，进行教研改革的路径分为两个方面：

一方面，学科整合，教研协同。麻省理工学院工程学院改革的经验启示我们，三创教育不仅应纳入通识教育学生核心素养的培养中，还应探索专业教育和"三创"教育相结合的人才培养模式。如在现有的学科和专业中植入创新创业教育元素，把创新精神、创业思维、创造技能融入到现有学科课程中，明确相关素养与已有学科课程之间的对应与关联，建立学科交叉的创新创业辅修专业 / 双学位，探索跨院系融合培养创新创业人才的新机制，使"三创"教育融会于学生的学位课程学习中，而非仅作为一种"第二课堂"式的补充。上述三所学校在三创教育的实践中，均系统开发了纳入学习认证和学分管理的三创教育必修课和选修课，还组织学科带头人、行业企业优秀人才，有针对性地开设学科前沿、市场需求与创新创业相结合的专题讲座、报告。从而充分挖掘和充实了各类专业中相关的三创教育元素，实现专业课程与三创教育的交叉、渗透、融合。此外，三创教育与学生科学思维、创新思维、创造能力以及基础科研能力的培养息息相关。如 MIT 在进行工程教育改革中，采用了以项目为中心的教学组织方式，开创了一种面向实践的、以知识前沿发现为中心、"做中学"的自主学习方式，从而以三创教育为契机和渠道，实现理论与实践、教学与科研的有机融合。

另一方面，资源整合，校企协同。"三创"教育是一个整体性、系统性的过程，多个创业教育支持机构之间各司其职，并相互协作。在这一过程中，需要充分调动学校、师生、服务组织和外部资源提供者等多方主体的积极参与和密切合作，不同主体在系统内扮演和承担自身的角色和功能，使得创业人才、创业资金、创业研究、创业咨询和技术转化等这些创业过程中的各要素形成良性互动，从而确保创业教育及实践活动的有序开展，维系系统的正常运转。因此，学校应整合有利于创新、创业、创造教育的各方资源，例如，合理利用地方企业的资源，获得校外力量的积极参与和大力支持；充分利用校友资源，如学习麻省理工学院和慕尼黑工业大学的成功经验，充分发挥校友在"三创"教育中的持续影响力；最终依靠社会力量，以各方支持为纽带，共创良好的创新、创业、创造教育文化氛围，形成个人、家庭、学校、社会、区域的"三创"教育合力。总之，创新创业教育必须嵌构在大学教育体系和整个社会创新生态之中，而不是独立在现有大学教育和社会生活之外。

校企协同构建"三创"教育组织平台，是世界知名创新创业创造型大学的又一战略选择。慕尼黑工业大学建设创业型大学的经验表明，应围绕创新创业创造教育人才培养的共同目标。

鉴于此，清华大学 x-lab 以职能型组织为基本结构，按照职能来组织部门分工，从高层到基层承担不同职能，实施"三位一体"的"三创融合"，形成日益完善的创新创业创造教育力量布局，不断加大师生校友的创新创业资源支持力度，初步形成全国领先的三创教育生态体系，创新创业教育初步形成运营闭环，"三创"教育走上良性循环轨道。

x-lab 各职能部门分管：课程学习，国际项目、团队加入，项目培育、场地管理，入驻办理、学生活动，创业大赛、融资服务，捐赠支持、生态建设，合作发展、媒体联络，品牌沟通、人事财务，综合行政、网站技术，信息管理。

在定位上，

理念：引导学生和创业团队把专业知识和其他学科相融合，产生交又创新。同时学习管理知识、创新创业相关技能和方法，从而实现科教协同育人育团队的目的。

愿景：致力于为国家和社会培养杰出的创新型人才，从而成为引领中国高校创新创业教育的典范。

对象：以教育使命为驱动，面向清华全校学生、校友、教师。

阶段 培育学生团队完成从想法到创办企业的过程（从0到1的阶段）

模式：公益性、开放性。

从发展脉络上，2013年3月18日，清华经济管理学院院务会决定创建清华x-lab；4月25日，清华x-lab举行启动仪式。同年12月13日，启动首届清华大学"校长杯"创新挑战赛。2014年，清华x-lab携手硅谷创源成立对接工作站，10月22日，Facebook创始人扎克伯格走进清华x-lab课堂，同日清华x-lab正式启动"加速计划—2014"。同年12月26日，举行清华x-lab创业DNA基金成立发布会。2015年1月14日，开设"清华大学学生创新力提升证书项目"。3月23日，清华x-lab被授牌成为北京市首批"众创空间"。7月，清华x-lab首次选送学生参加全欧洲最大的创业夏令营（EIA）。同年9月，创设本科生管理学第二学位创新创业领导力方向。10月，清华x-lab启动创新创业跨界教师项目。2016年3月，与全球化研究中心联合推出《创办新企业——中美新观察》课程。5月清华x-lab与德国慕尼黑工业大学创新创业中心联合推出 TIE^2 计划。7~8月启动AIEIP亚洲创新创业夏令营。同年11月，创建清华x-lab在线教育专区。2017年1月11日，清华x-lab与中关村发展集团正式签署战略合作备忘录。3月，与Facebook联手开设《创新与创业：硅谷洞察》课程。4月，与湖南力合长株潭创新中心建立合作关系。9~11月，开设《创新与创业：中国洞察》课程。10月28日，Facebook创始人兼CEO马克·扎克伯格再次访问清华x-lab。10月31日，微软公司CEO萨提亚·纳德拉走进清华x-lab。2018年1月11日，清华x-lab与清华同方签署战略合作协议。5月24日，首届"双创"教育经验交流会在清华x-lab胜利召开。2019年，"清华x-lab@新加坡"于9月15日在新加坡隆重启动。2021年，清华x-lab新东方教育科技集团＆清华x-lab未来教育创新挑战营启动。2022年6月22日，清华x-lab＆昆山花桥杯"智创未来"创新创业大赛决赛圆满举行。

截止到 2019 年 12 月底，x-lab 课程和活动的参与者已达到 42 000+ 人次，培育团队超过 1 530 个，已注册公司 624 家，获得投资的项目团队超过 200 个，团队获得的融资总额达到 85.3 亿元人民币。清华大学创新创业创造教育启动较早，所取得的成就可圈可点。目前已经形成一定的"双创"教育生态，成为国内具有引领示范意义的"双创"教育基地。

首先，在全国高校率先开展"双创"和"三创"教育，营造了日益浓厚的大学创新创业创造文化氛围。清华学生创协于 1997 年成立，并在 1998 年举办首届创业计划大赛，这也是全亚洲第一个创业计划大赛，该赛事于 1999 年发展成为全国"挑战杯"创业计划大赛。1998 年，清华经管学院成立中国创业研究中心，同年率先在 MBA 教育项目中开设创新与创业管理研修方向。清华从 2010 年开始筹建学生兴趣团队，目前已累计成立 32 支，形成了深厚的校园探究创新氛围。

其次，实施"三位一体""三创"的创新创业创造教育力量布局。截至目前，清华建成校级创新创业教育平台 7 个，组织了清华大学"互联网+"创新创业大赛、"校长杯"创新挑战赛、清华"创客日"、中美青年创客大赛北京分赛区选拔赛等项校创新创业赛事和活动，年举办创新创业讲座及培训 420 次，受近校每年支持创新创业教育平台建设经费逾千万元，清华 iCenter、创+、清华 x-lab、i-Space 等教育平台均为注册团队提供创新创业支持，创新创业专用工作场地逾 7 000 平方米。

再次，不断加大对师生校友的创新创业资源支持力度，初步形成全国领先的三创教育生态体系。清华与社区积极互动，设立了创+种子基金、清华 x-lab 创业 DNA 基金、互联网金融孵化器、美院校友创业支持基金等面向初创阶段企业的多支创业风险投资基金。对于具有一定规模的初创企业，以清华控股为代表的国有资本控股公司，设有多个孵化器和基金，如启迪控股的启迪之星、清控科创的小样社区、同方公司的同方孵化器、清华控股的控股创新促进中心等。此外还有水木清华校友种子基金、荷塘资本等社会资本。

清华大学校团委自 2013 年设立启·创计划，每年招收 30 名本科生，培养期一年，培养创新创业人才。还推出创业实训计划，支持优秀在校生及创业团队赴海内外创训机构开展创业实训。清华 x-1ab 也面向学生开展了丰富多样的创业思维训练营、创新论坛、企业家午餐会等各类活动。从 2014 年起开始举办一年一度的"清华大学校长杯创新挑战赛"，每年有超过 100 个团队报名参加。

最后，创新创业教育发展初步形成运营闭环，"三创"教育走上良性循环轨道。2019 年教育部直属高校预算中，清华大学以 297 亿元稳居全国第一，领先第二名超过 100 亿元。清华大学 2018 年接受的捐赠数额首次突破 20 亿元。清华大学也成为全国唯一一所累计接受捐赠破百亿的大学。截至 2018 年，学校知识成果转化收入突破 7 亿元人民币，转化项目数量每年超过 50%。截至 2020 年底，清华 x-lab 培育的团队获得融资总额近百亿人民币，发展后劲十足。近年来，清华 x-lab 创业 DNA 基金陆续将投资回报的部分收益，共 300 万元人民币捐赠给清华大学教育基金会，用于支持清华 x-lab "三创"教育事业的长期可持续发展。

为实现上述人才培养目标，立足于国家和大学实情，特别是国家创新驱动发展战略纲要的指导和清华大学坚持中国特色世界一流大学建设的目标方向的指引，依托于清华经管学院的强大支持，x-lab 联合共建院系、国际知名高校和社会相关合作机构，在近几年的发展中不断深入理解在校生及校友基于三创学习的迫切需求，并将需求提炼成三个不同的层次：思维与技能提升的需求、跨界学习与学科交叉的需求以及实践的需求。另一方面，我们将来自科研单位、企业和社会的真实需求引入到校园，致力于三创教育人才培养的三个主要方向，即科研创新、企业创新和社会创新，通过各类课程和活动的结构化设置，采用赛课结合、以赛建课、交叉组队等多种型式，创建出了具有 x-lab 自身特色、同时也是作为国内一流高校三创教育机构独有特色的三创教育课程体系。体系下设的各类课程每年定期更新，与时俱进，持续迭代，不断提升价值与成效。

8-3-3
清华 x-Lab 的学习模式

x-lab 的学习分为自我学习、课程学习、项目学习和工作坊和硅谷观察五个板块。自我学习主要借助工具、方法、书籍和网络课程来进行，学习工具提供了商业计划书模板、商业计划书英文版 Business Plan、Business Model Canvas、融资协议模板、有限责任公司章程样本、国家知识产权局电子注册。学习方法分为财务分析和运营模拟两类。学习书籍有经典推荐教师专著、领导力、市场营销、社会创新四类可供学生检索。网络课程分类创意发掘、商业模式、团队构建、营销方案、财务管理、竞争战略、综合等。

课程学习分为五个部分，即创新创业相关证书课程、清华 MBA 创新创业方向课程、全校研究生课程、全校本科生课程、Facebook 与清华 x-lab 联合推出。创新创业相关证书课程由三门课程组成：《设计思维》、《创新方法》和《从创造力到商业化》，是清华大学研究生院委托经济管理学院和美术学院教师联合开发的研究生创新力提升辅修证书课程。清华 MBA 创新创业方向课程囊括了多门课程，包括《创业管理》、《创业投资管理》、《知识产权》、《创新与公司决策》、《企业创新战略》、《全球互联时代的商业创新》、《组织创新与分析》、《技术驱动商业创新》。全校研究生与本科生课程主要针对教授学生如何创办一个新企业展开设置，开设课程有《创业机会识别与商业计划》、《创办新企业》、《创业创新领导力》、《创新方法》、《设计思维》、《创业实验室》、《创新研究》、《创业研究》、《技术创新管理》、《创业管理》、《创业训练营》、《优秀创业人才培养计划》等。最有特色的课程是 Facebook 与清华联合推出的《创新与创业：硅谷观察》，该课程面向清华大学所有在读生，不限专业背景和年级，邀请到来自 Facebook 的多位嘉宾进行演讲，以及多位来各相关领域的本土嘉宾、创新创业导师，针对硅谷最热门的科技热点、创新创业话题，鼓励清华学子以全球视野着眼未来，通过体验式学习激发思想，点燃火花，帮助学生洞察美国硅谷最新的创新与创业实践，并结合已有的创新创业理论展开小组讨论，完善商业计划书。

项目学习由清华大学学生创新力提升证书项目、管理学工商管理专业第二学位创新创业领导力、清华－伯克利全球技术创业项目 GTE（研究生）以及针对本科生的创业优秀人才创业计划四部分组成。

清华大学学生创新力提升证书项目旨在使学生通过学习，为学生成为具有优秀创新能力的复合型未来领导者打下基础，并培养学生跨学科发现问题、解决问题的创新思维，要求学生能运用领先的创新创业思维和技能，并具有国际视野和驾驭能力，善于整合资源，发现创新机会，以推动社会发展为己任。管理学工商管理专业第二学位创新创业领导力方向由清华 x-lab 和经管学院教学团队精心设计，清华 x-lab 中驻校企业家与驻校投资人也将倾情加盟课程的教学。将传统课堂向外延伸，构建一个"课内与课外"、"校内与校外"、"线上与线下"、"国内与国外"的创新教育体系。除此以外，清华 x-lab 还设计安排了独特的学习与实践体验机会，形成了一套包括课程学习、聆听讲座、考察与实习、海外研修、创新创业比赛、后续孵化等在内的综合创新培养方案。针对研究生启动的清华－伯克利全球技术创业项目 GTE 的目标是培育学生的创业精神和创业领导力、普及创业知识、提高学生创业创新技能。针对本科生启动的项目是创业优秀人才创业计划，清华经管学院为了创造有利于杰出人才脱颖而出的环境，特别挑选一小部分本科大三、大四学生为他们开设了三个方向的"优秀人才培养计划"。每年每一个方向的学生不超过 15 人。优秀人才培养计划的三个方向是，优秀学术人才培养计划、优秀创业人才培养计划以及优秀人才领导力培养计划。

8-3-4
清华 x-Lab 的国际化交流和产业园地机能

国际合作布局遍布 13 个国家、17 所高校，建立 2 个中心。为了让学生获得最前沿的海外创新资讯，清华 x-lab 与越来越多的国家和知名大学建立了合作关系，并引入国际夏令营和交换学习项目，拓展学生视野，为培养未来企业家和商业领袖做准备。国际项目从 2013 年启动以来，与十余个国家知名学府的创新生态进行了互动和对接。

清华大学与新加坡国立大学 NUS 创新创业交换计划：由清华大学和新加坡国立大学联合举办的第一届"清华－NUS 企业家创新交换项目"于 2018 年 3 月在清华 x-lab 拉开帷幕。新加坡国立大学的 14 支团队带来创业项目参与展示。交流期间，深入中国的创业环境，获得行业专家对项目的辅导。团队汲取了经验，对项目做出了进一步的迭代更新。项目涉及精准医疗、金融科技、人工智能、区块链、大数据、物联网应用等多种领域，尽显科技名校特色。

AIEIP 亚洲创新创业夏令营：Asia Innovation &Entrepreneurship Immersion Programme（AIEIP）亚洲创新创业夏令营自 2016 年起每年举办一期。是由清华大学、印度商学院和新加坡国立大学三校联合组织，每所学校各选派 20 名本科生，奔赴新加坡、北京和印度海德拉巴完成为期一周的暑期体验式学习。通过实地调研，体验亚洲创新创业文化氛围，构建创新创业生态体系。

清华大学与德国慕尼黑工业大学 TUM 创新创业交换计划：TIE^2（Tsinghua TUM International Innovation Entrepreneurship

Exchange），即清华 x-lab 与德国慕尼黑工业大学 TUM（Technical University of Munich）创新创业国际交换计划，自 2016 年起已成功举办三届利用此次交换机会，让参与的学生多层次全方位地了解德国先进制造业、创业环境、商业文化以及人文风俗。中国学生就产品技术、创业经验、市场现状及前景等话题交换经验。

2017 年 11 月，清华 x-lab 开启"创业与创新：以色列洞察"学习之旅。由清华 x-lab、希伯来大学（The Hebrew University of Jerusalem）共同组织，包含"国际前沿科学家领衔授以色列创新标杆企业探访、以色列最活跃风投基金对话、业界交流"等多个学习模块。

清华 - 日内瓦大学 X-Change 项目：为了有效推动中国社会创新事业的发展，清华 - 日内瓦大学 X-Change 项目通过中瑞两国年轻创业者、社会创新工作从业者的相互交流，分享创新成果，促进中瑞两国社会创新领域的合作和发展。来自中国和瑞士的青年学生，分别在日内瓦和北京进行为期一周的落地交流。项目将会结合社会创新和 SDGs 相关的最新理念与创新成果，进行学习讨论、案例研究和实地考察等活动。

"清华 x-lab@ 新加坡"空间：2018 年 9 月 15 日，"清华 x-lab@ 新加坡"空间合作启动。清华 x-lab 与新加坡常春藤国际管理有限公司合作搭建国际化"创意创新创业生态体系"，以帮助学生团队对接"一带一路"沿线国家资源，发现国际化市场机会，延伸成长空间，提供进入新加坡、东南亚市场的落脚点。

清华 x-lab"她中心"，旨在推动清华大学女性实现自我发展与创业梦想，挖掘"她视角"的同时，促进多元背景与不同年龄层的清华女性相互交流与支持，常年积极开展课程、创新创业训练营、学术讲座、论坛、国际交流、赛事等教学培育活动，致力于成为全球最具经济价值和社会影响力的高校精英女性社群。

清华 x-lab"文化与体育创新中心"，源于文旅、体育产业升级与高校新型人才培养需求而成立。中心以清华大学顶尖人才为核心优势，深入跨学科教学培育，促进文旅、体育与科技结合。中心旨在促进清华学子创造力的提升、创意的激发、创新项目的成长，早日成为未来行业领袖。自 2017 年成立以来，通过评估、课堂学习、专业讲座、一对一辅导、训练营等教育活动，全面支持了来自全校师生、校友的 100 余个项目团队。中心长期致力于与国内外高校、政府组织、企业、投资机构等携手发展，共建创新创业新生态。

清华 x-lab "未来教育创新中心"，致力于创意、创新、创业人才的培养，培育教育领域创业项目，开展商业及创业教育，分享最新行业发展动态，促进学科的交叉融合，聚合学科、行业、人才、投资资源，推动教育行业的发展。定向的教育行业培训——借助清华大学的人才资源优势，成立专业的教育行业师资团队，为教育行业创业团队提供教育培训，并整合教育企业发展情况、行业投资者和相关金融机构投资动向、行业主管政府和行业协会最新政策等热点信息，提供专业指导；教育领域创业团队培育——成为教育产业界与清华大学之间沟通和合作的桥梁，帮助清华师生了解最新的教育行业发展动态，激发创意灵感，培育符合社会需求或能够引领行业发展趋势的教育行业创业项目。

清华 x-lab "社会创新中心"，清华 x-lab·社创硅谷，受启发于美国、英国、以色列等国家成功的孵化器模式，清华 x-lab 社会创新中心以清华 x-lab 为平台，致力于培养富有社会企业家精神的创意创新创业人才。在整合校外各种资源、启发调动清华学生从事社会创新创业的基础上，提供商业模式和社会价值实现的融合方式与路径，以商业手段解决社会问题。通过"孵化 + 创投"的深入介入模式助力社会企业的商业化、规模化发展，最终培养中国未来的社会企业家领袖，缩短中国的贫富差距，改善中国的可持续发展环境。

清华 x-lab "团队赋能中心"，人是项目团队发展的根本。大多数项目团队之所以没能走得更远就是因为中高管的问题没能解决。清华 x-lab 团队赋能中心，致力于解决创业团队因缺少合格的中高管或中高管领导力不足而导致业务进展缓慢或停滞的问题，探究出合理的用人方式和机制，整体提升团队能力，帮助创业团队走得更远。清华 x-lab 团队赋能中心将从三个维度探究创业团队人才困境解决方案：领导力层面、专家辅导层面和合伙人招募层面。领导力层面主要解决如何成为一个合格的创业团队领导，偏软技能；专家辅导层面主要通过共享模式，由中高端人才提供创业团队具体问题的解决方案。这种模式不同以往的轻咨询模式，而是以解决实际问题为目标；合伙人招募层面主要是建立创业团队与潜在合伙人的连接机制和通道。

清华 x-lab "下一代创新中心"，以提高科技成果转化，科技人才转型企业家为宗旨，通过资助科技项目团队种子资金来完成商业化的概念验证，建立科技发明向产品（服务）转化的创新能力。

清华 x-lab"智能与先进制造中心"由清华大学航空航天学院、电子工程系、机械工程系、自动化系、精密仪器系、汽车工程系、工业工程系等院系合作共建，致力于"中国制造 2025"概念下创新创业人才的培养和项目的培育。目前已有 100 多个创业项目入驻，涉及新材料、3D 打印、激光雷达、机器视觉、AR/VR、安防硬件、通信设备、物联网、机器人、智能汽车飞行器、研发制造服务、智慧工厂等多个领域，项目有着非常优秀的成长和发展表现，已有 30 多个项目拿到了投资，融资总额已过 10 亿。

清华 x-lab"健康医疗创新中心"于 2015 年 4 月成立，面向健康医疗行业，致力于创意创新创业人才的培养，培育健康医疗领域创新项目，开展商业及创新教育，分享最新行业和技术发展动态，促进学科的交叉融合，聚合学科、行业、人才、投资资源，推动健康医疗行业发展，推动技术和社会创新。目前 x-lab 健康医疗创新中心已培育近 130 个创业团队，涵盖医疗器械、基因检测、免疫治疗、可穿戴设备、医疗信息化、大健康等多个领域。

清华 x-lab"环保能源创新中心"，以清华 x-lab 为平台，面向环保能源行业，以培养创意创新创业人才为基础，创建跨学科协同创新平台，推动环保能源行业发展，推动技术和社会创新。目前中心在培育的环保能源项目，涉及能源、新能源、空气净化、废气处理、水处理、水计量、环境评价、海绵城市、绿化、环保能源 + 互联网、云平台、软件仿真等多个领域。环保能源创新中心广泛联系学术、科研院所、企业、投融资、产业园等，共同培养创新、创业人才，培育创新项目。

清华 x-lab "金融科技创新中心"，依托清华 x-lab 平台，在毕马威、宜信、中民金服、百融金服、百信银行、连交所等机构的支持下，清华 x-lab 金融科技创新中心于 2017 年 5 月中旬成立。中心本着以科技创新推动金融业务发展的理念，打造智慧金融服务，建立以互联网金融设备为基础的大数据应用体系，开展人工智能在市场交易中的应用，构建区块链和金融基础设施建设等四个方向培育金融科技创新创意创业人才和团队，凝聚金融机构、科技企业、科研院所等多方资源，推动"产、学、研"跨界合作。

清华 x-lab "校企协同创新计划"，基于清华 x-lab 近五年的工作基础，优选将已进入市场的清华大学创业团队与大企业对接，成为大企业创新的来源，改善大企业创新生态与环境，提升创业团队市场生存与竞争能力，实现大企业与创业团队的双赢。

清华 x-lab "互联网中心"，互联网与信息技术创新中心（以下简称中心）是清华 x- 空间平台，针对互联网与信息技术领域需求而成立的。中心希望通过全方位支持、高端服务、全球视野和资源，协助清华学子最大化实现互联网与信息技术领域的创业梦想。同时也期待与国内的创业者、投资者政府、企业等携手，共同打造健康、良性的创业生态。

8-3-5

经理人访谈

毛东辉

毕业于美国雷鸟国际管理商学院。拥有多年丰富的外企管理经历，是资深职业规划与发展方面的专家。是清华 x-lab 第一任主任兼清华大学经济管理学院 MBA 教育中心常务副主任。

问：创建 x-lab 背后的核心驱动力是什么？在创建 x-lab 的过程中，您认为有哪些要点？

答：作为高校，清华大学创办创新创业教育的立场是育人，核心驱动力是教育，我们始终秉承着以学生为本的理念不计投资与回报地去培养学生、成就学生，我们的创新创业教育平台具有社会性、公益性和开放性，而没有商业属性。要头脑清醒地认识到并且坚持这一点其实是很难的，首先，我们要明确我们做这件事是为了什么，我们的最终目标不是要看到学生成立了多少家公司，我们的任务也不是单纯地做孵化器、评选几个有潜力的项目，我们是在做教育，是为了育人，是成就学生，培养学生的创新创业能力，使学生具备创新精神和企业家精神，并且为每一位有创业想法的学生都提供平等的学习机会，创新精神是每一个人都应该具备的品质。试想，如果每个学生都具备创新精神和企业家精神，那么这些学生在清华能够释放的能量将是多么巨大！

其次，我们没有把目标局限在 MBA 的教育中，而是把受众群体扩大到全校范围，重视学科的交叉互动。如果只培养 MBA 的学生，那么我们的教育的受众群体太单一了，我们都知道 MBA 的学生是优秀的管理人员，但是他们缺乏技术，而技术来自于什么呢？技术恰恰来自于机械、电子、材料、环境、人文社科、美术、法律等学科，创新是通过交叉而来，只有学科之间进行交流探讨、优势互补，团队内部注重资源技术的互补，才能迸发出创新的力量与激情。最后，我们的平台具有开放性，只有开放才能实现资源的流动，我们的学生才能进入市场，市场和社会上的资源才能够进入校园。这并非几个人的努力就能把这件事情做好，它一定需要整合大量的社会资源，把各院系的力量、导师的力量和社会上的资源结合起来，每个人都伸手帮你一把，做成这件事的概率就高了。所以我一直强调要把复杂的事情简单化，其实我们沉淀了一整年的时间，最后总结出来的要点就是这三个。

问：如何看待当时创新创业的情况，以及您如何理解创新创业教育的再发展？

答：创新创业的团队就像幼苗一样，一定需要苗圃来培育，让它能够生长。我经常打一个比方，我们清华的学生和老师的很多想法、包括他们做的项目，都像好的种子一样，但好的种子不能只在瓶子里、在各个院系的楼里，而一定要落到创新创业的环境里去生长。这个苗圃说大一点其实就是市场，哪有一个企业不是从市场中成长起来的？企业在进入市场之前，可以通过像孵化器、加速器这样的环境过渡一段时间，早期初创团队需要这些空间的服务、支持和帮助来获得成长，进而取得具备到市场中发展、竞争的能力。但我们那时候连这样的条件也没有，所以种子只能在瓶子里，好的项目参加完比赛却缺乏落地的条件，很多学生可能就不坚持了，种子就还是种子，不能够发芽。钱院长提出要培养 MBA 学生的企业家精神，但我们思考只培养 MBA 学生的企业家精神和创新创业能力还是太单一。MBA 的学生有一定的工作经验，是好的管理人才，但是他们缺技术。那技术来自于哪里呢？一定是来自清华大学的各个学科。如果只给 MBA 学生做创新创业的教育，是不会产生学科交叉的效果的。交叉产生创新，源自学科、团队、技术、能力、资源的互补。我们如果要做创新创业教育，就一定要理解什么是创新创业教育、怎么能把它做好，那就一定要有好的交叉，交叉是关键。只给 MBA 学生做创新创业教育是死胡同，如果没有技术，创新创业项目怎么干得起来？就像木桶一样，一定是所有的板子都长才有用，只有一块板子长是无法发挥作用的。我们就去研究怎么能让创新创业教育面向全校学生，怎么邀请各个院系来参与共建平台，甚至还要扩大边界，面向部分校友。开放性是一个很重要的问题，是创新创业教育必需的特征，只有通过开放，社会的资源才能进入到学校。我们逐渐给自己提问题，又尝试去回答问题，如果方案不对就再换，如此循环。我们对 x-lab 的构建超越了 MBA 教育项目，超越了经管学院，把视野放大到整个校园。做事情要做对的事情，而不是做容易的事情。当时我也画了很多草图，经常叫几个对这个事情比较感兴趣的老师和 MBA 的学生，在学生的公司里头脑风暴，帮我一起出谋划策。整个过程没有任何人要求，我们是发自内心自觉自愿地聚在一起想办法解决问题。恰好我们这些人又都有企业工作、国外留学、做 MBA 教育的背景，对创新创业所需的市场、用户、营销，包括商业模式多少还是明白一些的。我们基本上一到两个星期就要碰面一次，这种模式大概持续了一年。

问：通过对比您看到了我们存在的问题和差距，您是 x-lab 的联合创始人，那么您是如何解决，并将其从无到有地组织起来的呢？

答：问题是 2011 年秋天钱院长提出来的，我们就开始思考，大概到 2012 年一年我们都在不停地讨论这个问题。创新创业教育应该用什么方式展开？当时有一个最简单直接的回答：办个孵化器。我只要问一些做孵化器的校友，怎么面向全校加强创新创业教育，他们会自然地理解那就让学生办公司，或者帮他们对接投资，这是作为孵化器应该做的事。我们听了这些意见，觉得这不是做教育，本质上这还是在做投资，或者做商业，和教育不是一回事。那时我们进行过很多次探讨，对于做孵化器而言，它背后的核心驱动力一定是投资回报的驱动、资本的驱动，因为这是一个有限责任公司或者合伙制的组织。但资本和商业的驱动与我们大学教育的驱动是不一样的。我们办创新创业教育的驱动是育人，是培养人才，是不计投资回报的具有社会性和公益性的，没有商业属性。这是一个分水岭和是非问题，如果当时顺着孵化器的思路做下去，就没有今天的 x-lab。

在看过了斯坦福大学和 MIT 之后，我还去考察了德国的慕尼黑工业大学（Technical University of Munich，以下简称 TUM），TUM 也有创业中心，德语名称是 Unternehmertum，于 2000 年创办，比我们要早十年。这个创业中心下属四个公司，有两百多员工，管理着一支基金、一个专门做创业团队孵化的公司、一个专门做企业合作的公司、一支正规的风险投资，还有一个非营利的、专门做学校创新创业教育的团队，服务于他们学校、以及所在的巴伐利亚州，吸引了欧洲境内大量的创新创业项目。对 Unternehmertum 的了解是源于 2012 年我结识的麦肯锡的一位高管，当时我请他来清华做分享，其间我与他沟通和交流，当时我认识到，具有国际化的视野是极为重要的。所以在构思 x-lab 的时候我认为它的定位首先是国际化的，我们要搭建好这个平台只能向外看，向上看。当时我问对创新创业教育怎么看，他的回答是创新创业教育很重要。中国的经济发展速度很快，只依靠劳动力和资源驱动无法产生可持续的竞争力，时代在进步，所以我们需要去寻找创新驱动和技术驱动，而驱动需要人才，那么大学就应该发挥它应有的作用，去为国家培养、输出创新型人才，这是大学基本的职责和担当。他毕业学校就是 TUM，在他的引荐下我去 TUM 做了考察。TUM 与我对接的是 Unternehmertum 的负责人，他向我讲述了自 2000 年起做创新创业教育的历程，他的 MBA 的毕业报告做的是德国与美国硅谷的对标研究，2000 年正处于互联网蓬勃发展的时期，德国还在制造汽车、设备，可美国已经有了雅虎（Yahoo）、谷歌（Google）。通过这个案例我意识到所谓创新就是从 0 到 1，是从没有到有的一个过程。他主要研究对象是斯坦福大学以及斯坦福所在背景下的硅谷，他发现斯坦福商学院（Stanford Graduate School of Business）和其他学院有很多互动，很多院系都有创业教育课程，有专门的创业网络（Stanford Entrepreneurship Network, 以下简称 SEN），有专做创业教育的科技创业项目（Stanford Technology Venture Program，以下简称 STVP）。所以创业的学生在读书期间既可以参与学校开设的课程，还可以得到硅谷早期的支持。他当时明白创新创业教育不能只局限在 MBA 的小圈子里，而应该形成一个全校性的解决方案，所以就动议成立 TUM 的创新创业中心。

我 2012 年去找他的时候，创业中心已经有员工七十多人。2019年的秋天他来中国，员工已有两百多人。他把这些调查做成报告交给了 TUM 的校长，获得许可后他准备筹备创业中心。刚开始创业中心的教师、团队、学生的数量一直很低，德国人做事很严谨、很认真，所以这是一个极为漫长的过程，并不是立竿见影的，在坚持了六七年之后才开始有了增长。TUM1998 年的战略定位已经从研究型大学升级为创业型大学，培养创新型人才而非项目，并且有专门的副校长分管创业，而我们的高校呢？还有一个特别值得注意的点就是，Unternehmertum 网站首页写着它们的宗旨：我们培养学生解决人类所面临的具有挑战性的问题，我们为德国的可持续发展做贡献。这让我反思我们的大学宗旨是什么。再看东亚的国家，如日本，可以和清华对标的东京大学，它也有全套的创新创业配置，如相关课程设置、创新创业教育中心、空间、平台、团队、孵化器、投资机构、导师等一应俱全，小而精。新加坡国立大学（NUS）也是同样，从教学、科研到实践已经全方位地嵌入了创新创业的内容，实现了方案的流动、落地。以色列是一个创业国度，创新已经成了刻在他们骨子里的基因。我曾经问希伯来大学创业教育的负责人怎样定义创业的成功。负责人给出两点评价标准，一是能否成为上市公司，二是能否被大公司并购。以色列在纳斯达克上市公司的数量和我们国家一样多，可是人口基数却相差甚远。在以色列的特拉维夫大学同样还有一个案例，有一个团队做的是无人驾驶的项目，叫作 mobile eye，这个项目被谷歌以 160 亿美金收购。以色列人创造财富的路径就是重视创新创业，通过创新完成了国家竞争力的比拼。

总体而言，有这样三点：第一要了解自己的现状，了解我们国家创新创业教育的现状；第二是看国际上优秀院校的案例，通过访问以色列、新加坡、日本、瑞士等创新型国家，进行对标研究；第三是看学术界的理论研究，学习他们的思维、方法与理念，去挖掘背后所隐藏的东西。我们要勇于放下过去的状态，如果我们还抱着二十年前对待 MBA 的教育的态度，我们不可能走出新的路。在发展的过程中切忌自我感觉良好，切忌重复过去，我们必须不断发展自身、超越过去。对待过去，我们不需要持否定态度，但一定要对过去做出客观的评价和反思，并从中找到新的前进方向和机会，唯有发展是永恒的。

问：近十年来您一直在身体力行地推动创新创业教育平台的建设与经营，并取得了非常突出的成绩，请问是什么因素激发您去做这件事情的呢？

答：首先是我们对管理教育、对商学院发展的反思，其次是我们看到了问题，我们把注意力放到了创新创业教育这个极为重要的领域。因为当时我们已经看到国家的发展需要创新驱动力，现在我们可以说，国家对创新驱动力的需求从未如此迫切。纵观国际环境，我们不仅要创新，还要自主创新。在十年前我们就通过反思看到了这个问题的重要性。在教育上，我们已经有巨大投入，如教学楼、实验室、师资力量、教学项目的配置等；在科研上，我们也有巨额投入，每年的科研经费拨款可谓是天文数字。那么创新的投入呢？创新创业教育的投入呢？是多少呢？我们发现，以国家、高等院校为主渠道的创新创业教育从人员、资金到空间等配置，当年都不甚完善。我们都知道一个道理，没有投入就没有产出。光鼓励学生创业，却不投入就要看到成果，这是不符合常理的。所以我曾经画过一个图，我们的教育、教学是两个大直径的圆，而我们的创新创业教育要远小的多，可能只是一个点。教育指的是人才教育，人才是往两个方向去发展的，一是科研，一是创新。而科研又有两条路，一是基础研究，一是应用。我们用"input-output"的模型来解释这个道理，这是一个源源不断的有投入和产出的动态的过程，那么在这个过程中，投入的流量的大小和整体过程的连贯性与否就直接决定了输出成果的数量与质量。我总结了一个"10p 模型"，第一个阶段是申请项目，做课题（Project），第二阶段是申请专利（patent），第三阶段是整理成果发表文章（paper），第四阶段做原型（prototype），有了原型、获得认可接下来就要做出产品（product），这是第五个阶段；第六个阶段是进行生产（process），第七个阶段是对产品进行市场营销（promotion），第八个阶段是追求利润（profit），第九个阶段是目标（propose），最后总体来讲以上九个阶段都离不开人（people）的参与，包括教授、企业家、创业者，这就是"10p 模型"。但很多人在这个流程图上从第四阶段就终止了，转而去评职称（professional）、去获奖（prize），接着再去做课题、申专利、发文章……形成了这样的循环，这个循环始终没有走向社会和市场，没有对国家的发展起到推动作用。再回到"input-output"模型上，有些学者不断地要求国家投入，支持他们做研究，他们中有些人虽然能够产生一些想法（idea），但却无法推进到创新（innovation），甚至一些学者只能在研究层面徘徊而没有产出。企业从创建到成熟往往要经历艰难的磨炼，而创业初期最难过的关卡的便是"死亡谷"，稍不注意就容易夭折。清晰地描绘了"死亡谷"的存在状态，横轴代表企业的成长过程，纵轴代表企业的营业收入。"死亡谷"是创业者和投资人都必须要跨越的鸿沟。

问：能否请您就"创新的重要性"与我们谈谈您的感悟，我想这对于我们设计园区的机制研究大有裨益。

答：创新需要土壤，需要合适的生态环境，更需要交叉，x-lab 作为一个创新创业教育平台，由清华大学的十几个院系共同组建，我们组织了很多导师，纳入了学校的多门课程，并与多家投资机构进行合作，平台对所有的学生开放。我们以学生为本，以教育为驱动，注重学科交叉。创新是一件成功率很低的事情，它和创业一样，也要度过"死亡谷"，所以要有数量的保障——网络效应。只有足够多的人去做这件事，才能增加想法落地的可能性。我创建的 x-lab 的五维模型，在这个模型中最重要的一点是明白自己的使命是什么，正所谓"取乎其上，得乎其中；取乎其中，得乎其下；取乎其下，则无所得矣"。第二件事就是育人，实现教育的途径就是设置课程，我们不仅有知识型课程，还有实践类课程，课程不局限于国内，包括国际交流项目，让学生从课堂走向市场。研究型大学应该肩负起为社会培养创新创业型人才的责任，应用型大学负责培养就业者。培育出优秀人才，把人才组织成团队，继续培育团队，要把个体的人带到创新创业环境中来，不能只停留在温室里。x-lab 自 2013 年开始接收团队，受到了很多学生的欢迎。原来很多创业的同学在楼道、食堂、宿舍等地打游击战，没有固定场所，x-lab 为这些学生提供了场地和空间。

有的团队成熟之后准备成立公司，我们也帮助这部分学生对接机构，如启迪孵化器等，成立公司之后我们对学生的指导和教育依然在继续。如何容纳这些学生和团队呢？我们要建立生态环境，有了生态环境，有了平台，才可以吸引资源。最后一点是平台负责人的专业能力和运作能力，这也是我们的方法论和内在规律，为什么说商学院的人适合做平台负责人呢？因为商学院是关于管理、组织、商业和领导力的团队，因此 x-lab 可以横向整合资源，我们可以帮助大家去整合、协同、沟通，把对的资源用在对的地方。但有些学校把这件事行政化了，他们负责办比赛、发通知，至于如何教学生去创新创业，他们是不专业的，他们甚至不懂如何定义市场、定义产品、讨论商业模式，更遑论设计和整合资源。

作为高校，目前主要的两件事是教学和科研，而我更期待的大学是找到自己的办学使命。学生在学校中学习知识、文化传承、能力培养都是过程，我们的目标是什么？为什么做这些事？如果我们没有清晰的终极目标，没有改变世界、引领社会变革的理想，那么我们始终无法和国际上的著名院校对话。我们还叫综合性研究型大学已经过时了，第一代大学是古希腊柏拉图创办的阿卡德米学园，他授课采用的是苏格拉底的问答法，和学生亲切交谈，一问一答。第二代大学以德国为代表，第三代大学是集科研和教学于一体的研究型大学，它对应着第三次工业革命的到来。而我们现在已经开始第四次科技革命，步入信息化时代，我们的社会形态已经具备智能化、创新性、柔性、动态、自组织等特点，却没有与之对应的第四代大学。我们现在的高校只有科研和教学是远远不够的，MIT的官网是按照Education、Research、Innovation排列的，创新的地位可见一斑。所以未来中国的高校应当把创新的地位提到新的高度。围绕创新创业人才培养，彭刚校长在第八届"校长杯"的决赛上提出了四个优先：一是培养创新者要优先于培养传承者、继承者；二是培养创业者要优先于培养就业者；三是培养创造者要优先培养劳动者；四是培养领导者要优于培养追随者。我们要培养学生的领导力和创新精神，只有重视创新，才能和市场中的资源对接。所以我的愿景就是要建设中国的第四代大学。在这样的背景下，现在的年轻人也应该倾听内心的声音，找到前进的势能。

最初创建x-lab的时候，我做了一个育人理念的模型，最顶层的是创业领导力，它下面有三个能力体系，分别是设计体系、管理体系，以及技术体系。管理体系包括创新创业能力，这是企业家获取资本的途径。技术体系指的是工程、材料、电子等高科技的科研能力，属于技术驱动力。而仅仅有资本和技术是不全面的，那么就需要引入第三个体系——设计，设计是研究人的学科，具有人文关怀。而领导力可以把这三者调动、整合起来，这就是x-lab在做的事情。

8-4
大信家居（国家级工业设计中心）

大信家居（国家级工业设计中心）是首批工业和信息化部评定的国家级工业设计中心。是企业以"工业设计驱动"为核心动力，以确立自身创新力以"模块"要素为基因，始终贯穿企业发展的生态理念和价值观的载体。大信家居（国家级工业设计中心）属于郑州市大信整体厨房科贸有限公司。该公司成立于1999年，从事整体厨房、全屋定制和家居消费品的设计研发、生产及销售的家居品牌，是全国工商联家具装饰业商会定制家具专委会及整体厨房专委会执行会长单位。2018年11月，企业入选在中国国家博物馆展出的《伟大的变革——庆祝中国改革开放四十周年成就展》，是中国家居行业唯一入选企业。在工业设计领域，先后获得了9件软件著作权，一项科学进步二等奖、各种专利200余项，入选2017—2018中国家居十大品牌。原创的产品获得过德国红点奖、中国工业设计"红星奖"、整体厨房行业"金勾奖"和世界工业设计大会 TIA 原创设计奖等设计大奖，成为行业获此四大奖的唯一品牌。

**8-4-1
企业简介**

大信家居（国家级工业设计中心）是国家首批服务型制造示范企业、国家智能制造试点示范项目企业、国家高新技术企业，企业发展模式被清华大学纳入中国工商管理案例中心。经过 20 年的发展历程，发明了"易简"大规模个性化定制模式，推动家居行业的产业革命，并被评定为国家智能制造试点示范项目、国家服务型制造示范企业、国家级工业设计中心、国家高新技术企业，并作为哈佛大学的共享案例。

大信家居（国家级工业设计中心）的特点，是运用中国人独有的网状思维方式和中华传统优秀文化内涵，以自主研发的软件系统为依托，实现定制家居的大规模个性化定制。高技术创造高效率，高效率带来低成本，此技术可以实现高中低端市场的全覆盖，且创造了不可思议的市场竞争力，是一个颠覆性的创新。将工业园创造性地建成了国家级工业旅游景区，园区内拥有"空中花园孔雀谷"、"大数据云瀑布"、"有云计算中心"、"全球鹰眼可视系统"、"双分布双模块"、"智能制造生产车间"、"智能制造可视厅"、"非仿形机器人"等全球领先的设施设备系统。

**8-4-2
园区文化**

（一）园区文化
企业宗旨
"信息顾客，用心去做中华民族的好子孙"
"全世界大多数人都需要物美价优的产品，这是人类特别美好的愿望，这也是大信的企业使命和崇高理想"

大信人
1. 求真务实　心系顾客
再大的阻隔，江河自古奔流入海
这是大自然中包含的真理
一切的奋斗，大信始终心系顾客
这是大信人永恒的信条
只有奔流不息，江河才能让百川入大海

唯有求真务实，大信才能以顾客为中心
要从根本求生死
莫向支流分浊清
去粗取精
去伪存真
我们唯一的正道便是
求真务实，心系顾客

2. 永担责任　当下行动

没有永远的成败

只有永恒的担当

再细的河流也能积累长江大河的气魄

再小的职责也能造就顶天立地的人格

永担职责

当下落实

不落实就落空

成功是做好一切，失败只因一个细节

不推、不拖、不拉

让同事看到这样的大信人，心生敬畏

让家人看到这样的大信人，自豪幸福

让顾客看到这样的大信人，放心信任

一心一意

永担职责，当下行动

3. 安身立命　诚意正心

找到属于自己的草原，安顿下来

盖房养马，娶妻生子

要么农耕，要么放牧

衣食无忧，甜美生活

发现适合自己的岗位，踏实下去

求真务实，心系顾客

能够安身，能够立命

实现自我，灿烂人生

所有的力量由诚意生

所有的幸福从正心起

不自欺，不欺人

老天自然会眷顾我们

顾客当然能相信我们

大信人都知道

幸福的日子由安身立命始

辉煌的人生在诚心正意中

4. 格物致知　笑遍世界

知道自己的性向，知道自己的职责

熟知自己的岗位知识

熟知自己的岗位职责

庖丁解牛，游刃有余

既做就做最好，当家就当专家

这时我们会不由自主地笑出声来

笑的得意

笑的潇洒

笑的快乐

因为通过努力每个岗位上的大信人

都成为了行业的高峰

每个大信人都凭实力诠释着

海阔无边天作岸

山高绝顶我为峰

我们的努力定将让我们笑遍世界

8-4-3

园区发展模式

设计理想

与平庸为敌；为美好涅槃；让设计永生

一、注重原创设计及设计研究

从 1999 年至今，大信将持续收集的 10 万套整体厨房数据归类出

4 635 个解决方案，2005 年大信总结出 380 个原始设计模块，针对提高生产效率，独创了大信易简大规模个性化定制模式，实现了定制家居行业的大规模个性化设计、大规模个性化制造和大规模个性化服务。

一直以来，定制家居受制于不能大规模批量化生产，企业规模往往很难做大。但大信经过多年的积累和研发，依托中国独特的优秀文化与中国人特有的网状思维方式，创造了"三边极效"、"六要合一"、"五维十方"的智能制造系统思维模式，发明了"易简"大规模个性化模块化智能制造模式。"从 1999 年到 2005 年，大信将自己收集到的 10 万套原始整体厨房设计方案进行整理，总结出 4 235 套经典解决方案，可称之为情报级。大信通过研究将情报上升到知识和认知，生成了大信原始的 380 个模块，根据这 380 个模块，原创大信的设计软件和 ERP 系统的搭建，并形成了大信原创的"十方兼容"工业设计理论体系。2005 年年底，大信的设计软件和 ERP 系统成型，大信实现了云设计和订单的云计算，大信也成为了行业中首先且目前为止唯一一家实现无人拆单的企业。到 2017 年，大信的设计软件和 ERP 系统软件进行了 9 次升级，大信的模块也发展到了 2 326 个，通过模块和软件的无缝结合，大信将全屋定制的无限制设计变成了美好的现实，让冰冷的机器懂得顾客的心。

"易简"大规模个性化定制系统获得诸多殊荣，并帮助大信完成了许多不可能完成的壮举，破解了定制产品在定制过程中成本高、周期长、质量差以及规模生产难的四大世界性难题，将定制家居国际水平的交货时间由 18-45 天缩短到最慢 4 天；将定制家居国际平均用材率的 76% 提高到 94%；将定制家居国际平均差错率 6%-8% 降低到 0.3%……提到大信模式的功绩，庞学元如数家珍。最终，大信实现了定制家居大规模生产，且综合成本比定制家居行业先进水平降低 50%，比成品家居行业先进水平降低 15%。

一系列技术的创新，让大信家居定制家具的成本远低于成品家具，实现物超所值。具体表现为：293 种或更多的质感和色彩，56 类或更多的风格，以板式为基础的无限制定制，100 平方米住房面积全套定制家具和厨房电器（不含电视机、热水器、冰箱、洗衣机、家用电脑等其他家用电器），零售价仅在 5 万元左右。大信真的在用心诠释，顾客心满意足的笑容就是美好！

二、模式创新

大信的战略是做"厨柜行业的格兰仕",以标准化、规模化实现低成本,以优质低价在规模巨大的中低端厨柜市场成为领跑者,被称为地产杂牌的"杀手"。大信的战略定位清晰、战略配称得当,坚持战略十几年不动摇,不见异思迁、不人云亦云,"十年来产品价格表没有改过",实属难能可贵。

大信的品牌定位是做"中国老百姓买得起的优质厨房"。大信致力于将中国厨房文化与西方工艺设计完美结合,打造现代时尚、老百姓买得起的优质厨房。为此,大信下功夫研究中国老百姓的厨房文化与消费心理、不盲目西化,建行业首家主题博物馆,传承源远流长的中国厨房文化。

大信的营销模式非常独特,一反行业的通行做法,"卖厨柜,赚电器五金的钱"。大信以供货价低、交货期短、加盟门槛低(0 加盟费、9 天开店)实现快速扩张。以配套率高、出错率低实现营销链复合利润。大信的主业是厨柜,但鲜为人知的却是:大信先后成为美国艾肯(水槽)、美的(小家电)的中国乃至亚洲最大的代理商。大信颠覆行业定制营销模式,将厨柜当成品卖(类似宜家),解决高质与低价、交货期长与出错率高等行业难题。

大信实现全标准化生产,对行业进行颠覆性突破。大信在厂区规划、厂房布局、仓储设计、岗位设置、材料采购等每一个环节降低或控制成本,成本控制成为公司的战略。舍弃强调个性化而很难实现标准化生产的门板材料如烤漆、实木等。在适合实现标准化生产的门板如模压材料上做足文章,在款式、厚度、材质等方面不断创新,实现款式与性能上的独特优势。大信 200 人的工厂一年完成 10 万套以上的厨柜生产,相当于大部分中高端厨柜品牌 2 000 人才能完成的生产量,劳动生产率提升 10 倍以上。

三、工业旅游

大信"魔数屋"工业旅游景区,位于河南省新乡市原阳县万象路金祥家居产业园内,北距新乡市 30km,南距郑州市 35km,地处中原城市群核心发展区,位于郑州一小时经济圈内,交通条件十分便利。总占地面积 500 亩,景区现有大数据云瀑布、大信家居博物馆、游学中心、智能制造简易厅、大信企业文化长廊、大信家居定制体验馆、检测测试中心、智能制造可视中心等 10 余个特色观光游览景点。可近距离观赏世界领先的定制家居制造技术及家居生产全流程，具有极高的观赏性。

大信"魔数屋"是集传统文化展示、先进的工艺流程展示、购物于一体，具有极高的观赏价值、历史文化价值、科学价值及科普研学价值，多次接待外国友人及科学专家，普遍受到大众的称赞。

在这里，可以看到高效节约成本的阳光立体仓库，看到世界领先的现代化智能制造生产线、看到中国唯一的家居文化博物馆。在这里，一起感受定制家居行业的技术革命，感受中国先进的工业力量，感受中华文化的自信心和中华民族的自豪感。

四、企业设计平台

1."魔数屋"软件及私有云系统

魔数屋软件和私有云系统是大信实现智能制造的基础，通过魔数屋软件，将大信经过二十多年基础研究所积累的 2 500 余套家居模组整合管理，实现家居生产、设计的模块化，从而达到大批量的同时兼顾个性化的目标。通过私有云系统实现网络订单的监控、实现派单、拆单、生产、管理的自动化，从而去掉冗余的管理岗位，进一步节约成本。

2. 监控功能的物联网可视化"鹰眼"系统

"鹰眼"系统可以实现对模块品控、制造、分拣、物流等节点的监控管理，从而进一步精简管理结构，降低不必要的开销，实现管理的现代化。

3. 自主设计的大数据分布式模块化制造平台

大信的生产制造平台是在经验积累下自主研发的，生产完全符合自身需求，成本要远远低于国外产品，但是生产效率却是国外设备的 5 倍之多。大信的生产制造平台打翻了传统流水线格局，采用了矩阵式的创新生产格局，生产过程更加自主、更加灵活，达到了最佳的适配性，打造了低价高速的神话。

4."梦模块"有始无终的研发系统

"梦模块"是大信家居大批量个性化制造的基础，从开始研发至今已经二十多年，通过深入生活形态的基础研究，已经积累了 2 500 多个家居模块，实现了家居模块化制造，实现大批量生产的同时又保证了用户个性化的需求。"梦模块"现在依然在不断地提升、优化，不断地扩展，进行永续不断、有始无终的研发，为企业发展不断夯实基础，提升竞争力。

5. 以家居文化博物馆、设计中心为主的产业旅游平台

大信建立了以中国古代家居生活文化为基础的家居文化博物馆、企业设计研发中心、行业交流中心，将企业的宝贵研发资源共享，促进整个行业的发展，同时也通过产业旅游的形式，不断提升自身的影响力，通过免费产业旅游的方式，实现了客户的高效转化，为企业带来长远的利益。大信在不断加大开放的力度，新的色彩博物馆、现代设计博物馆都在筹备建设之中，通过这种方式实现了产业与文化在企业中协同发力，取得系统层面上的胜利。

8-4-4
园区经理人访谈

庞学元

郑州大信家居有限公司创始人、党支部书记。全国工商联定制家居、橱柜专委会执行会长，中国五金制品协会副理事长，中华人民共和国整体厨房国家标准《GB/T11228-2008》、全屋定制标准《JZ/T1-2015》、中华人民共和国整体橱柜行业售后服务标准《SB/T11013-2013》的主要起草人。

问：我们了解到大信家居经过 20 年的发展历程，发明了"易简"大规模个性化定制模式，推动家居行业的产业革命，并被评定为国家智能制造试点示范项目、国家服务型制造示范企业、国家级工业设计中心、国家高新技术企业，大信家居发展模式被清华大学纳入中国工商管理案例中心。在您创立及发展大信家具这 20 年的过程中，请您谈一谈对建设国家级工业设计中心的体会和心得。

答：在建立国家级工业设计中心的过程中有几个关键词我们非常注重，第一个就是高度，就是站在一个什么样的高度来建设国家级工业设计中心。高度是从我们的行业出发的，家具行业是人类最古老的行业，也是被工业设计耽误的一个行业。因为家具行业的总体规模和汽车行业差不多，比汽车行业还大一些，在 21 年前，我们创业做这个家具行业的时候，步入家具行业的时候，汽车行业的规模已经做到一万亿了，但家具行业呢，超百亿的几乎为零，那什么原因呢？问题出在哪儿？第一次工业革命和第二次工业革命，为什么没有解决家具的问题？它的问题出在哪儿？我们经过分析以后，发现就是在工业设计这一块儿，没有做很好的这个技术突破。

（一）高度

这个新的国家级工业设计中心是以国家的高度来命名的一个设计中心。中国是第一工业大国，也是一个发展中的，在逐步追赶过程形成的一个超级的门类齐全的工业大国。人的生活的范围和文化是由地理决定的，文化决定生活。设计源于生活，所以家具从人性这个角度出发，追求的是个性，和工业的大批量一致性是矛盾的。工业是批量化、标准化的一种生产方式。这两者之间的矛盾，在工业革命的一二百年中没有得到彻底的解决。

这个事情到了第三次工业革命信息化以后才开始有所突破。以德国、日本为代表的一些发达国家，他们是先用艺术软件，就像 3Dmax 这一类的软件画一个效果图。分割成不同部分，通过碎片化的生产去提高效率，实现工业的让渡。而工业让渡其实是一种倒退，它不是批量化的，而是碎片化的，碎片化的结果就造成了这个事做成了。

但是这比成品家具的成本增加了 35%-40%，这是它造成的一个结果，但它找到了解决工业化的方式做不成个性化定制的问题的一个路径，这个问题需要有更好的方法解决，所以刚才我说的高度是站在行业发展的高度，站在人类的高度，站在哲学的高度，人类对这个真正的需求的高度来，这种站位建立了这个公司，目的是解决这个问题。若不是为解决这个问题，我们没必要建立这个公司，因为世界上不缺一个重复过去的方式去制造家具的公司，它需要一个全新系统，这是最早我们的初步努力。

最后，最终成为国家级工业设计中心的最重要的原因就起点高，有理想，以问题为导向，立意高远，找到问题的要害，彻底解决问题。所以第一个问题的关键词是高度。

（二）基础

所有产业的革命都是基础研究的厚积薄发，那在这个基础上需要解决一个问题，就是生产过程的可重复性的标准的确立。那哪些部分可以哪些东西可以确立可重复的标准？这时候我们就研究蓬皮杜艺术中心，到英国、意大利看他们是怎么突破的。比如文艺复兴，他们是怎么突破的，包括达·芬奇画的蒙娜丽莎，她是怎么突破的。

那就是科学的方法来打破界限。这个过程当中，我们需要做什么？你看达·芬奇解剖了几十具尸体才画了蒙娜丽莎，蓬皮杜艺术中心用现代的这种思维打破达·芬奇、伦勃朗这一代人对艺术的叙事性感知，用工业的想象力去参与整个人类工业的进程。我们到美国大都会博物馆看了那么多非洲雕塑，从中看到了阿凡达，看到了唐老鸭，看到了很多很多的像钢铁侠这些形象。是需要我们从哲学上要打破自己的这种世界观，从这个角度认识世界，要重新认识和颠覆传统这种设计的方式，包括欧美的这种想法，日本、德国的这种想法。

对于定制行业，日本、德国，包括意大利，他们实现的过程就是刚才所描述的方式，一个整体变成碎片去加工生产，是这种形式，那我们的想法，我们的世界观是什么呢？我们首先把它这个看成一个一个系统，就是像汉字一样，我们从汉字受到启发。世界这个可以常用的汉字有 3 500 个，但是所有的汉字将近 9 万个。后来我们又专门看了一下《毛泽东选集》，2 900 多个汉字就解决了所有的问题，这些汉字是一些标准的模块，可以组成天下所有的文章，以有限的标准组建的无限的文章，这就可以说是个性化定制，那我们需要来创造一种设计语言、设计文字来创造、定义这个汉字，那这个就需要做基础研究。每个字的合理性、正当性、科学性、通用性、可计算可生产的特性，这个东西需要我们去做研究。

在欧美的设计思维上，在他们走过的这条路上，再走下去是走不通的，这是他已经发展到极限也没解决的问题。我们走了另外一条路，这个设计是另外一种算法。就是你们上课老师教的内容，顾客数据、人机工学、顾客体验等，这些数据的采集，只要你有意愿，有精力，包括有一些资金的支撑都可以实现。在最初的时候我们做定制家具不可能全部开始。我们选择从橱柜开始解决，作为一个突破点。我们 1999 年开始做，很认真地按照老师教的方法做了 10 万套，关键是我们用数理统计的方法把这 10 万套进行了统计和归纳。

那在这个过程当中，就出现了一些跨界的更深一步的研究，比如说这个建筑与家具之间的模数关系。家具板材是一米二，两米四，这是一个世界的标准规格。这个规格我们要生产这种家具的模数关系是什么？还有，中国的人口的单元是什么样的？他怎么生活？他吃什么东西？他的胃有多大？他几个人，一个家庭需要多大直径的锅？这个器皿直径是多大的？气枕在柜子里占的面积是多大的？器皿的种类有多少的收纳的科学性在哪里？人有多高？手能够到多高？手能够到，同时眼睛也能看到的安全高度是多少？这个人蹲到什么程度会拿到物品？这些数据都要经过认真的筛选研究，这就是做的基础研究，没有这个是定义不了设计的。

把这个事弄清楚之后，下一步就是未来是什么，在这个问题上就出现了一个问题，这个未来不可预测。比如说中国人说开水、热水和喝生水味道上没有区别。为什么我们 14 亿中国人有喝热水的习惯？为什么有这个共同的行为方式和思维方式？它的根源在哪里？它过去是怎么来的？未来还会换。

我们请教了柳冠中先生，这个问题怎么来破解呢？老师说，工业设计是传统的再造，关键是再造，那你了解过去才能看见未来，这往后看多远就能往前看未来，定位未来的坐标。那怎么办呢？在哪向后看呢？后面的东西在哪儿？只有文物才能解决这个问题。

我们试图在这个方面也想找一个捷径，比如说我们查资料，看看中国人为什么喝热水，中国为什么包粽子，中国人为了吃蒸食，老外发明了蒸汽机，为什么不吃蒸食？中国人为什么用筷子？结果再通过各专家了解到，基本上都是带有浪漫主义的。但其内部逻辑我们要找到，因为工业设计在某种程度上是一种科学，是可重复的实证。我们从哪里找到可重复的实证呢？只能从文物里找。

中华民族的文化 5 000 年没断，而且视死如生，随葬品是当时生活的，一个时空定位下来的、物质固化的。这个东西到哪儿找？我们跑了很多博物馆，但他们也不知道为什么要蒸，而且博物馆不系统，它只是在同一个地方出土的某个将军或某个大人的某个区域的一个东西而已。我们是研究人的生活方式，我们得找可重复性的物证，那怎么办呢？这时候我爱人李健萍女士，她也是一个艺术学院的院长，商量以后她就辞职了。辞职以后，我们开始收集这方面文物，从文物找到了所有的依据。比如说改造器皿，从而让热效率更高。中华民族不像欧美的打猎的来回乱跑，中国人就在鼎下面加了三条腿，腿的高度，就是火焰的终验的最热那个高度，我们经过测量，这可使受热面积最大化。你看那个釜，下面是煲粥，上面有个斜面，像一个灯笼一样，可以用来蒸主食，上面再加一蒸锅，同样的一份燃料可以做成三份到四份不同的食材。所以中国这个灶这是一个先进的集成系统。

用历史的坐标来定位未来的坐标，这个坐标就是参照，参照历史寻找未来，来定义我们的生活方式，我们找到了这个依据以后，我们就可以大胆地确定，我们的蒸锅需要多大，蒸锅的调料放在哪儿和蒸锅配套的餐具放在哪里，这就是为每个可重复性的工业单元做定义的依据，没有这些依据，这种理想或者最早的这种想象也会崩塌。所有的产业革命都是基于这个基础研究的厚积薄发，这也是我们所说的在这个基础上做的这个实验。

我们在这个基础上研究的过程中开始注意这方面的事情，我们建成了世界上最大的非洲博物馆。非洲博物馆是人类的初心，现代艺术的母亲。做工业设计，如果没有想象力就失去了灵魂，是没有未来的。那中国最早有没有想象力？中国最早有飞天，汉代就有飞天，到宋代以后就基本上没飞天了，后来中国又飞上天了，这是参考了世界的想象，这种想象力我们得找回来。我们怎么找回来呢？人类思考是有规律的，有逻辑线的，那我们就建成了世界上目前最大的非洲博物馆。

在此基础上，我们建立了厨房博物馆，刚才我给你介绍了，我就不再多说了，我们还建了一个家具博物馆，这就是我们做的全屋定制，就是大规模旧家具的，不是厨房，是所有家具的定制，这种定制需要对人的生活的方式进行研究，除了我们正常说的那些信息的功课之外，还有一个更重要的就是历史的研究，我们建立了中国明月家具博物馆，它也是以文物，它主要分为四个主题，第一个就是给家一个定义。

中国人的家园是什么？中国家园是农舍，中国的家具是什么？中国的饮食，中国的家厨什么？然后中国的家国是什么？国家和家之间的关系是什么？我们从这四个方面进行了思考和探讨，从这四个方面，我们建立了这个家具博物馆。这个家居馆也非常棒，将来到大学来交流的时候，你会看到这个博物馆后，它很有价值，但不一定是文物，在这个文物圈儿里很值钱，但是它具有科学研究的价值，我们是从科学的角度，从人类学的角度，从工业设计的角度，从人类生活规律的角度来寻找这些文物，为未来找坐标，为现代人的生活方式找确定性，通过这些东西来实现这个目标。

另外一个还有一个色彩博物馆，这个地球是圆的，最适合做农业的，一个是长江、黄河，另一个就是底格里斯河和幼发拉底河。在农业时代做农业是最赚钱的事儿，也是创造效率最高的一个。我们有得天独厚的条件，而决定人的未来的不是哪一个神，而是大自然，它有河的力量，有自然的力量。比如说冲积平原，给大家带来了肥沃的土地，同时也带来了灾难，那黄河长江泛滥与不泛滥，风调雨顺谁来管？是天和地自己决定的不是上帝决定的。所以中国人认为，天地阴阳就是男女，就是万物，包括动物，包括植物都有阴阳，先阴阳，后五行，五行是物质的，物质是运动的，它们之间的相互关系，对色彩的影响，那就是五色理论。

也就是中国说的五正色和五间色，五正色和五间色的意义在于它契合了现代的科学。我们研究发现，这也是我们在这个系统上第一个提出来这个观点的，在学术界内，红黄蓝三原色黑白代表着明度，这个和西方现代色彩学是契合的，而中国，因为有对世界的这种认知，确定了10种主要颜色的色值，就色彩的数值。

然后我们国家就开始设官员进行对色彩的管理，一直到情感。这是个国家行为，再加上因为黄河长江比较大，比幼发拉底河的底格里斯河大的距离要宽，它养活的人也多，这样出现了一个结果，就是这个民族不可战胜的后劲儿的力量、它的文化没有断。色彩的认知变成民族共识，整个民族整个国家的共识变成一个系统。作为中华民族的一分子，我们怎么为人类美好的生活去寻找更好的未来？这个是我们做基础研究，也是我们建立色彩博物馆的主要原因。

在我们之前也有色彩博物馆，比如说美国的哈佛大学有400多平方米的博物馆，我们这个6 000多平方米，基本上是它的15倍左右。那为什么我们有这样的规模？因为我们中国有这个文化，有这个历史，几千年没有间断，而且在地下有这些东西，那我们这把这些东西收集起来，它就是我们文明的物证，是我们色彩和工业设计的一个物证，是工业设计研究的对象，它也是大信国家级工业设计中心的特色，我们从中找到未来。我们也要研究差距，不能不研究色彩，但这个色彩没有参照，包括你们学校也没这方面的书，那怎么办呢？我们就不断地去研究，去寻找。这就是基础研究，这就是作为国家级工业研究中心的责任和担当，没有怨言的勇往直前的精神。

（三）智能

我这里所谈的智能主要包括两个方面：第一个是关于设计的智能化，就是知识的自动化；第二个是制造的智能化，就是回归工业的效率、质量和成本优势。智能化设计的基础是标准，就是把这个定制的不确定变成确定，它的核心是标准，每一个标准的模块的定义，这是智能化的基础，没有这个东西就没法计算。这个道理就像我们确定不了什么是一，什么是九，什么是四的时候，就是很抽象的时候就没法去计算。一是什么？这个是最重要的，那我们做好了这个基础的工作，下一步就是怎么实现智能设计。

设计是稀缺资源，设计能不能变成工业化产品，而且充满了个性和很高的水准呢？这是人类历史的一大难题，而我们在试图来解决这一难题。首先要解决的工具问题，就是说画效果图的，3Dmax 一类的软件、工业软件 CAD 这一类的软件，这两个软件的基础，它的一个底盘是不一样的，所以它俩是放到一起的，通常的情况是先画效果图，然后再转换着，或者是就另外再做一套 CAD 的图纸，然后来连接工业的制造。

而我说这个连在一起不是把这两个软件连在一起，是我们又创造了一个新的软件，这个软件的基础的算法和数学模型，包括它的建模，整个系统都是另外一个系统，和它们没什么关系，重新做了一套东西。这个软件是中国自主知识产权软件，这个软件就是我们发明的，这个软件的名字叫红逸，这是我们的一个工具，这个工具我们开发了 13 年。开发的目的就是提高效率。工业的核心还是提高效率，提高质量，你看它的效率，这个效果图变成 CAD 的话，它可以给机器直接连接，这个效率和质量，这是工业的一个核心。那我们基于此就建立一个软件，这个软件的创作难不难？太难了，从零开始做起。我们做到现在做成了。

这个自动化体现在哪儿呢？只要有标准就可以算，它只要有逻辑，那我们找它的标准，找它的逻辑，我们就找可以找到它的算法，通过比如说我们的设计线，能找到这个规律，就能找到它的基本的算法，算的单元就是模块，用模块来组成一副这个个性的产品。通过设计顾客确认还原成模块，变成进行梳理统计，算出它的最佳批量，然后批量化生产模块，而不是碎片化，而是标准化批量化生产模块，在整个生产的过程是标准化、批量化，输出的产品是无一类同的，个性化的。类似于所有人用的都是汉字，但每个人写的文章都不一样，它是这样一个水平。

那他的思维的逻辑，所喜欢的东西是什么呢？比如说他比较细的条儿，他又喜欢中式家具，比如明式风格，他不一定就喜欢宋代的那种高雅，不一定喜欢唐代的盛唐之风，这些东西只要在看我的电脑，把你的需求输入，像百度一样，输入你的关键词，我可以同时出 10 个方案给你，然后让你来挑选。

在这个基础上，我们可以根据你的个性需求我们再调整，比如说你需要一个衣柜，这人不喜欢穿裙子，就喜欢穿裤子，那我们是叠放区、挂裤子的地方就比较多，比如这个人喜欢穿风衣，喜欢穿高跟鞋，这个空间我们不可能穷尽所有的人，但是可以在原有的我们的智能设计的基础上，再不断完善，电脑还会记忆它，越学越聪明，下一盘棋可能需要两个小时，但计算机算一盘棋可能就需要几秒钟，那这个就是我们的优势，这个就是人类的未来。

只有设计的大规模化、低成本、个性化才能做到无限的个性定制，又能低成本又能贴心，只有解决这个问题，才能做到大规模个性化定制。大规模个性化定制实现的目标的低成本高质量，必须是模块的工业化生产。关键在于设计的这种对接和设备的对接之间的关系的打通。所以我们另外一个很重要的特点，就是智能设计和智能制造，实现了大规模个性化设计和大规模个性化制造，这是我们的两个核心。

（四）理想

我们的初心志存高远，我们想解决人类的被工业设计耽误的家具行业，从工业设计的角度为驱动，重新构架来解决这个系统，我们这个系统比德国和日本领先 10 年以上，这种自信是我们从基础一步一步走出来的，基于我们这种基本的思路，现在基本把所有的问题都解决完了，正在美化和提升的过程中。他们还是另外一个算法，另外一个体系，所以不在一个层面。

为什么会有这样一个基础？我们在从哲学的角度考虑世界观和方法论的问题的时候，我们参照了世界上他们的成功的经验，比如说他们参照了非洲的想法、人类的初心、现代艺术的母亲，包括蓬皮杜，哲学哲师，还有中国人的网状思维模块化和中国的汉字，包括中国的中药，这种思维方式对我们都有启发，计算机数理统计数学和摄像转换这种东西对我们有很大的启发和帮助，这些东西是不是很困难？当然，但如果你有理想，所有的困难都是快乐。如果没有理想，所有的困难都是痛苦。理想的基础是爱，是正直和善良，就是解决问题，不是为了挣钱才去做设计，而是你设计得好，就什么都有了。

我们是一个有理想的企业和团队，我们想的就是能让顾客省一半钱，虽然我们不认识他，但是我们感到很愉悦很快乐。所以我们按照将本求利，比如说我们成本是多少，我们把我们的利润留下，剩下的都给顾客。在这个过程中遇到了很多挑战，比如说，你的竞争力太强，同行害怕你、诋毁你，进红星美凯龙、居然之家店面的主流市场，你进市场都面临着很多生存的压力和困难。那我们可以开路边店，可以采取各种方式来满足顾客的需要，虽然困难很大，但是心里充满了喜悦和快乐。

有理想才有快乐，人活着才有意思，所以我们知道我们有很多困难。面临这些讨论，这些创新，包括我们创新成功以后去突破这个市场，这种围追堵截，包括各种各样的研发过程中的困难，比如收集大量的文物有多困难。我们建了一个博物馆就已经很困难了，我们建了 5 家博物馆，而且都是以文物做支撑的世界水平的专业博物馆，这有多困难。但如果你有理想，这都不是困难，这都是喜悦，都是快乐的过程，就像一个想做母亲的一个女孩子，怀了孩子以后，那种喜悦，不是痛苦，都是快乐。

这种企业确实处于一个正能量，这种东西是支撑企业的一个很重要的支点，我们创建这个企业，就是为了解决这个问题，就是解决被工业设计耽误的一个行业，这个问题从工业设计的角度，然后再用钥匙继续开发探索的过程当中，我们知道困难是什么。所以我们在 21 年前做企业宗旨的时候，我们的企业宗旨就是心系顾客的，心里想的是顾客不是效益，心系顾客用心去做中华民族的好子孙。我们的企业的使命，是全世界大多数人都需要物美价廉的产品，这是人类特别美好的原画，这是大信的使命和崇高理想。你们学校也是厚德载物，你只有这样的德行，工业设计中心有国家情怀，它才能达到国家级设计公司的情怀。

问：您在创建公司，及后期发展过程中，您认为最困难的地方是什么呢？

答：最大的困难是战胜自我，我们现在从技术、顾客接受度、企业的生存条件，各方面都很好的情况下，就从创造这个技术的过程当中，我们冲过去，熬过来了，看到了美好的明天。但是你的好得让顾客知道，在这个过程中，这就是从一个行业品牌变成一个消费者品牌，变成一个公众品牌，这是我们要实现的下一个目标，这是我们现在面临的最大的困难和挑战。

从技术层面理解是这样的，其实，从另外一个角度理解是想让人类的生活更加美好，他的技术表现、市场占有率理想的表现是人类生活更加美好的体现。怎么来实现这个目标呢？我们把这五家博物馆打造成我们企业的形象代言人，然而，它本来就是我们这个研究过程的重要遗产，把这些小白鼠变成形象代言人。

接着把这些博物馆变成旅游的核心产品，核心竞争力的产品，然后将我们这个工业设计中心变成工业化教育、工业旅游以及游乐的地方，这里的五个博物馆，全部是免费博物馆，最早的到现在已经开了将近 12 年了，让大家快乐地了解历史了解未来，在休闲和快乐当中，在感受美的过程当中，选购产品来传播品牌。

我们现在是国家设计中心国家级工业，同时也是一个 3A 级的国家旅游景区，这个国家旅游景区的落成就是把先进制造业和现代服务业结合，就是智能制造这些系统，最先进的工业制造方式。现代服务业或者当代服务业也和设计旅游博物馆深度融合，创造了一种新的消费方式，让人既快乐又幸福又轻松地来实现自己的美好家的愿望，是我们正在努力的一个过程。

这个过程本身给人们带来的美好，其实这就是解决这个从工业设计到品牌关系问题。什么叫品牌？其实概括两个字就是关系，通过旅游，通过博物馆，通过产品和顾客体验建立一个好的顾客关系，从而树立品牌，然后通过自媒体的方式，我们提供自媒体传播的工具，方式和自媒体产品，让顾客来了解我们在这个美好的体验过程中，让它传播产生蝴蝶效应，是我们把从技术走向公众，从技术走向美好走向生活的一个体验，这个过程也是我们作为国家级工业设计中心的一个创新。现在呢，实际情况我们在正在打造。这个在过去原有的基础上，我们过去一年会来 30 万人左右，让我们来博物馆看，我们可以每年接待 236 万人，我们经过科学的分析和研究，包括从哪儿进，从哪儿进行安全客流疏散，包括所有的一切，包括卫生间的蹲位，小孩换尿布的地方都有完善的考虑。

如果想做这些事，这就是一个理想，一个长远的规划，一步一步来，这不是挣快钱的事儿，通过这个方向来实现的目标，所以也得管住自己，不能急不能为这个为理想，不能为眼前的快的利益所动摇，但实现是很困难的，这主要是心理的这种战胜自我完善，也是企业家的修炼过程，也是一个企业的修炼过程。

最后，我们这个国家级工业设计中心，目的和任务明确，架构的逻辑清晰严谨，以工业设计为驱动，将工业化和信息化人文精神深度融合创新再造，具有中国特色和国际担当，具有世界领先水平的一个依托企业，服务企业，服务社会的一个创新系统。

问：基于现在信息与工业结合的发展趋势，您认为工业设计师在未来更应向何种方形发展？或者说您认为未来的设计师应具有哪些能力来适应基础能力被逐渐替代的现象？

答：这个只能说一己之见，例如我们行业，首先是知道工业设计的工业基础是与时俱进的，这是一个基础点。现在工业化、智能化是真正的一个方向，这是我们工业设计，是服务于工业或者相互作用，但是他的工业是什么呢？这个是首先要弄清楚的问题，这是个根本问题。

创新就是人的想象力和创造力，就是设计师必须具备的，过去中国的设计是不需要创造力和想象力，在最近过去的 40 年，为什么呢？因为是在学习和追赶的过程当中。它需要的转化水平，研究别人的套路，然后在套到自己身上就是实现中国工业化最快的一个路径，但未来还是创造性的，中华民族的历史是伟大的，它代表东方文明，它具有伟大的创造性。过去我们有至暗的一二百年，将来我们会有更好的未来。这个未来是我们对人类创造中国方案的一个过程，这个方案需要有面向未来的创造力、想象力，打破界限。这是首要的第一条。

第二条就是这个跨界。信息化、智能化在设计的时候把人脑的创造性和机器的格式化计算结合起来，所以说有些知识还是至少是要了解的。因为设计可能要更多的跨界和科学家的结合，和这个技术方面了解，包括制造方式、动手能力，关键是在大学期间要真正做出产品，是能在市场上经过磨砺的，要听到枪声，便能够成为听过枪声上古战场的战士。这样就容易生存，就是大学毕业以后不会有不适应。有挫败产生的东西，一定是有价值，有用的。

第三个方面就是境界。艺术发展的高度，是真正的艺术家不是在表现自我，而是表现对象。表现对象不是在自己学了点东西的情况下，把自己的个性表现出来，而是把人类对美的需求这种可能给他，为他们服务，这种服务这种大爱，这种美，这种至善，这种正直善良，这是大事的素养。

这个知识结构的完整性和跨界，这是很重要的一种方式。同时，创造性很重要，人和机器不一样，人会创造，人是有感情的，机器没有创造性，人的创造的欲望和不被条条框框所束缚，一个善良正直的心向一个正确的方向，坚持科学精神是可重复的实证，为人类创造好的未来。

8-5

广东工业设计城

广东工业设计城于 2009 年 1 月开园运营，概算总投资 26 亿元，核心启动区建筑面积近 7 万平方米，是以工业设计为主的现代服务业集聚区。采取"政府推动、省区共建、市场运作"的发展方式，是"国家级工业设计示范基地"、"国家级科技企业孵化器"、"广东省版权兴业示范基地"、"广东省服务外包示范园区"。

目前，园区已建立起具有市场调研、创新设计、研发中试（研发中心、中试车间）、生产制造、交易、展览、交流、培训、孵化及公共服务等综合功能为一体服务外包体系，服务范围涵盖智能制造、智慧家居、生命健康和医疗器械等新兴产业。

8-5-1

园区发展机制

2012 年 12 月 9 日，习近平总书记考察广东工业设计城，提出了"聚集 8 000 名设计师"的殷切期望。如今，广东工业设计城已聚集设计研发人员超过 8 000 名，完成了总书记寄予的期望。

多年来，广东工业设计城始终牢记习近平总书记的嘱托，积极搭平台、引人才，优化环境及着力促进工业设计产业转型升级。目前，广东工业设计城规划范围内聚集了设计研发人员 8 623 人，核心启动区吸引国内外设计企业 285 家，设计师人数 3 036 人，拥有高新技术企业 50 家，中国工业设计十佳设计公司 3 家、国家/省级工业设计中心 6 家，科技型中小企业 97 家，计划 IPO 上市企业 3 家。园区企业累计拥有知识产权数量 5 000 余项，获国内外设计大奖 400 余项，累计设计服务收入超过 82 亿元，其中 2021 年园区服务收入 15.55 亿元。

广东工业设计城的集聚发展引导带动了周边企业共建设计城。随着美的全球创新中心、乐创荟、智点汇、云创空间、太火鸟（顺德）设计科技联合加速基地、"广东工业设计城 – 国际创新设计中心"等重点项目相继落成，这里成为了全球创新资源的重要汇集地。

在人才引进和培产学研平台搭建方面，设计城在"广东工业设计城研究生联合培养基地"基础上建成广东顺德创新设计研究院，开展研究生联合培养和应用型科研项目孵化，为本地高新技术企业提供人才和技术支撑。目前，园区联合广东顺德创新设计研究院、D2C 实训平台等人才服务平台，已与国内外 200 多所高校建立合作关系，累计培养硕博人才 3 494 名，安排设计师实习就业约 2 000 名，为区域内超 200 家设计制造企业提供专业设计人才培养服务，辐射和服务区域 20 000 多名工业设计人才，这里正在逐渐成为全国设计创新人才集聚高地。

依托广东工业设计多年积累的创新设计能力和高端人才优势及技术研发力量，广东工业设计城将响应和贯彻国家军民融合发展战略，打造粤港澳大湾区军民融合创新设计服务中心，创造新增长点。广东工业设计城将发挥在提升企业自主创新能力和国际竞争力、改造提升传统产业升级和培育发展新兴产业中的引领作用，深度参与"一带一路"、粤港澳大湾区、广深科技创新走廊等国家级、省级顶层战略，进一步拓展设计企业市场空间。扎实推进共建共治共享，认真落实新时代党的建设总要求，培育"创新共融"工匠文化，推动园区党建与产业转型共融共进，以新的更大作为助推广东发展。

8-5-2
园区发展特质与机能

一、空间扩展：从工业设计产业园到工业设计产业集聚区

十年来，为推动区域工业设计产业的集聚发展，市、区、镇各级政府部门围绕创建"世界设计之都"目标，高标准编制"工业设计产业发展行动计划"、高起点设立"工业设计产业发展专项资金"，联动建设和完善一系列促进区域工业设计产业发展政策体系，并每年计划安排合计超1亿元的专项扶持资金，全力支持和助力设计企业做强做优做大，加快工业设计产业载体建设，全面提升本地企业的设计创新能力。如今，广东工业设计城通过形态提升已打造成7万平方米的"国家级工业设计示范基地"、"全国创业孵化示范基地"、"5G智慧化产业标杆示范园区"。园区入驻设计研发企业达285家，拥有高新技术企业50家，孵化原创品牌50多个，中国工业设计十佳设计公司3家，国家级、省级工业设计中心6家，科技型中小企业97家，计划IPO上市企业3家。与此同时，广东工业设计城通过产业集聚及扩容提质，引导带动了周边创新创业基地：美的全球创新中心、太火鸟(顺德)DesTech设计科技联合加速基地、智点汇、云创空间、广东工业设计城-国际创新设计中心等共建设计城，现已发展成为辖区面积为2平方公里的设计创新产业集聚区。

二、人才引育：从800名设计师到8000名设计师

广东工业设计城规划范围内集聚设计研发人才8 623人，园内设计师获得光华龙腾奖等省级以上奖项超15项。2021年，园区企业库尔兹设计事务所总经理熊浩获评为"2021福布斯中国最具商业价值智能设计师TOP 10"，方块设计总经理陈维滔获评为"2021光华龙腾奖·广

东省设计业十大杰出青年""功以才成，业由才广。"十年来，广东工业设计城始终牢记习近平总书记的嘱托，立足国家创新驱动发展战略，依托粤港澳大湾区的优质资源，积极搭建工业设计公共服务平台，构建创新人才集聚"强磁场"，强化工业设计高端人才引进与培养。2014 年，广东工业设计城在上级的支持和帮助下，推动成立"广东顺德创新设计研究院"，以创新创业孵化、企业科技服务和研究生联合培养为核心业务，建设"政产学研"一体化的协同创新平台。2017 年 9 月，研究院正式被全国工程专业学位研究生教育指导委员会授予首个"全国工程专业学位研究生联合培养开放基地"荣誉称号。2019 年，顺德区北滘镇首个"中小学设计教育研学基地"落户园区。2020 年 6 月，广东工业设计城被认定为"佛山市返乡创业孵化基地"。2021 年 8 月，佛山首个"湾区设计人才联合培养基地"落户园区。

与此同时，广东工业设计城完成集聚 8 000 多名设计人才嘱托，不仅仅代表着数量的提升，更产生了质的蝶变。目前，园区联合广东顺德创新设计研究院、D2C 实训平台等人才服务平台，已与国内外 200 多所高校建立合作关系，累计培养硕博人才 3 494 名，安排设计师实习就业约 2 000 名，为区域内超 200 家设计制造企业提供专业设计人才培养服务，辐射和服务区域 20 000 多名工业设计人才，这里正在逐渐成为全国设计创新人才集聚高地。

三、设计引领：从为制造做"嫁衣"到产业链的驱动者

2012 年，园区大多数设计公司为求生存，早期以承接当地大型制造企业的外包设计订单为主，且主要业务更多是产品外观设计为主，相当于大企业体外的设计机构，当年园区设计服务收入为 3 亿元。在有着"中国工业设计之父"之称的清华大学教授柳冠中看来，当时的广东工业设计城仅仅完成了设计公司聚集的初级形态，并未形成整个产业体系的构建。

回望广东工业设计城的十年变化，不仅是空间的聚变，人才的集聚，还有整个产业链格局的重构。佛山作为中国制造业大城，拥有家电、家具两大超 2 000 亿产业集群，基于此，广东工业设计城最初的定位是服务于制造业的优化升级。多年来，各级政府通过政策扶持、产业引导、资源对接等多措并举，促使更多的设计企业与制造型企业开展深度的项目合作，让园区的企业将设计资源更加深入地连接到家电、家居、珠宝、机械装备、医疗器械等优势产业当中，通过工业设计赋能提升传统产业的附

加值，推动制造业的转型升级，助力区域产业向"微笑曲线"两端延伸，以促进区域经济的高质量发展。

截至 2021 年 12 月，园区企业目前已获国内外设计大奖 400 余项，孵化原创品牌 50 多个，累计有效知识产权数达 2 679 项；园区企业累计设计服务收入达 82 亿元，其中 2021 年园区企业设计服务收入达 15.55 亿元，为珠三角乃至全国的制造业提供丰富创新设计资源。根据联合清华大学、中央美术学院和中南大学在珠三角地区分析、研究显示：在广东，工业设计每投入 1 元，对经济产值的拉动超过 100 元，达到 1：101.03，这意味着 82 亿元的设计服务收入拉动经济产值达 8 284 亿元，在粤港澳大湾区产业升级过程中，广东工业设计城成为其重要的创新动力之一。

与此同时，园区内越来越多的设计公司以设计驱动创新，开创出一系列行业爆款产品，并逐步形成"服务＋产品＋品牌＋平台＋新业态孵化"模式，向"服务链—创新链—产业链—供应链"方向整合。

四、全球配置：从设计引入到设计国际化交流合作

多年来，在各级政府部门的支持和引导下，广东工业设计城已与美国、德国、瑞典、日本、韩国等全球超过 30 个机构建立战略合作关系、全球创新设计资源共享体系，先后引进落户了"日本喜多俊之设计工作室"、"英国设计大师迈克尔·杨设计工作室"、"中韩设计（顺德）中心"、"中法设计产业合作中心"、"德国库尔兹库尔兹设计事务所"、"设计城中德设计服务中心"、"土耳其比约卡设计公司"等工业设计机构及团队，实现中外设计要素资源双向交流。如今，广东工业设计城园区设计服务不仅能够满足区域的创新设计需求，还能为全国乃至世界各地的企业提供服务。

2022 年 2 月举办的第 32 届世界设计大会在不久前拉下帷幕，这场国际性的设计盛会，让佛山顺德这座地处粤港澳大湾区的城市，再次走进全球的聚光灯下。广东工业设计城通过助力佛山顺德成功申报并获选为世界设计组织（WDO）第 32 届世界设计大会主办城市，成为中国大陆第一个取得该大会主办权的城市。在本次的国际盛会上，顺德职业技术学院设计学院院长姚美康及园区设计企业方块设计公司总经理陈维滔分别代表"设计学术界"、"设计产业界"作主题演讲，展现中国设计产业、顺德工业设计的发展新模式和新机遇，向世界展现佛山顺德这

一工业设计产业高地的城市形象。

五、城市更新：从乡村振兴到城市升级发展

其所在城市，从全国 760 多个地级市市辖区中脱颖而出，至今已连续 10 年稳坐全国高质量发展和综合实力百强区冠军宝座，可见设计新经济的力量。创新成基因融合城市的血液，引领城市规划、功能布局以及文化传播，全社会共享设计盛宴。过去 10 年，设计城持续拓展把上世纪工业大道"改造成"创意大道，传承工匠精神、延续创新之路；10 年期间，以设计研发为核心成长起来的准 IPO 不断涌现，设计文化体验项目持续落户，设计新经济同步引领社会的创新：设计城参与中小学的创新教育并衍生出一套独特工业设计教学体系；设计城参与乡村振兴，为水乡千年文化的挖掘和活化提供"青田范式"；设计城参与文化传播，设计音乐会、设计马拉松、设计慈善月……形式层出不穷，雅俗共享；还有闻名全国的美术馆、工业设计馆不断出现。

8-5-3
园区经理人访谈

韩风琴

广东同天投资管理有限公司、济南同天投资有限公司、江西同天设计管理有限公司等公司的法定代表人和公司高管。

问：鉴于您一直从中国工业设计园区建设与经营的角度，以广东工业设计城的管理者和建设者的重要岗位，相信在长期的一线实践中一定积累了许多经验和体会。这里，期望您能结合自己的经历，与我们分享其中的关键要领，以启迪和推动中国设计发展道路。

答：著名学者杨振宁先生说："21 世纪将是工业设计的世纪，一个不重视工业设计的国家将是落伍者。"综观国际市场的热门产品，都是设计新颖、使用方便、品牌独特的优质产品，无一不闪烁着工业设计的火花。作为多年工业设计园区策划、管理的实践者，对未来中国工业设计园区发展与定位确有很多思考，很荣幸我们能展开这个话题，分享自己的体会。

首先，国家经济转型需要工业设计的助推和帮助。改革开放 30 年，粗犷型发展的中国制造业到了需要创新设计的前夜。30 年前，产品市场需大于供，制造行业什么都可以抄，什么都不用自己设计。到了今天，想抄不容易了，有的产业别人不给我们抄，有的产业我们不想抄，有的产业甚至没有得抄。在当前形势下，促进中国制造产业转型升级，发展工业设计应当成为重要抓手。传统意义上的中国城市建设到了需要创新设计的时候。随着中国步入中等收入国家，城市更新和产城融合将是今后一段时间城市建设发展的主题，城市更新是城市飞速发展的中间过程，是城市新陈代谢的有机功能。

产城融合是产业与城市融合发展，以城市为基础，承载产业空间和发展产业经济，以产业为保障，驱动城市更新和完善服务配套，以达到产业、城市、人之间有活力、持续向上发展的模式。目前中国城市商品楼和商业综合体为主要形态的统一建设模式到了城市和文化、城市和产业相互协调相互融合发展的最佳时期，工业设计将会扮演重要的角色。工业设计为城市更新和产城融合开辟了新的途径。农耕文明的中国农村建设到了最需要创新设计的年代。中国一直在探索农村的创新发展，无论是引导型还是自发型，从传统的农家乐到现在流行的民宿乡宿，都无法解决农村的美丽乡村建设和经济建设协调发展问题。特别是现在，城市建设的许多问题源自我们的农村建设没有跟上时代发展的要求，我们正在积极探索通过工业设计的思路找出现代农村建设和发展的新路子。其次，工业设计园区是培养设计人才和产业服务最好的平台之一。

我国设计院校众多，培养了大量的设计学生，但由于教育方式跟不上产业发展的要求，缺失了"最后一公里"，许多毕业生并不能马上进入设计服务的行业，在社会摸爬滚打几年后大部分摸不到门路就退出了。再者，当前设计服务机构的规模普遍偏小，设计服务能力单一、核心技术缺乏、抗风险能力差、管理粗放，设计行业尚未能真正形成规模化发展，仍属成长和起步阶段。

鉴于以上两点，打造设计园区，其资源集聚、人才培养和品牌建立功能解决了目前工业设计和产业服务的无缝对接问题。目前，对于工业设计园还没有一个确切的定义，我想应该包含以下几个方面含义：一是聚集。顾名思义，园区是一个聚集工业设计企业和设计人才的地方。二是服务。园区主要是由提供第三方服务的专业设计公司组成，可以为任何有需要的企业提供服务。三是产业链。现在设计不仅是产品的原型、外型和结构设计，而是为制造商提供完整的产品解决方案，可能还要包括策划、市场营销和品牌维护等综合性设计服务，在广东工业设计城的建设中可以找到这样的设计产业链。四是人才。园区不仅是引进人才，更关键的是能培养人才。五是合作。工业设计园和工业园最大的不同就是交流、合作，设计是个技术、文化综合的过程，一个好的设计往往不是一个团队能够完成的，需要设计企业之间的合作，也需要和大专院校的合作。

最后，是关于中国设计园区的主要发展形态。目前，我国设计园区正以不同的形态蓬勃发展开来，可大致划分成三种类型。一是文化创意园，即一系列与文化关联的、产业规模集聚的特定地理区域，是具有鲜明文化形象并对外界产生一定吸引力的集生产、交易、休闲、居住为一体的多功能园区，如北京 798 艺术区、上海田子坊等，其主要特点是文化、文人。二是设计产业园，是指以创新设计为切入点，集聚一些设计型生产企业。比如广告产业园，主要是以平面设计和视觉传达为主要手段，为社会提供设计型的产品服务。又如教育装备创新设计城，也是通过创新设计，研发制造创新型的教育装备，其主要特点是设计产业化。三是工业设计园，即以工业设计产业为核心，串联工业设计产业链的上下游，并为其提供高端增值服务的现代服务业聚集区，如广东工业设计城、北京 DRC 工业设计创意产业基地、中国长沙创新设计产业园等，其主要特点是设计和服务。从广东同天投资管理有限公司建设的十几个园区来看，中国设计园区的开发与建设具有深刻的历史印记，与国家经济发展形态及速度息息相关。前期 3—5 年的发展是极其缓慢的，而且除广东工业设计城外，其他园区建设规模小，数量不多，且推进难度大。自 2014 年以来，随着国家经济迎来新一轮高速发展期，全国各地对工业设计需求出现井喷现象，所以，在 2015—2019 年间同天公司的项目分别在浙江杭州湾、湖南长沙、山东济南、广东江门、江苏海门、江苏常州、重庆南岸和河南焦作等多地的工业设计园区落地开花，并顺利推进取得了可喜的成绩。

8-6
积基米艺术科学馆

积基米艺术科学馆，是全国首家专为 3-12 岁的青少年打造的沉浸式情境体验科学馆。成立于 2019 年，位于海滨城市大连，总建筑面积 3060.13 平方米。积基米艺术科学馆以"艺术＋科学"的展览、适应儿童生理特点及成长需求的活动形式，以科普内容为导向、艺术环创为平台、自研"还原活动式学习法"，打破知识的边界，弘扬科学精神，服务不同人群的多样化需求，引领科普形式的创新和迭代。

艺术的价值在于释放情感，科学的作用在于解释世界，二者在形式上服务于儿童教育的核心目的，就是消除"自我中心"，要让孩子具备"欣赏"艺术、生活、环境的能力，拥有终身进步的人生观、价值观、幸福观。场馆将学习内容与沉浸式的艺术环境深度融合，使其自然形成独有的玩学体验。希望在孩子对世界建立认知最关键的阶段，在玩乐中体验科学，爱上科学，建立起独立实验探索的学习思考习惯。积基米积极投入科普产品的研发、创作、生产和推广，探索科普产品全产业链建设。现拥有 12 个专题体验空间、3 个科普图书阅读空间、54 件科技互动设备、160 余件实物展品、300 余册科普图书、1000 多平方米科普展板、自研科学探索活动 65 项、自研科普讲座 100 项、自研科技手工 116 项。为"双进"服务"双减"的教育发展趋势提供助力（"双进"即科技教育资源走进学校、青少年走进科普教育基地）。

8-6-1

6 大主题展区

馆校合作，为"校""园"定制的校内辅助科普教学、产品方案及体验式场馆游学方案，满足青少年及"校""园"对优质科普资源及社会实践的新需求，践行《全民科学素质行动规划纲要（2021—2035 年）》的部署和《现代科技馆体系发展"十四五"规划（2021—2025）》的要求。

图 8-2　积基米航天区（宇宙与航天科技）展区

"积基米"的含义

"积"即积累之意；"基"即基础、原理；"米"即米粒、能量。"积基米"三字意指知识是思想的能量，知识的长成符合了儿童的成长、认知和特质，就会像米粒一样积少成多，垒成粮仓。

"积基米"期冀以未来的视角，基于 20 世纪后的知识体系，让儿童以"节省原则"用最少的知识原理作为参考构建科学思维体系，培养解决新问题的创造力，实现快乐学习。

积基米教育特点

积基米的教育理念，是遵从"还原活动式学习法"。知识只有被还原到真实事件的系统中才可能被理解。所以致力于让儿童沉浸于真实情景，亲身体验，让儿童在轻松的氛围里"玩"会知识，知识和感受自然迸发。

积基米的艺术手作活动，让儿童以可触可感的形式加强对表象形体的记忆，引导进行艺术化表达，激发儿童对制作的兴趣，培养儿童想象的能力。在训练手、眼、脑协调运用的同时充分保护儿童的好奇心和创造思维。

积基米馆内，从教具到游具，自主游玩项目遍布全馆，意在能让孩子们自助体验，从接受到探求。

积基米课程范围涉及航天、地球、海洋、动植物、力学、结构六大系统。

图 8-3 积基米远古区（地质与远古历史）展区

不但囊括小学所有的知识点，还重组知识范畴，融有大量跨学科的内容，增加了很多未来社会所需的知识和观念。

展区一：航天区（宇宙与航天科技）

航天区的课程以星空宇宙为起点，通过对太阳系——恒星、行星、卫星和位置关系以及四季、昼夜、月相和潮汐等现象的了解，将不可触、不可感的天文现象还原到活动中获得亲身体验，激发学生对未知事物探索的求知欲。在活动中认识引力、重力、阻力、气压、密度、升力、速度等概念，并进一步学习它们之间的关系，快速提升对物理学的认知，建立一个系统的感受，保持持续的好奇心及学习热情。

课程介绍：

第 1 课　太阳家族——认识太阳系恒星、行星、卫星及位置关系

第 2 课　神奇的引力——认识引力

第 3 课　春夏秋冬——了解四季、昼夜形成的原因

第 4 课　地月日纠缠——了解月相、日食、月食及潮汐的成因

第 5 课　逃离地球——认识引力与重力

第 6 课　飞行之谜 I ——了解火箭与形状

图 8-4　积基米丛林区（丛林生命与社会）展区

第 7 课　飞行之谜 II——认识空气，探究纸飞机的奥妙

第 8 课　飞行之谜 III——了解气压与升力，探究气体密度

第 9 课　飞行之谜 IV——了解形状与升力（正、负压）

第 10 课　飞行之谜 V——了解空气阻力

第 11 课　飞行之谜 VI——了解速度与阻力

第 12 课　飞行之谜 VII——创造新的飞行方式

展区二：远古区（地质与远古历史）

远古区的课程以地质相关知识为内核，基于物理视角展开深度探究，通过对地球构造、沉积岩、变质岩和岩浆岩等的探索，结合温度、压力、密度等基础物理现象，深刻理解火山、地震、海啸等自然灾害的成因，并对地矿资源、化石、琥珀的生成以及生命的产生与发展进行思考，认识保护生态的重要性。

课程介绍：

第 1 课　地心之旅——了解地球构造，地壳、地幔、地核

第 2 课　层层叠叠——认识沉积岩、变质岩和岩浆岩

第 3 课　海陆对决——了解地壳运动

第 4 课　火神出山——了解火山及火山遗迹庞贝城

第 5 课　天崩地裂——了解地震类型及原因

第 6 课　能源利用——了解石油煤炭和地下水

第 7 课　考古大挖掘——了解琥珀、化石成因

第 8 课　生命大爆发——了解地质古生代、寒武纪三叶虫

第 9 课　植物诞生记——了解地质古生代动植物鼎盛期、蕨类植物

第 10 课　恐龙霸主——了解地质中生代，脊椎动物、恐龙

第 11 课　众生显现——了解水陆生物演化到人类

第 12 课　共生共存——认识保护生态的重要性

展区三：丛林区（丛林生命与社会）

丛林区的课程以生物链和食物链为线索，通过对食肉动物、食草动物、植物、微生物的对比、讨论、分析，理解生物之间以食物营养关系彼此联系起来，形成物质能量的流动和转换。对动物的冷血与冬

眠、群居与独居等不同生活方式，从生态平衡和社会性生存的角度进行思考，认识到动物也有社会性，人类更需要建立与自然环境、社会环境共生共存的和谐关系。

课程介绍：

第 1 课　荤素大嘴王——认识河马的体貌特征

第 2 课　河马的生活环境——分析体征与环境的关系

第 3 课　吃荤素的牙齿——探究犬齿、门齿、臼齿的功能

第 4 课　草原之王——了解狮子作为掠食者特征

第 5 课　群居与独行——对比虎、豹、狼的生活方式

第 6 课　草食者——了解角马、羚羊等食草动物

第 7 课　社会性动物——分析蜜蜂、蚂蚁的生存特点

第 8 课　体温与冬眠——对比冷血蜥蜴、蛇、北极熊的体温及代谢

第 9 课　花草逆袭——探索植物世界中的草本、木本、灌木、乔木、藤蔓

第 10 课　生物之王——了解微生物

第 11 课　人类——分析人类迁徙现象

第 12 课　敬畏天地——讨论人与自然的共生共存

图 8-5　积基米海洋区（海洋生态与船舶）展区

以本系列的第一课——"荤素大嘴王"为例。（课程时长 40 分钟）

这一课涉及了生物学和数学的相关内容，意在用理性的角度来认识河马的体量、特性和它所需要的食物，以及食物链的相关知识。围绕着这三个重点，设计了三个活动。

活动一：老师准备与成年河马 1:1 大的模型，并指导小朋友亲自测量河马的身高、体长，同时介绍长度单位厘米、米，并示范皮尺的使用方法。接着，介绍角和角度，示范量角器的使用方法。让小朋友对河马嘴巴的开合角度也有理性了解。

有了对于河马体量的认知，引出它对食物的需求。

活动二：老师介绍河马生存的环境，强调它的杂食性。然后准备画有食物和非食物的磁铁，让学生进行选择，将真正的"食物"磁吸在河马的胃中。活动的同时，逐一对所选食物进行说明，如河马的栖息地是淡水环境，海洋生物不能成为它的食物；狮子、鳄鱼是打斗对象，不是食物来源；草或小型草食动物可以成为它的食物等。

活动三：通过河马所需的食物，老师介绍它在食物链中的地位并相应拓展。让学生了解食物链即生物间吃与被吃的关系，理解食物链中的生产者和消费者。然后指导学生在活动记录单上进行连线练习，组成简单食物链。

希望儿童在体会生物与生物、生物与环境的共生关系中，产生对自然的敬畏，也在学习的过程中渐渐培养出团队合作力和沟通能力。

展区四：海洋区（海洋生态与船舶）

海洋区的课程以保护海洋生态为出发点，在了解海洋生物之间、海洋生物与其海洋环境之间相互关系的同时，理解保护珊瑚、湿地、红树林、河口、海岛等具有典型性、代表性的海洋生态系统的重要性。动手体验船舶制造中蕴含的浮力、动力等科学及技术，感受海洋对人类进步发展的重要性，建立人对海洋生态的保护意识。

课程介绍：

第 1 课　珊瑚的家——了解珊瑚的生态系统

第 2 课　海底之花——了解珊瑚的生态环境、对海洋的贡献

第 3 课　大洋生态系统 I ——了解上升流

第4课　大洋生态系统Ⅱ——了解湿地、红树林

第5课　大洋生态系统Ⅲ——了解海岸、河口、海岛

第6课　海洋巨无霸——了解蓝鲸的滤食方式

第7课　巨大的浮力——探索蓝鲸在陆地上会怎样

第8课　大船漂起来——探索浮力在船舶制造中的应用

第9课　扬帆起航——手工制作风动帆船

第10课　新能源船——手工制作橡皮筋动力船

第11课　水上飞艇——手工制作气垫船

第12课　水下铁鱼——手工制作潜水艇

图 8-6　积基米创客区（啾咪吸管——物体结构）展区

图 8-7　积基米实验区（飞车大赛——运动与力）

展区五：创客区（啾咪吸管——物体结构）

啾咪吸管的课程以物体结构为主题，以吸管及其拼插件作为主要材料展开对结构、几何、力的探究。意在让孩子在搭建基础的平面图形和立体几何结构的过程中，体验其中的受力现象。体会在工程结构中，材料强度、结构刚性和制造工艺的重要性。

课程介绍：

第 1 课　体验形、体 I ——探索正方形、三角形和不变形的正六边形

第 2 课　体验形、体 II ——探索立方体和不变形的正六棱柱

第 3 课　体验形、体 III ——探索三棱锥和稳定的六棱锥

第 4 课　体验形、体 IV ——探索平行四边形的挠性结构

第 5 课　体验桁架 I ——探索塔吊的三棱桁架结构

第 6 课　体验桁架 II ——研制具有 1 米长悬臂的塔吊

第 7 课　体验桁架 III ——探究钢梁桁架结构截面高宽比

第 8 课　体验桁架 IV ——探究钢梁桁架桥的四棱桁架结构

第 9 课　工程设计 I ——研制跨径 1.5 米并具有双层结构的梁桥

第 10 课　工程设计 II ——研制跨径 1.5 米的斜拉桥

第 11 课　工程设计 III ——研制具有较大跨度房梁的房顶结构

第 12 课　工程设计 IV ——创意结构设计制作赛

展区六：实验区（飞车大赛——运动与力）

飞车大赛的课程以运动与力为主题，依托大型教学设备——滑行轨道，探究一辆无动力小车在滑行过程中涉及的质量、惯性、重力、坡度、速度、时间等基本物理学概念并理解物理与机械的关系。在创意车辆设计和反复测试中，潜移默化地形成物理整体知识框架。

课程介绍：

第 1 课　惯性——感受惯性的存在并能用计时工具验证惯性

第 2 课　质量——了解重量与质量的关系并初步理解体积

第 3 课　坡度 I ——了解重力与坡度

第 4 课　坡度 II ——理解几何中的角度、三角形

第 5 课　速度 I——理解距离与时间并分析其中的比例关系
第 6 课　速度 II——感受速度与质量、坡度的关系
第 7 课　旋转——探究轮轴关系并了解陀螺、轴承的运行原理
第 8 课　创意飞翔——应用惯性对小车进行创意设计

8-6-2
园区经理人访谈

李艳梅

积基米艺术科学馆创始人

问：您好，可以就您的理解，简单介绍一下积基米的情况吗？

答：从素质教育来说，积基米的理念、硬件，包括整个团队的建设，可以说在大连甚至在东北都是比较先进的，也是首屈一指的。将来在这种素质教育的政策引导下，也肯定是有市场的。只是生不逢时，从 2019 年末开业以来，就遭遇了疫情，陆陆续续开业、停业。作为一个好的产品，的确是被耽误了，而且进入市场还会有一个时间性。

从运营的角度来说，目前，对于大多数家长所接受的有关儿童教育、娱乐的产品，一般就分为两类。第一类是教培类，可以提高学习成绩；第二类是纯娱乐性的，比如游乐场，希望孩子玩得开心，性价比高一点。对于积基米这种寓教于乐的理念，怎么能让客户在短时间内接受、理解，如何推广、变现，市场的反馈，让团队不断保持较高的水准，等等，都是接下来需要面对的挑战，也是一个需要一直思考的事情。

我们所提供的产品服务，对客户群体的筛选也是有门槛的，而且门槛还是很高的。我们想要服务的家长是那些对孩子能力提升有要求，而不只是关注考试成绩，具有独立判断能力，对教育方面的改革愿意进行尝试的人群。

问：您曾经做过教培行业，相比之下，您觉得积基米真正的特点、优势和开创性在哪呢？

答：积基米艺术科学馆在硬件的打造上非常国际化，因为两位创始人拥有几十年场馆设计的经验。从理念性来说，我们提倡的是一种沉浸式的、寓教于乐的方式。

问：从教学方面来讲，您觉得积基米的教学特色和特质在哪？

答：市面上的博物馆，大都以场景化和展板或是简单的讲解作为主要的输出形式，但对于儿童来说，效果并不是很理想。我们想让将科学

更加的具体化，给孩子们一个开放式的课堂，能够让小朋友和家长共同参与、互动。

我们的课程创设，是根据场馆的六个主题核心区域展开的。前期，马老师带着我们一起研究讨论，把握总的方向、主题和深度，然后由我和其他老师来共同设计出能让小朋友们听得懂，并且能够在 40 分钟的活动内可触可感的形式，最终打造出了现在系统课的课程体系。

我的主要工作是课程的设计，而在实际的教授过程中面对学生和家长的反馈，刘颖老师更有感受。

刘影老师：站在孩子感性认知的基础上，我们的很多教学内容重新整合了教授知识的先后顺序。其中包含了很多在孩子所在年龄段可能不会涉及的东西，比如一些工程方面的内容。

积基米是为 3~12 岁儿童打造的沉浸式情境体验的科学馆。其中核心的年龄段是在 5~9 岁。刚才博士老师提到的系统课程就是主要针对 5~9 岁小朋友的认知需求创设的。馆内每个区域不仅有相应的系统课，还有相关主题的科普课和手作课。每个区域都有自己的主教老师和助教老师，是全天都在这个区域的。这个区域的各种活动，他们都要全部了解，然后固定时间段来上课。

如果一个小朋友对航天知识感兴趣，那在一天的活动当中，他可以多选几节和航天相关的课程。除了 40 分钟的系统课程外，还可以参加 15 分钟的科普介绍，航天区有可能还会做一个和恒星有关系的手作活动，可以把一个完整的作品带回家。

系统课我们是按月来更新的，而科普讲解和手作课是按周或半月的周期来更新的。我们希望做到孩子每周来都有新的内容。

问：除去某个时间要上某些课，其余的时间同学是可以自由活动的吧？

刘影老师：是的，馆内的行程是家长和小朋友根据自己的兴趣和需求自行安排的。不过我们也有团体的研学活动，研学活动是由我们来给团体制定活动安排表的。比如第一节课参加什么，第二节课参加什么……

问：年龄不一样的孩子们在一起，他们的知识体系是不一样的，在课程过程当中会遇到麻烦吗？

刘影老师：会有这样的问题，但是也取决于孩子的参与度。一般在课程设计当中，前面会有一些知识类的讲解，讲解之后会有一些动手操作的环节。年龄低一些的孩子，动手操作能力可能会弱一些，这时候可以有家长的辅助或老师的引导。有的孩子可能玩得更好一些，有的可能能力稍弱一些，但是以玩儿和操作的形式的话，他们的参与感都会很强。有些年龄小一些的孩子，他的操作感和参与感相对弱，但如果他对这个主题感兴趣，他会第二次、第三次继续来约报这个活动。

问：所以实际上你们真正擅长的地方是柔性的、弹性的、因人而异的、可以来控制的，对吗？

刘影老师：对，就是要在每个环节当中，都给孩子一个情境和动手操作的过程，而不是单纯地"听讲"。年龄大一点的孩子和年龄小一点的孩子获得的感受是不一样的，但都会有一些新的体验。

问：这对执行老师的能力挑战还挺大的吧？

刘影老师：我们在前期的设计环节当中考虑到了孩子年龄的差别问题，所以活动的设计也是遵循由浅入深的规律。如果当堂孩子年龄比较齐的话，我们采用什么样的操作方式，有一定差别时又采用什么样的操作方式，都会提前跟老师沟通。

问：手作是做什么呢？比如海洋区？

刘影老师：手作，是和科普的内容和主题相对应的。比如这期的科普是讲绚丽的珊瑚，讲一些珊瑚的科普知识，那我们的手作就会带小朋友制作一个珊瑚或是一个珊瑚灯，再或是给珊瑚涂色，等等，都是围绕着科普主题展开的。

图 8-8　积基米实验区（飞车大赛——运动与力）

问：这样对老师的备课挑战挺大的吧？

刘影老师：我们会提前把几个月要更新的题目准备好，比如接下来的这个月大的主题就是讲珊瑚，珊瑚课又会分四个小标题。然后区域的老师就会去查资料、整理，设计课程内容。老师们要进行前期教案的准备，教学物料的准备，然后选品、试验，最后制作出一个成品，讨论通过了之后再对孩子教授。

问：在实践的过程当中，有哪一个板块教学效果特别好吗？

刘影老师：我们这几个区域都很好。每个月到月底的时候，我们会汇总一下每个区域的接待量。比如科普上了多少人，手作上了多少人，数量基本上是平均的。

问：方便透露一下，基本人数吗？

刘影老师：每个区域是按照人头统计的，把参加三种课程的上课人数加起来，正常周末的时候，我们一位老师能够接待 80 到 100 个小朋友。

问：你们和少年宫是竞争关系吗？

刘影老师：我们这边主要还是以科学课为主的。我们现在还有自己的预约系统，家长可以提前一周的时间了解到馆内所有的活动内容和活动安排。比如下周的课上要讲月球，制作月球灯。所要涉及的内容，制作完成的形式，我们都会上传到公众号或是预约系统上，家长和小朋友可以提前做好当天来馆的攻略。

8–7
上海东方尚博创意产业园

上海东方尚博创意产业园位于上海浦东东方路，地处南码头路白莲泾河北岸，毗邻东方电视台，守望世博园，相距世博园场馆仅 500 米之遥，距人民广场、陆家嘴金融中心、东方艺术中心、科技馆、浦东新国际展览中心分别约 7 分钟至 15 分钟车程；周边拥有 20 多条地面交通及 6 号、7 号双线轨道交通，地理位置优越，交通便利。

项目由上海尚博投资管理有限公司投资建设，占地面积 15 000 平方米，总建筑面积 20 000 平方米，前身为上海海狮钢珠厂，经过保护性改造和利用，融合现代建筑风格和上海时尚风情，已成为高度时尚化的品牌发布、产品研发、项目洽谈、人才培训、信息互动的制高点和活动场所。项目规划定位为文化信息产业、商务办公、商业、文化体育、酒店、房地产等功能设施。招商方向为创意设计、展览、会展策划，并辅助以休闲餐饮、娱乐和特色商业。

项目宗旨在为世博会前后快速成长的浦东新区及上海市现代服务业和文化创意产业的发展提供一个体系完整、功能强大、运作灵活、服务、信息强劲的平台，是集海派文化与老街风情，融尚博美术馆、白莲泾老街、南码头袖珍广场，国际时尚品牌地区总部、新建筑设计、多媒体动漫影视产品设计展示销售、潮流个性创意工作室设计展示、大型无柱演播厅、多功能厅、亲水平台休闲服务商业街区于一体的文化创意集聚园区。

园区主要功能定位为时尚、文化创意、商务、品牌引进及管理、现代服务业及配套服务等。主要引进地区总部、文化创意产业机构、新潮流个性工作室、后世博服务业等创新、创业团体及个人；目前运营以展览展示，创意设计研发类办公为主，以休闲品牌配套服务为辅的星级物业管理模式。2010年10月，东方尚博园通过专家评审，被认定为首批浦东新区文化产业园区（基地）之一。

园区主要功能定位为时尚、文化创意、商务、品牌引进及管理、现代服务业及配套服务等。主要引进国际著名品牌地区总部、文化创意产业机构新潮流个性工作室、后世博服务业等创新、创业团体及个人。园区目前运营以展览展示，创意设计研发类办公为主，以休闲品牌配套服务为辅的星级物业管理模式。

上海东方尚博创意产业园的运营理念是以人为本，追求创新、自由、共享、绿色、艺术。它致力于成为一个都市文化自由共享的集聚地，打造一个多元性、高品质、有温度的办公社区。

该园区不仅提供硬件设施齐全的写作、影视制作、文创设计、艺术教育、动漫、游戏等专业空间，还为初创企业、自由职业者、行业专业人才及机构提供配套化办公、商务周转、咖啡与茶、聚会与联络等高品位的公共空间。此外，园区还通过深度整合产业链上下游资源，构建了更加紧密的产业合作关系网，大幅提升了产业链的整体效率，为园区带来了更多的商业机遇和利润增长点。

同时，东方尚博创意产业园也积极探索创新服务模式，提供定制化设计服务、技术咨询、市场推广等增值服务，以满足企业日益多样化的需求，并为园区带来额外的经济收益。

8-7-2
园区经理人访谈

陈怡

上海市首批文化创意产业园创始经营者，上海东方尚博创意产业园、上海前滩尚博产业创意园及苏州工业园星海 5 号创意产业园等多家园区创始投资人、首席运行官。上海草编创意产业园、上海草编文创馆及《草编创新论坛》发起人、总干事。

问： 请您介绍一下东方尚博创意产业园

陈：东方尚博产业园的前身，是海狮钢珠厂，钢珠厂原来生产自行车里面的轴承。由于高能耗、低效率，属于要淘汰和转移的产业，所以这个厂在 2008 年的时候就转移了，剩下一个旧厂房，有好几年就空闲置在那里。那有很多的厂房设备，包括原来一些结构都受到了很大的损坏。这个位置非常好，厂区位于东方路南马头，前面毗邻是白连金。世博会到陆家嘴这条东方路作为主要干道就经过厂区。那个时候区委区政府觉得这么一个重要的位置，就决定把这个厂区拿出来进行改造，当时的主题定位是创意产业园，我是长期做创意产业园开发、策划、建设、管理的。那个时候就顺应我们浦东世博会的大好形势，就开启了这个旧厂区的变身之旅。当时定位是从文化创意这个角度来的。我们知道 2010 年世博会在浦东召开，引起了上海地区的会展行业的大发展，所以当时我们定位就是文化创意、会展设计，还有一些其他类似的文化产业，这些相关产业的企业会进驻这里，当时入驻了将近 100 家企业。

问：那你们当时在给园区定义的时候有没有通过一些前期的考察？

陈：有。2010 年世博会要召开，而我们这个园区距离世博会园区直线距离只有一公里，其地理位置非常好，还有一个周边的产业及行业氛围形成了，因为世博会大家都知道，世界各国都要来展示他们的形象，都在这个地方举行这么一个非常盛大的集会。因此周边需要很多的文化创意产业来给世博会配套。所以集聚了一批文化创意产业在这边，因此也是顺应了我们浦东当时开发的趋势。

问：所以你们当时的定义就是文化创意园区。东方尚博士被评为上海工业旅游景点。当工业跟旅游相结合，您是怎么看待这两者的美丽相遇的呢？

陈：文化创意行业，它本身就跟人民群众的生活是密切相关，如果没有丰富的文化生活，我们这个产业是没办法发展的。所以刚才也我说了，它是应运而生的。这么一个园区，所有入驻的产业，这些进来的公司都是做文化创意，以及与文化创意产业链相关的，所以这边的环境对于企业来说就是得天独厚了，因为有这么一个好的环境，也有一个很大的需求。所以这些企业在园区构建的生态中蓬勃发展，特别是我们还引进了上海会展行业协会，那更把上下游的产业链都带进来了，所以大家都在这里共同发展。

还有一个就是您说的怎么跟旅游结合，对，大家都知道世博会，我们上海世博会吸引了 7 000 多万全世界各地的参观者来这边。他们不但来参观世博会，也来上海旅游观光，我们这些企业就是为这些人群服务的，顺应发展，所以旅游业也同时发展起来了。因为以前这地方是一些旧厂房，就是机器比较生硬，但是我们把它做了改造以后，我们也保留了一些工业遗址上的标志性建筑。用句通俗的话讲，我们这把旧瓶装了新水，里面内容都是新的，都是时尚的。有很多比如说时尚展览、画展、电影艺术展，都很受大家欢迎。5 000 平方米的展馆，来了很多隐形明星，也来了很多居民，所以就把这个旅游业带动起来了。这里已经不是原来意义上的厂房了，而是被改造成了一个景点，一个综合工业遗址的景点，给它赋予活力。

上海原来也是一个老的工业城市，普通市民的生活工作实际上跟老的工业遗产都有很密切的关系，他们也希望看到一些新的东西，也希望我们工业、老工业城市能够蜕变，变成一个新的面貌，就像我们现在上海一样。所以十几年前还比较早，那个时候我们就走出了第一步，所以在全市有很大的影响。

问：那么从生活共融的角度来看，您是怎么看待东方尚博这些创造性布局的呢？

陈：我是这样想的，从当时的角度出发，园区的布局建设要结合我们城市的发展，我觉得上海作为一个老工业城市，它要适合新时代，要结合我们的经济发展。我们是个园区，但是我们希望把园区跟社区结合起来，所谓社区就是周边的居民，那是开放型的园区，我们也希望跟街区结合起来。街区就跟商业也能互动，这样就形成了人流，这个创意流，甚至还有一些科技公司的科技流，都结合在一起，最终形成了一个多元化的园区。对入驻的企业也是有非常大的支持，他们也希望他们的产品，他们作品得到市民的承认、社会的承认、企业的承认，他们才能够有很好的发展前景，所以我们提供了这样的条件，希望把社区、街区、商业、艺术、科技几个方面都结合在一起，为这些企业开拓了一个新的天地。一般的商务楼完全是封闭的，它可能很漂亮，是个玻璃盒子，但它不接地气，没机会很好地跟街区、社区来互动。我们就有意识地打造了这样一些氛围，就包括我们的硬件，包括我们的软件，包括我们的企业服务，我们注意把这些内容结合起来。

问：陈总能不能给我们举一个例子，比如说它是一家怎么样的企业？然后它又是怎么走入到大众的视野当中来的？

陈：最近园区有很多文化类型的企业进来，因为现在的企业发展也遇到了很多困难，遇到了很多瓶颈。我们政府现在也在推文化旅游活动，包括旅游节等拉动消费，政府也出了很多的动力。我们也注意这样的企业需求，比如我们收集了这样一些产品，就比如讲这个纪念品，比如邮币，就是邮票，跟钱币的收藏，这些也是老百姓非常喜欢的，既能够了解他的文化资质，他也能够作为一种艺术性上，又能够进行交流交换，吸引来很多专业的观光者。我们最近进了一些文体公司。现在体育消费也是市民很热衷的，这个也受于场地的限制。它可能没有很多体育的消费场地，那么我们要挖潜力，提供了一部分场地出来，让体育公司进来以后，比如讲有这种羽毛球、乒乓球、跆拳道，甚至有艺术舞蹈，这样就是为园区引入了新的生命力，因为这个又是围绕着市场转的，园区不能人为地跟市场隔离，不结合老百姓需求是不行的。企业也觉得很开心，因为到这里来，企业入驻商业空间有一个入驻成本性价比的问题。我们用比较合适的成本来吸引这些文化公司，又为他们争取了消费者，然后又为他们提供了一个合适的性价比，所以这些企业就发展得还蛮好的。

问：那么多优秀的文创企业，还有优秀的企业就是精英都来到这里，我们这边具体有哪些优势呢？

陈：我们有几个优势，第一个是浦东新区改革开放的大背景。我经常跟其他各地来的同行说，我们浦东新区执行的政策落地非常及时，而且非常迅速。完全按照我们政府的宣传的政策来落实，高校也比较全面。

第二个我们跟社区互动非常好，因为社区是最贴近我们园区的，他们有人才政策，有招商政策，有一些跟社区互动的文化活动。比如我去年就做了一起嗨，大概 70% 以上的企业都参加了跟社区居民的互动，企业觉得很开心，因为他能跟消费者直接面对面来交流，居民也觉得很开心，这个地方多了一个他能够晚上去走走，在周末转转的地方。

第三个我觉得我们比较有市场的敏感度，我们有意识地去招商引资一些能够跟我们创意产业发展相关的一些企业，比如我最近引进了一家浩洋文化，它就是做IP。IP形象推广在上海有很大的市场，包括全国各地，成都、南京一些大商场都引进了他们的IP进行推广，这是一个比较新的行业。这家企业是从国外引进的，经营者是从美国留学回来的。他收了很多IP形象的专利权。然后他在国内做推广，得到了很多商家的欢迎，也提升了我们园区整体的形象，而且得到了很多年轻人的欢迎。我们园区主动把它引进来，然后还有一些服务配套类的，那也是园区主动去引进的，像瑞幸咖啡，因为我们是吸引他们来，还有很多白领也喜欢。大家也都知道，瑞幸咖啡现在势头也很好。年轻的白领又比较喜欢，来了以后对这个企业的整个服务配套都挺好的。我想大概这三方面的工作，能够把我们园区一直坚持在创意产业这个领域里。

问：东方尚博在推动文化和科技融合，在新质生产力的潮流引领下，又有哪些卓有成效的尝试呢？

陈：现在有很多新的东西新的技术产生，包括AI智能，还有这种VR设备。我们园区还是有规划不断地拿出一些方案来吸引相关的企业，因为园区它还是平台，主要是靠相关的，比如现在的科技公司，还有动漫公司、直播平台等。我们都把这些新类型的企业放在我们园区的平台上，然后园区给一些政策、租金或者活动，比如我们这两年就做了很多类似的园区，因为从园区管理上面来说，有些活动不是我们的范围，但是我们为了推动企业，为了吸引这些新的企业进来，我们这两年做了一些比较大型的文化活动。比如说我们有海上敦煌文化月，有中东中亚文化季。我们还做了虹桥国际咖啡文化节和非遗文化的系列传播活动。因为这些活动主要是为我们入驻园区的一些企业和我们希望引进的一些所谓新质生产力相关的一些文化创意产业，为了吸引他们进来，举办这样一系列活动，我们能够发现他们，他们也能发现我们。另外我们跟街道也有互动，这样让企业觉得园区这个平台能发挥它的作用。也让我们园区觉得有些好的企业通过这种活动能够到我们这边来，那么我们交流就更密切了。通过这些活动的推广，也是让大家感受、认知到这个东方尚博这个园区是什么样的一个园区，实现双向奔赴。一个好的园区不仅仅是吸引，优秀的企业入驻，更多的是吸引到每一位来访者。

非常感谢新区政府，他们在我们这里设立的人才工作站，给了我们很多具体的一些指导。通过我们的活动我们也发现了很多有个性的艺术工作者，或者叫文化工作者。他们带来新的东西，我介绍了浩洋文化，他们那个 CEO 是从美国回来，像类似这样的 IP 形象推广的。我们还有动漫的，我们有两位年轻的舞蹈家。在我们那里做这种艺术舞蹈的推广，我们延续也是给政策的，他们就是从伦敦回来，伦敦艺术学院回来就自己来创业，原来在其他的舞蹈公司工作，然后两个小青年正很努力，也很敬业，水平也很好。很多爱好者都劝他们，你们可以完全可以自主创业，他们考察了很多地方，然后到我们这边来，觉得环境好，有比较好的绿化，还有一些工业遗产。

问：东方尚博是怎么连通不同的文化，通过新质生产力助推他们创新发展的呢？

陈：我觉得现在讲的所谓的新质生产力，内容也比较丰富，我觉得有几个方面确实是值得我们在今后的工作中来思考实施的。

第一个这种结合能推进我们产业结构的调整深化。比如说将沉浸式的体验 VR 手段推广，它不光是文化，它一定要跟科技结合。我觉得这个是一个就提升了，我们加快了我们产业结构的调整，提升了我们文化融合的深度。

第二个从新质生产力的深入来说，提高了工作效率，比如以前可能是一个公司，可能要一个很大的团队，现在有 ChatGPT，有很多这样类似的 AI 智能的东西，公司的效率大大提升，同样人的人可以做更多的事。可能过去 5 个人做的事，现在两个人就把它干了。

还有一个就是让大家的体验度更好，因为像我刚才说的一些艺术公司的大部分工作对象，工作对象都是可能都是年轻人，整个园区也年轻，来的年轻人应该更多了。

问：在我们新时代的潮流引领下，我们知道文创产业也在经历着蜕变。那么下一步东方尚博将会怎样调整这个航向，继续引领着咱们园区迎风破浪呢？

陈：我想今后还是要在社区、街区、园区的融合上下工夫。把这三者更好地融合。也要引进一些新质生产力，比如 AI 智能化。还有就是我们要跟文化的创新结合起来，科技创新跟文化创新结合在一起，那就会呈现一种新气象。那就会吸引我们的企业，吸引我们的人才，吸引我们的市民，大家都会来关注这个园区，能够做到这样我觉得就成功了。

问：您觉得在东方尚博这样一个文创产业成长的过程当中，浦东起到了怎样的推动作用呢？

陈：主要是我们站在这块热土上。因为它有国家先行先施的政策。也有很明确的指导的发展方向，也有一个不断蓬勃发展的产业环境，这些都是推动我们园区发展的力量。浦东也不断地有新的项目、新的产业、新的思维出来，那对我们园区就给予了很大的指导。

后　记

一

坦率地讲，将中国工业设计园区作为思考和探索具有中国特色社会主义建设发展道路，以及具有中国工业设计独特发展机理的研究是具有深远历史意义的。当然，很好地展开和开展相关研究也十分具有难度和挑战，其原因在于，虽然今天工业设计园区已是一个在许多活动中常被提及的专有名词，也在许多论坛中频频描述，但是，真要仔细探究，何为工业设计园区，却是一个难以界定，仁者见仁、智者见智的模糊概念。究其原因，一方面，工业设计本身，对于当代中国工业设计实践来说，从认识到实际、从理念到践行，既是一个过程，又是一种开创，尚未定型。其间，我们的理论和思考正在经历一个激越，且兼具错综与多元的过程，这个阶段就是现在。所以，要在本项工作中不失工业设计专业性的整理的同时，将当今中国政策引导、企业实践、社会平台运作等各种力量融汇成设计类园区发展的系统描述，就成为一个较为困难，但也十分必要的事情。

另一方面，随着中国20世纪后半叶的现代化建设浪潮，通过四十多年的奋进与积累，今天的中国已经呈现给世界一个自信、自尊、自强的正能量国家。应该说，这种能量中，逐渐清晰起来的一个特质正在为许多工业强国深感危机，即工业设计事业的蓬勃兴起。他们深知，工业设计理念的深入人心，将会在经济建设的思想、行为和企业文化等诸多领域改变中国"世界工厂"的面貌和内涵，转而成为"中国创造"的创造型工业体系。这把钥匙，在中国当下的社会实践中正在成为主流意志。

看今天，工业设计作为钥匙，最显著的实践典范不只是集中在新能源汽车的企业产品创新领域，同样也呈现为各地活跃的工业设计园区之中。

将中国工业设计园区作为研究中国设计发展的对象，则是一个责无旁贷、意义深远的专题。我们研究所持续十多年来，一直坚持将这个主题作为探索中国工业设计社会发展机制的入口和己任，从无到有地建立起其基本的研究向度和考量构架，目的就是为了将中国人对当代设计的学问，与发生在当今这块蓬勃向上的热土上的设计实践深刻地结合起来，随着其中最具生命力的事物的发生与发展，同步展开跟踪式研究。虽然，深知本研究者的水平有限，但依然深感契机难得，并希望以此抛砖引玉，让更多的致力于中国工业设计崛起在世界设计文明之林的学人们一起，整理出具有中国人独特智慧和逻辑的设计学问。

二

工业设计园区作为考察和研究中国设计专题近年来的政策导向表明，国家不断鼓励发展创意产业，其核心是作为一种发展机制，能够与某个地区、城市或者产业集群等经济形态对接，形成产业升级与转型发展的动力。事实上当今中国的工业设计，正在作为社会生产的文明之果被全社会予以重视。工业设计园区，以及以工业设计作为基础的文创类和创业类园区，以及大量与创意相关的复合产业的蓬勃发展都能作为佐证，证明中国的工业设计正在步入自我成长的新阶段。国家提出的双创和文化大发展战略，进一步将设计创新和文化发展作为国家战略进行强化。大量的文创园区正是在这样的背景下出现在全国各个经济发达地区和城市。工业设计从"十二五"规划中作为重点提出需要扶持的几大产业之一，对工业设计类园区的建设起到了深刻的推动。

因此，工业设计园区的发展离不开各级政府的重视与推动。作为地方经济转型和产业创新的助力点，已经成为政府整合社会资源、实现协同创新的具体抓手。工业设计园区作为产业升级的重要枢纽，起到了培育、发生、发展的作用。

通过持续十几年的探索，每年此项研究的经验总结，深感考量一个工业设计产业园区的建设启动，与当地政府的职能部门重视和支持不能分开。事实上，本研究就是在许多机构的持续支持下才得以顺利展开和完成的。这表明在基层一线的政府职能部门具有清晰的发展意识和战略智慧。

中国的工业设计园区建设的第一推动力就是相应政策支持的结果。如果失去了这些支持，中国工业设计园区的基础建设将失去动能。所以，这里我们要纠正社会上一些人将各类设计园区看成是一个无本之木的政绩工程的狭隘与偏见。认真指出，事实上真正支持和支撑中国工业设计兴旺和崛起的基础性力量，正是政府的战略决策和政策支持。

三

　　本书是清华大学艺术与科学研究中心下属的设计战略与原型创新研究所为单位，以国家社会科学重大课题——"设计文化与国家软实力建设研究"（2021年至2025年）的子课题"文化间性视域下跨文化设计与传播方式研究"为主线的，以中国设计类园区的发展为背景、以当今中国工业设计园区为核心思考内容的，通过甄选其中与工业产业和设计创新密切相关的典型园区作为调查对象，旨在分析和描述年度性或若干年度性的，在全国范围内工业设计园区发展的基本情况和总体发展评价体系。本专题的研究思考，是由清华大学设计战略与原型创新研究所首任所长柳冠中老师基本架构和创建的，是他说服了时任广东省顺德区有关部门的领导，高瞻远瞩地推动了关于中国工业设计园区建设和发展机制的研究专题。通过以"省区共建"方式建设的"广东工业设计城"有限责任公司为基础，联合当时近三十家设计园区，通过对他们的发展调研，深刻阐明只有中国人自己研究自己的问题，才能将设计的智慧耕植于中华文明的振兴之中。鲜明地指出，中国设计事业的真正价值，一定要通过对本国国情和社会发展要求的深入了解中，才能挖掘和把握其内在的发展规律，进而指导和引领这一新生事物的健康成长。不能盲目崇外，将所谓的先进做法牵强附会地移植或套用到我们的实践中来。

　　本书的呈现，还基于中国工业设计专家工作委员会的诸多委员们的鼎力帮助，是他们的实践与真知，才支撑了我们研究团队的信息收集和实地访谈。当然，绝不只局限于专家委员们，在持续十多年的联络中，我们逐渐团结起来了一个志趣于中国工业设计园区建设和探究的群体。他们有政府政策的研究者，有高等院校的专业教师和研究生，有设计园区的经理人和管理者，有走出校园、投身社会的设计实践和设计创业者。通过他们，我们逐渐形成了一个旨在全面考察以工业设计为核心动能的中国当今设计创性类园区的发展情况与机制的专题联盟，得以对与设计有着紧密联系的相关信息和情况作一手的深入走访和考察，并与之讨论和分析其中具有典型意义的样本。

　　在内容上，研究每年的调查都历时半年以上。以典型样本为抽样的方式，对于全国16个省市自治区区，30个典型的工业设计聚集城市，

100 多家以设计创新为核心的园区和其中数千家入驻园区的企业进行全面了解、调查与重点访谈。在每年不断纳入新考察样本园区中，我们丰富了数据结构，扩大了数值的客观性和正态分布性收集，使研究更具系统性和针对性。基于中国工业设计专家工作委员会第三届委员会的工作章程，我们将本研究调查的工业设计园区基本条件作了定义和建设：第一，拥护并遵守中国宪法和各项法规；第二，热心支持和参与工业设计园区建设事业，具有奉献精神，自愿配合并积极帮助研究的各项调研活动的开展；第三，作为经政府相关主管部门批准的合法单位，具备与访谈等相适应的基本素质、能力和条件，园区的基本建设和拓展具备一定规模，有能力进入代表中国工业设计园区基础数据与发展指数采集的标杆性单位。

我们从这样几个基础指标来考察：一、具有配套的公共服务业体系；二、管理机构健全，具备完善的融资担保、财务管理体系；三、具备信息咨询、交易展示、产学研合作、产业对接和设计培训等公共服务功能；四、园区发展模式和服务能力在全国具有示范意义，对工业设计具有较强的辐射和带动作用。

分析工业设计对中国当代社会的意义，有这样几个方面来构成：一、设计对社会经济的转型与升级具有价值；二、设计对于进入工业 4.0 时代，社会就业方式和发展动力具有价值；三、设计对于人们生活方式和健康生活具有反思和引导的价值。

截至 2023 年 12 月 18 日调查数据发布，网上对本项目相关的关键词条搜索量，在谷歌搜索：11 459 万条相关结果；百度搜索：获得结果 12.47 万条；清华大学新闻网的相关新闻阅读量 13 458 人次。每年 12 月，研究团队均会以清华大学艺术与科学系列学术活动之一的方式，或联系在广东工业设计城举办中国设计组织科学的论坛等，以"中国工业设计园区基本数据与发展指数发布会"形式向社会发布。一般与会的专家学者均超过 100 人；与会讨论的企业家、设计师 200 多人，实际与会人数累计近千人。成果获得了从事地区经济、设计产业、设计园区的领导、管理、战略工作等"政产学研商"界人士的充分肯定。发布会通过多种专业杂志、网络媒体和电视得到传播。网络媒体有新华网、设计在线、视觉中国、新浪、网易、搜狐、凯迪网、视觉同盟、广东工业设计网、大学生设计联盟、中国工业园网；纸质媒体有《广东科技报》《珠江商报》《羊城晚报》《南方日报》《佛山日报》《第一消费》（月刊）等。电视广播方面有广东电视台、广州电视台、顺德电视台、北滘电视台、北滘广播站等。对于一个进入国内设计园区数据统计调查空白领域的学术研究，能有这样的社会影响力也可谓迈出了可贵的一步。

四

书中涉及的大量数据一方面来源于研究人员的采集，另一方面依靠各园区的自主上报。我们力求通过不断的积累，完善研究体系，搭建科学健全的系统框架，以承载来自园区及研究者们提供的数据和付出的辛苦劳动。旨在建立国家意志的政策动力，将设计创新与文化建设，以及城市生态建设等进行深度结合，加快提升整个国家的创新能力。书中数据的客观排序结果可以作为园区之间相互学习、借鉴的参考，并不直接代表我们对于园区优劣的判断依据。我们希望在今后 进行持续的数据跟踪，构建有效、完善、可持续的设计类园区发展路线图，提升数据统计趋势的指导意义。

本书还存在着许多不足，虽然在建立中国工业设计园区基础数据与发展指数研究的专题，本身就是一个不断探索，不断纠正的过程，但是，将来自于研究对象的信息与在观念上尚未弄清美术、艺术和技术等概念的回馈作区分，在具有实际的操作上花费很多精力也未得要领。在如何以工业设计原理为基础，从中国实际出发，如何界定和鉴别什么样的园区才是工业设计园区的理论也很不清晰。在如何描述和征集工业设计园区典范单位，以及如何形成更全面和科学的发展指数描述等都有待深刻的反思和再整理。

总之，中国工业设计园区的发展与机制研究专题应该属于时代，属于中国人特有的探索。虽然研究者水平有限，但希望以此作为一个对当代中国工业设计学发展研究的一个思考和探索，希望更多的同人和有志于发展中国设计事业的人们作为参考和资料，为中国的设计崛起增添力量。

附 录

附录 1. 中国工业设计协会专家工作委员会名单

名誉主任　柳冠中　清华大学文科资深教授

主任委员　严　杨　清华大学美术学院色彩研究所所长、教授副主任委员兼秘书长

　　　　　　蒋红斌　清华大学艺术与科学研究中心设计战略与原型创新研究所所长

成　　员　何晓佑　江苏省工业设计学会理事长、原南京艺术学院副校长、教授

　　　　　　张凌浩　南京艺术学院校长、教授

　　　　　　娄永琪　同济大学副校长、教授

　　　　　　何人可　湖南大学设计艺术学院院长、教授

　　　　　　马春东　大连民族大学设计学院名誉院长、教授

　　　　　　李亚军　南京理工大学设计艺术与传媒学院院长、教授

　　　　　　辛向阳　同济大学设计创意学院长聘特聘教授

　　　　　　余隋怀　西北工业大学工业设计与人机工效工信部重点实验室主任、教授

　　　　　　张　明　南京艺术学院工业设计学院院长、教授

　　　　　　吕杰锋　武汉理工大学艺术与设计学院院长、教授

　　　　　　李梁军　湖北美术学院工业设计学院院长、教授

　　　　　　刘　新　清华大学美术学院工业设计系副主任、教授

曹　鸣　江南大学设计学院教授

高炳学　北京信息科技大学教授

黄俊辉　原中国中车股份有限公司副总工程师

庞学元　郑州大信家居有限公司创始人、董事长

吴　剑　海尔智家副总裁、创新设计中心总经理

张　帆　广汽汽车工程研究院概念与造型设计中心设计总监

蹤雪梅　江苏徐工研究总院科技政策研究室主任

李剑叶　阿里巴巴首席工业设计师、锤子科技工业设计副总裁

罗　成　浪尖设计集团创始人、董事长

枣　林　北京天和丰空间设计工程有限公司总经理

刘诗锋　广东东方麦田工业设计股份有限公司创始人、董事长

周立钢　杭州博乐工业设计股份有限公司创始人、董事长

张建民　深圳市中世纵横设计有限公司董事长

徐霍成　品衡（上海）建筑设计工程有限公司董事长兼首席设计官

钟素萍　杭州老板电器股份有限公司设计总监

丁　伟　上海木马工业设计公司创始人、设计总监

卢刚亮　佛山卡蛙科技股份有限公司创始人、董事长

附录2. "国家级工业设计中心"名录

第一批国家级工业设计中心名录（已复核）
企业工业设计中心

续表

序号	工业设计中心名称
1	联想（北京）有限公司创新设计中心
2	天津海鸥表业集团有限公司工业设计中心
3	际华三五零二职业装有限公司职业装研究院（设计中心）
4	内蒙古鹿王羊绒有限公司工业设计中心
5	上海家化联合股份有限公司工业设计中心（技术中心）
6	好孩子儿童用品有限公司科学育儿用品工业设计中心
7	江苏金太阳纺织科技有限公司家纺设计研究院
8	福建恒安集团有限公司卫生用品工业设计中心
9	九阳股份有限公司工业设计中心
10	金猴集团有限公司工业设计中心
11	滨州亚光家纺有限公司工业设计中心
12	湖南东方时装有限公司服装工业设计中心
13	广州毅昌科技股份有限公司工业设计中心
14	美的集团股份有限公司工业设计中心
15	TCL集团股份有限公司工业设计中心
16	华帝股份有限公司设计创新中心
17	雷迪波尔服饰股份有限公司工业设计中心
18	泸州老窖集团有限责任公司工业设计中心
19	四川长虹电子控股集团有限公司工业设计中心
20	重庆锦晖陶瓷有限公司消费品工业设计中心
21	海尔集团公司创新设计中心
22	海信集团有限公司工业设计中心
23	贝发集团股份有限公司工业设计中心
24	厦门金牌厨柜股份有限公司厨房工业设计中心
25	深圳创维-RGB电子有限公司工业设计研究院
26	三角轮胎股份有限公司工业设计中心
27	国网智能科技股份有限公司工业设计中心

序号	工业设计中心名称
28	烟台杰瑞石油服务集团股份有限公司油气开发装备工业设计中心
29	海尔集团公司创新设计中心
30	中信重工机械股份有限公司工业设计中心
31	烽火通信科技股份有限公司创新设计中心
32	湖南东方时装有限公司服装工业设计中心
33	中车株洲电力机车有限公司轨道交通装备工业设计中心
34	中兴通讯股份有限公司中兴通讯终端产品设计中心
35	深圳创维-RGB电子有限公司工业设计研究院

工业设计企业

序号	工业设计中心名称
1	北京洛可可科技有限公司
2	沈阳创新设计服务有限公司
3	上海指南工业设计有限公司
4	泉州迪特工业产品设计有限公司

第二批国家级工业设计中心名录（已复核）
企业工业设计中心

序号	工业设计中心名称
1	曙光信息产业股份有限公司工业设计中心
2	天津七一二通信广播股份有限公司工业设计中心
3	徐州工程机械集团有限公司工业设计中心
4	浙江泰普森控股集团有限公司工业设计中心
5	浙江菲达环保科技股份有限公司诸暨菲达环保装备研究院

续表

序号	工业设计中心名称
6	安徽江淮汽车集团股份有限公司工业设计中心
7	中国电子科技集团公司第三十八研究所工业设计中心
8	九牧厨卫股份有限公司工业设计中心
9	烟台杰瑞石油服务集团股份有限公司油气开发装备工业设计中心
10	三角轮胎股份有限公司工业设计中心
11	国网智能科技股份有限公司工业设计中心
12	中信重工机械股份有限公司工业设计中心
13	烽火通信科技股份有限公司创新设计中心
14	中车株洲电力机车有限公司轨道交通装备工业设计中心
15	广州广电运通金融电子股份有限公司工业设计中心
16	珠海格力电器股份有限公司工业设计中心
17	力帆实业（集团）股份有限公司摩托车工业设计中心
18	甘肃省机械科学研究院工业设计中心
19	厦门松霖科技股份有限公司工业设计中心
20	冠捷显示科技（厦门）有限公司工业设计研发中心
21	中兴通讯股份有限公司中兴通讯终端产品设计中心
22	飞亚达（集团）股份有限公司创新设计中心

工业设计企业

序号	工业设计中心名称
1	北京全路通信信号研究设计院集团有限公司
2	秦皇岛玻璃工业研究设计院有限公司
3	上海龙创汽车设计股份有限公司
4	江苏东方创意文化产业有限公司
5	杭州瑞德设计股份有限公司
6	武汉东研智慧设计研究院有限公司
7	大连四达高技术发展有限公司
8	厦门市拙雅科技有限公司
9	浪尖设计集团有限公司

第三批国家级工业设计中心名录（已复核）

企业工业设计中心

序号	工业设计中心名称
1	中车唐山机车车辆有限公司轨道车辆工业设计中心
2	中国商飞上海飞机客户服务有限公司民用飞机工业设计中心
3	上海晨光文具股份有限公司产品设计中心
4	江苏苏美达五金工具有限公司工业设计中心
5	江苏高淳陶瓷股份有限公司工业设计中心
6	莱克电气股份有限公司设计中心
7	杭州巨星科技股份有限公司工业设计中心
8	浙江奥康鞋业股份有限公司鞋类科技研究院
9	浙江欧诗漫集团有限公司工业设计中心
10	圣奥科技股份有限公司工业设计中心
11	杭州老板电器股份有限公司工业设计中心
12	奇瑞汽车股份有限公司工业设计中心
13	惠而浦（中国）股份有限公司工业设计中心
14	安徽合力股份有限公司工业设计中心
15	长虹美菱股份有限公司创新设计中心
16	三六一度（中国）有限公司研创服务中心
17	福建七匹狼实业股份有限公司工业设计中心
18	厦门盈趣科技股份有限公司创新设计中心
19	江铃汽车股份有限公司工业设计中心
20	泰山体育产业集团有限公司工业设计中心
21	潍柴雷沃重工股份有限公司工业设计中心
22	浪潮电子信息产业股份有限公司工业设计中心
23	迪尚集团有限公司工业设计中心
24	鲁泰纺织股份有限公司工业设计中心
25	威高集团有限公司工业设计中心
26	许继集团有限公司工业设计中心
27	武汉高德红外股份有限公司工业设计中心
28	广汽集团汽车工程研究院概念与造型设计中心
29	珠海罗西尼表业有限公司工业设计中心

续表

序号	工业设计中心名称
30	中国赛宝实验室工业产品质量与可靠性设计中心
31	广州海格通信集团股份有限公司工业设计中心
32	广西柳工机械股份有限公司工业设计中心
33	上汽通用五菱汽车股份有限公司工业设计中心
34	宗申产业集团有限公司创新设计中心
35	重庆长安汽车股份有限公司工业设计中心
36	中国航空工业集团公司 第一飞机设计研究院工业设计中心
37	兰州兰石集团有限公司工业设计中心
38	美克国际家居用品股份有限公司工业设计中心
39	吉利汽车研究院（宁波）有限公司工业设计中心
40	立达信物联科技股份有限公司工业设计中心
41	厦门建霖健康家居股份有限公司工业设计中心
42	海能达通信股份有限公司工业设计中心

工业设计企业

序号	工业设计中心名称
1	东道品牌创意集团有限公司
2	阿尔特汽车技术股份有限公司
3	杭州飞鱼工业设计有限公司
4	德艺文化创意集团股份有限公司

第四批国家级工业设计中心名录（已复核）
企业工业设计中心

序号	工业设计中心名称
1	北汽福田汽车股份有限公司工业设计中心
2	北京汽车研究总院有限公司造型中心
3	中信戴卡股份有限公司工程技术研究院

续表

序号	工业设计中心名称
4	惠达卫浴股份有限公司工业设计中心
5	长城汽车股份有限公司工业设计中心
6	泛亚汽车前瞻设计与造型中心
7	上汽大通汽车有限公司工业设计中心
8	南京德朔实业有限公司工业设计中心
9	无锡小天鹅股份有限公司工业设计研究院
10	常州星宇车灯股份有限公司工业设计中心
11	博众精工科技股份有限公司工业设计中心
12	波司登羽绒服装有限公司工业设计中心
13	江苏鱼跃医疗设备股份有限公司工业设计中心
14	杭州三花新能源工业设计中心
15	永艺家具工业设计中心
16	中电科（嘉兴）工业设计中心
17	正泰低压智能电器研究院
18	顾家家居工业设计中心
19	联宝（合肥）电子科技有限公司创新设计中心
20	阳光电源股份有限公司工业设计中心
21	合肥荣事达电子电器集团工业设计中心
22	安徽华菱汽车有限公司工业设计中心
23	安徽古井贡酒股份有限公司产品设计中心
24	漳州市恒丽电子工业设计中心
25	福建星网锐捷通讯股份有限公司工业设计中心
26	中国直升机设计研究所工业设计中心
27	山东博科生物产业有限公司工业设计中心
28	山东玲珑轮胎股份有限公司工业设计中心
29	山东银鹰炊事机械有限公司工业设计中心
30	中通客车控股股份有限公司新能源客车工业设计中心
31	潍柴动力股份有限公司工业设计中心
32	山东五征集团有限公司工业设计中心
33	山东临工工程机械有限公司工业设计中心

续表

序号	工业设计中心名称
34	郑州大信家居有限公司工业设计中心
35	东风汽车集团有限公司技术中心
36	华工科技工业设计中心
37	中国铁建重工集团股份有限公司工业设计中心
38	广东美的制冷设备有限公司工业设计中心
39	广东新宝电器股份有限公司工业设计中心
40	视睿智能终端工业设计中心
41	惠州市德赛西威汽车电子股份有限公司工业设计中心
42	OPPO广东移动通信有限公司工业设计中心
43	广东凌丰集团股份有限公司工业设计中心
44	四川华体照明科技股份有限公司工业设计中心
45	明珠家具股份有限公司工业设计中心
46	宜宾五粮液股份有限公司创新设计中心
47	隆鑫通用动力股份有限公司动力产品工业设计中心
48	中车青岛四方机车车辆股份有限公司工业设计中心
49	双星集团有限责任公司工业设计中心
50	浙江大丰演艺装备工业设计中心
51	得力集团工业设计中心
52	公牛集团股份有限公司产品策划设计中心
53	厦门优胜工业设计中心
54	厦门金龙旅行车有限公司工业设计中心
55	华为技术有限公司工业设计中心
56	深圳市大疆创新科技有限公司工业设计中心

工业设计企业

序号	工业设计中心名称
1	机械工业第九设计研究院股份有限公司
2	洛阳拖拉机研究所有限公司
3	微特技术有限公司
4	广东东方麦田工业设计股份有限公司

第五批国家级工业设计中心名录（已复核）

企业工业设计中心

序号	工业设计中心名称
1	豪尔赛科技集团股份有限公司智慧夜景照明工业设计中心
2	华电重工股份有限公司工业设计中心
3	天津市津宝乐器有限公司工业设计中心
4	天地伟业智能安防创新工业设计中心
5	际华三五一四制革制鞋有限公司鞋靴工业设计中心
6	唐山晶玉科技股份有限公司工业设计中心
7	衡橡科技股份有限公司工业设计中心
8	新兴铸管股份有限公司工业设计中心
9	河北宝力工程装备股份有限公司工业设计中心
10	内蒙古伊利实业集团股份有限公司食品包装工业设计中心
11	包头钢铁（集团）有限责任公司工业（生态）设计中心
12	辽宁三三工业有限公司中国掘进机工业设计中心
13	沈阳透平机械股份有限公司工业设计中心
14	上海奔腾电工有限公司工业设计中心
15	上海联影医疗科技股份有限公司设计创新中心
16	上海汽车集团股份有限公司工业设计中心
17	上海微创医疗器械（集团）有限公司工业设计中心
18	特赞（上海）信息科技有限公司Tech&Design中心
19	江苏通用科技股份有限公司工业设计中心
20	雅迪科技集团有限公司工业设计中心
21	科沃斯机器人股份有限公司工业设计中心
22	宝时得科技（中国）有限公司工业设计中心
23	海太欧林集团有限公司工业设计中心
24	捷达消防科技（苏州）股份有限公司工业设计中心
25	江苏仅一联合智造有限公司工业设计中心
26	中国电子科技集团公司第十四研究所工业设计中心
27	江苏亨通光电股份有限公司工业设计中心
28	恒林家居股份有限公司健康家居设计中心
29	浙江凯喜雅国际股份有限公司工业设计中心

续表

序号	工业设计中心名称
30	杭叉集团股份有限公司工业车辆工业设计中心
31	杭州永创智能设备股份有限公司工业设计中心
32	新华三技术有限公司"云与智能"工业设计中心
33	浙江大华技术股份有限公司工业设计中心
34	闻泰通讯股份有限公司移动终端研发设计中心
35	合肥泰禾智能科技集团股份有限公司工业设计中心
36	安徽华米信息科技有限公司工业设计中心
37	泉州匹克鞋业有限公司工业设计中心
38	双驰实业股份有限公司企业鞋业设计中心
39	福建新大陆支付技术有限公司工业设计中心
40	江西沃格光电股份有限公司光电玻璃工业设计中心
41	文登威力工具集团有限公司工业设计中心
42	华纺股份有限公司工业设计中心
43	泰安路德工程材料有限公司工业设计中心
44	山东华建铝业集团有限公司工业设计中心
45	山推工程机械股份有限公司 铲土运输机械工业设计中心
46	烟台冰轮集团有限公司工业设计中心
47	济南森峰科技有限公司工业设计中心
48	普瑞特机械制造股份有限公司 液态食品智能装备工业设计中心
49	宇通客车股份有限公司工业设计中心
50	河南卫华重型机械股份有限公司 智能起重装备工业设计中心
51	武汉重型机床集团有限公司工业设计中心
52	宜昌长机科技有限责任公司 高端齿轮加工装备工业设计中心
53	湖北三江航天万峰科技发展有限公司 测控与光电产品工业设计中心
54	湖北三丰小松自动化仓储设备有限公司 自动化仓储物流系统工业设计中心
55	武汉金运激光股份有限公司技术中心
56	湖南梦洁家纺股份有限公司工业设计中心
57	湖南省金为新材料科技有限公司 钢防护产品及门窗幕墙工业设计中心
58	三一集团有限公司工业设计中心

续表

序号	工业设计中心名称
59	中联重科股份有限公司工业设计中心
60	山河智能装备股份有限公司工业设计中心
61	中国电器科学研究院股份有限公司工业设计中心
62	小熊电器股份有限公司创意电器工业设计中心
63	佛山维尚家具制造有限公司 全屋定制家具设计创新中心
64	欧派家居集团股份有限公司集团大家居产品设计中心
65	维沃移动通信有限公司工业设计中心
66	广州极飞科技股份有限公司工业设计中心
67	东风柳州汽车有限公司工业设计中心
68	重庆登康口腔护理用品股份有限公司工业设计中心
69	玛格家居股份有限公司创新设计中心
70	中国船舶重工集团海装风电股份有限公司 工业设计中心
71	重庆品胜科技有限公司物联网标识设备工业设计中心
72	四川省宜宾普拉斯包装材料有限公司工业设计中心
73	帝欧家居股份有限公司工业设计中心
74	二重（德阳）重型装备有限公司 重型高端装备创新设计中心
75	成都极米科技股份有限公司体验设计中心
76	四川建设机械（集团）股份有限公司工业设计中心
77	中国铁建高新装备股份有限公司 轨道交通养护装备工业设计中心
78	西藏达热瓦青稞酒业股份有限公司工业设计中心
79	中航西飞民用飞机有限责任公司工业设计中心
80	陕西北方动力有限责任公司工业设计中心
81	西安陕鼓动力股份有限公司 能量转换透平设备设计中心
82	中国重型机械研究院股份公司工业设计中心
83	陕西法士特齿轮有限责任公司工业设计中心
84	天水电气传动研究所集团有限公司工业设计中心
85	共享智能铸造产业创新中心有限公司 铸造3D打印及铸造智能工厂工业设计中心
86	新疆楼兰制衣有限责任公司 艾德莱斯文化创意设计中心
87	新疆雪峰科技（集团）股份有限公司工业设计中心
88	新疆汇翔激光科技有限公司产品研发设计中心

续表

序号	工业设计中心名称
89	大杨集团有限责任公司服装工业设计中心
90	中车大连机车车辆有限公司工业设计中心
91	青岛琅琊台集团股份有限公司工业设计中心
92	澳柯玛股份有限公司工业设计中心
93	青岛威奥轨道股份有限公司工业设计中心
94	青岛海丽雅集团有限公司工业设计中心
95	乐歌人体工学科技股份有限公司工业设计中心
96	宁波太平鸟时尚服饰股份有限公司设计研发中心
97	赛尔富电子有限公司 LED 商业照明工业设计中心
98	深圳市北鼎晶辉科技股份有限公司 节能型家电工业设计中心
99	深圳市裕同包装科技股份有限公司工业设计中心
100	深圳市优必选科技股份有限公司机器人工业设计中心
101	深圳迈瑞生物医疗电子股份有限公司工业设计中心
102	深圳创维数字技术有限公司工业设计中心
103	傲基科技股份有限公司企业工业设计中心
104	厦门金龙联合汽车工业有限公司 工业设计中心
105	林德（中国）叉车有限公司工业设计中心
106	厦门狄耐克智能科技股份有限公司工业设计中心
107	浙江大胜达包装股份有限公司包装制品工业设计中心
108	南通中远海运川崎船舶工业设计中心
109	济南中维世纪科技有限公司创新设计中心
110	愉悦家纺有限公司工业设计中心
111	爱慕股份有限公司工业设计中心
112	滨州东方地毯有限公司工业设计中心
113	淄博大染坊丝绸集团有限公司织染工业设计中心
114	烟台宏远氧业股份有限公司工业设计中心
115	山东时风（集团）有限责任公司工业设计中心
116	中建材蚌埠玻璃工业设计研究院有限公司 工业设计中心
117	中国第一汽车股份有限公司研发总院
118	海信容声（广东）冰箱有限公司创新设计中心

工业设计企业

序号	工业设计中心名称
1	北京格雷时尚科技有限公司
2	苏州奥杰汽车技术股份有限公司
3	服务型制造研究院（杭州）有限公司
4	杭州博乐工业设计股份有限公司
5	福建（泉州）哈工大工程技术研究院
6	福建省华一设计有限公司
7	江西省赣璞设计有限公司
8	洛客科技有限公司
9	橙色云互联网设计有限公司
10	大连豪森设备制造股份有限公司

第六批国家级工业设计中心名录（已复核）
企业工业设计中心

序号	工业设计中心名称
1	京东方科技集团股份有限公司工业设计中心
2	北京福田康明斯发动机有限公司工业设计中心
3	北京谊安医疗系统股份有限公司工业设计中心
4	依文服饰股份有限公司时尚创新设计中心
5	天津云圣智能科技有限责任公司 云中圣境工业设计中心
6	天津天纺投资控股有限公司设计中心
7	中信重工开诚智能装备有限公司 特种机器人工业设计中心
8	润泰救援装备科技河北有限公司 智能化应急救援装备工业设计中心
9	巨力索具股份有限公司工业设计中心
10	保定天威保变电气股份有限公司 电力变压器工业设计中心
11	唐山冀东装备工程股份有限公司工业设计中心
12	今麦郎食品股份有限公司工业设计中心
13	唐山梦牌瓷业有限公司工业设计中心
14	沈阳兴华航空电器有限责任公司工业设计中心

续表

序号	工业设计中心名称
15	中国机械总院集团沈阳铸造研究所有限公司工业设计中心
16	中车长春轨道客车股份有限公司工业设计中心
17	哈尔滨纳诺机械设备有限公司工业设计中心
18	中国商用飞机有限责任公司上海飞机设计研究院飞机架构集成工程技术所工业设计中心
19	上海蔚来汽车有限公司造型设计中心
20	上海非夕机器人科技有限公司工业设计研发中心
21	上海广为焊接设备有限公司工业设计中心
22	上海商米科技集团股份有限公司设计中心
23	上海飞科电器股份有限公司工业设计中心
24	上海百雀羚日用化学有限公司产品创新设计中心
25	上海造币有限公司设计开发中心
26	捷安特（昆山）有限公司自行车工业设计中心
27	江苏常发农业装备股份有限公司工业设计中心
28	万帮数字能源股份有限公司工业设计中心
29	固德威技术股份有限公司工业设计中心
30	江苏美的清洁电器股份有限公司工业设计中心
31	江苏洋河酒厂股份有限公司设计中心
32	诺力智能装备股份有限公司工业设计中心
33	浙江春风动力股份有限公司工业设计中心
34	杭州西奥电梯有限公司工业设计中心
35	浙江友邦集成吊顶股份有限公司工业设计中心
36	阿里云计算有限公司设计中心
37	浙江苏泊尔家电制造有限公司工业设计中心
38	火星人厨具股份有限公司工业设计中心
39	康奈集团有限公司制鞋工业设计中心
40	劲旅环境科技股份有限公司工业设计中心
41	科大讯飞股份有限公司工业设计中心
42	志邦家居股份有限公司工业设计中心
43	吉祥三宝高科纺织有限公司功能性纺织新材料工业设计中心
44	信泰（福建）科技有限公司绿色纺织鞋面设计中心

续表

序号	工业设计中心名称
45	漳州市东方智能仪表有限公司智能测试仪表工业设计创新中心
46	特步（中国）有限公司工业设计中心
47	安踏（中国）有限公司工业设计中心
48	福建华峰新材料有限公司纺织设计与创意中心
49	奥佳华智能健康科技集团股份有限公司健身按摩康复设备设计中心
50	厦门瑞尔特卫浴科技股份有限公司工业设计中心
51	中铁九桥工程有限公司工业设计中心
52	绿萌科技股份有限公司果蔬采后处理装备设计中心
53	晶科能源股份有限公司工业设计中心
54	江西煌上煌集团食品股份有限公司酱卤食品工业设计中心
55	临工重机股份有限公司工业设计中心
56	山东天瑞重工有限公司工业设计中心
57	威海光威复合材料股份有限公司工业设计中心
58	济南金威刻科技发展有限公司工业设计中心
59	山东天意机械股份有限公司工业设计中心
60	山东日发纺织机械有限公司工业设计中心
61	山东街景智能制造科技股份有限公司工业设计中心
62	烟台艾睿光电科技有限公司工业设计中心
63	山东亚华电子股份有限公司工业设计中心
64	鲁普耐特集团有限公司工业设计中心
65	中铁工程装备集团有限公司工业设计中心
66	河南翔宇医疗设备股份有限公司工业设计中心
67	中色科技股份有限公司工业设计中心
68	平高集团有限公司工业设计中心
69	恒天重工股份有限公司智能纺机装备工业设计中心
70	正星科技股份有限公司工业设计中心
71	际华三五一五皮革皮鞋有限公司特种鞋靴工业设计中心
72	中铁科工集团有限公司工业设计中心
73	襄阳五二五泵业有限公司特种泵设计中心
74	武汉逸飞激光股份有限公司工业设计中心

续表

序号	工业设计中心名称
75	湖北京山轻工机械股份有限公司工业设计中心
76	武汉攀升鼎承科技有限公司工业设计中心
77	航天南湖电子信息技术股份有限公司技术中心
78	湖南联诚轨道装备有限公司工业设计中心
79	楚天科技股份有限公司工业设计中心
80	湖南星邦智能装备股份有限公司 高空作业装备工业设计中心
81	长城信息股份有限公司工业设计中心
82	可孚医疗科技股份有限公司工业设计中心
83	湖南华联瓷业股份有限公司 陶瓷创意与品牌设计中心
84	醴陵陶润实业发展有限公司工业设计中心
85	广州广日电梯工业有限公司工业设计中心
86	库卡机器人（广东）有限公司 智能机器人工业设计中心
87	广东小天才科技有限公司教育电子工业设计中心
88	惠州华阳通用电子有限公司工业设计中心
89	广东万家乐燃气具有限公司数智家电设计中心
90	箭牌家居集团股份有限公司创新设计中心
91	索菲亚家居股份有限公司工业设计中心
92	广东奥马冰箱有限公司工业设计中心
93	明门（中国）幼童用品有限公司 幼童用品工业设计中心
94	成都秦川物联网科技股份有限公司工业设计中心
95	重庆青山工业有限责任公司传动系统工业设计中心
96	大自然科技股份有限公司 植物纤维弹性制品工业设计中心
97	云南贝泰妮生物科技集团股份有限公司 功能性护肤品工业设计中心
98	陕西柴油机重工有限公司 中高速大功率内燃机及发电机组成套工业设计中心
99	中国电子科技集团公司第二十研究所 高端电子装备工业设计中心
100	中煤航测遥感集团有限公司专题地图创新设计中心
101	西安诺瓦星云科技股份有限公司 超高清视频显示设备工业设计中心
102	金川集团股份有限公司工业设计中心
103	大连中集特种物流装备有限公司工业设计中心

续表

序号	工业设计中心名称
104	大连鼎创科技开发有限公司智慧家居工业设计中心
105	中电科思仪科技股份有限公司工业设计中心
106	青岛森麒麟轮胎股份有限公司工业设计中心
107	宁波奥克斯电气股份有限公司工业设计中心
108	宁波方太厨具有限公司工业设计中心
109	宁波利时日用品有限公司产品设计中心
110	科华数据股份有限公司工业设计中心
111	厦门亿联网络技术股份有限公司 音视频通信智能终端工业设计中心
112	厦门立林科技有限公司工业设计中心
113	深圳绿米联创科技有限公司工业设计中心

工业设计企业

序号	工业设计中心名称
1	北京上品极致产品设计有限公司
2	哈尔滨工业大学城市规划设计研究院有限公司
3	黑龙江多维时空自由制造有限公司
4	中船邮轮科技发展有限公司
5	杭州热浪创新控股有限公司

参 考 资 料

政策文献

［1］《国务院关于加快发展服务的若干意见》,国发〔2007〕7号,2007年03月
［2］《国务院办公厅关于加快发展服务业若干政策措施的实施意见》,国办发〔2008〕11号,2008年03月
［3］《国务院关于进一步促进中小企业发展的若干意见》,国发〔2009〕36号,2009年09月
［4］《国务院关于推进上海加快发展现代服务业和先进制造业建设国际金融中心和国际航运中心的意见》,国发〔2009〕19号,2009年04月
［5］《国务院关于落实〈政府工作报告〉重点工作部门分工的意见》,国发〔2010〕8号,2010年03月
［6］《国务院办公厅关于加快发展高技术服务业的指导意见》,国办发〔2011〕58号,2011年12月
［7］《国务院关于印发工业转型升级规划(2011—2015年)的通知》,国发〔2011〕47号,2011年12月
［8］《国务院关于支持赣南等原中央苏区振兴发展的若干意见》,国发〔2012〕21号,2012年06月
［9］《国务院关于大力推进信息化发展和切实保障信息安全的若干意见》,国发〔2012〕23号,2012年06月
［10］《国务院关于印发服务业发展“十二五”规划的通知》,国发〔2012〕62号,2012年12月
［11］《国务院关于印发“十二五”国家自主创新能力建设规划的通知》,国发〔2013〕4号,2013年01月
［12］《国务院关于推进文化创意和设计服务与相关产业融合发展的若干意见》,国发〔2014〕10号,2014年02月
［13］《国务院关于加快发展生产性服务业促进产业结构调整升级的指导意见》,国发〔2014〕26号,2014年07月
［14］《国务院关于加快构建大众创业万众创新支撑平台的指导意见》,国发〔2015〕53号,2015年09月
［15］《国务院关于印发中国(广东)自由贸易试验区总体方案的通知》,国发〔2015〕18号,2015年04月
［16］《国务院关于印发〈中国制造2025〉的通知》,国发〔2015〕28号,2015年05月
［17］《国务院关于积极推进“互联网+”行动的指导意见》,国发〔2015〕40号,2015年07月
［18］《国务院关于积极发挥新消费引领作用加快培育形成新供给新动力的指导意见》,国发〔2015〕66号,2015年11月
［19］《国务院办公厅关于加快众创空间发展服务实体经济转型升级的指导意见》,国办发〔2016〕7号,2016年02月
［20］《国务院办公厅关于开展消费品工业“三品”专项行动营造良好市场环境的若干意见》,国办发〔2016〕40号,2016年05月
［21］《国家创新驱动发展战略纲要》,2016年
［22］《国务院关于印发“十三五”国家科技创新规划的通知》,国发〔2016〕43号,2016年07月
［23］《国务院关于印发北京加强全国科技创新中心建设总体方案的通知》,国发〔2016〕52号,2016年

09月

［24］《国务院关于印发"十三五"国家战略性新兴产业发展规划的通知》，国发〔2016〕67号，2016年12月

［25］《关于促进移动互联网健康有序发展的意见》，2017年01月

［26］《国务院办公厅关于创新管理优化服务培育壮大经济发展新动能加快新旧动能接续转换的意见》，国发〔2017〕4号，2017年01月

［27］《国家"十三五"时期文化发展改革规划纲要》，2017年05月

［28］《中共中央 国务院关于开展质量提升行动的指导意见》，2017年09月

［29］《国务院办公厅关于创建"中国制造2025"国家级示范区的通知》，国发〔2017〕90号，2017年11月

［30］《国务院关于深化"互联网＋先进制造业"发展工业互联网的指导意见》，2017年11月

［31］《国务院关于全面加强基础科学研究的若干意见》，国发〔2018〕4号，2018年01月

［32］《国务院关于实施乡村振兴战略的意见》，2018年01月

［33］《国务院关于推行终身职业技能培训制度的意见》，国发〔2018〕11号，2018年05月

［34］《国务院关于完善促进消费体制机制 进一步激发居民消费潜力的若干意见》，2018年09月

［35］《国务院关于支持自由贸易试验区深化改革创新若干措施的通知》，国发〔2018〕38号，2018年11月

［36］《粤港澳大湾区发展规划纲要》，2019年02月

［37］《关于促进中小企业健康发展的指导意见》，2019年04月

［38］《数字乡村发展战略纲要》，2019年05月

［39］《国务院关于推进国家级经济技术开发区创新提升打造改革开放新高地的意见》，国发〔2019〕11号，2019年05月

［40］《国务院关于推进国家级经济技术开发区创新提升打造改革开放新高地的意见》，国发〔2019〕11号，2019年05月

［41］《中共中央 国务院关于推进贸易高质量发展的指导意见》，2019年11月

［42］《长江三角洲区域一体化发展规划纲要》，2019年12月

［43］《国务院办公厅关于支持国家级新区深化改革创新加快推动高质量发展的指导意见》，国办发〔2019〕58号，2020年01月

［44］《国务院关于新时代推进西部大开发形成新格局的指导意见》，2020年05月

［45］《关于新时代加快完善社会主义市场经济体制的意见》，2020年05月

［46］《国务院办公厅关于提升大众创业万众创新示范基地带动作用进一步促改革稳就业强动能的实施意见》，国办发〔2020〕26号，2020年07月

［47］《国务院关于印发新时期促进集成电路产业和软件产业高质量发展若干政策的通知》，国发〔2020〕8号，2020年08月

［48］《关于加强新时代民营经济统战工作的意见》，2020年09月

［49］《国务院办公厅转发国家发展改革委关于促进特色小镇规范健康发展意见的通知》，国办发〔2020〕33号，2020年09月

［50］《国务院办公厅关于印发新能源汽车产业发展规划（2021—2035年）的通知》，2020年11月

［51］《中共中央关于制定国民经济和社会发展第十四个五年规划和二〇三五年远景目标的建议》，2020年
　　　11月

［52］《国务院办公厅关于推进对外贸易创新发展的实施意见》，国办发〔2020〕40号，2020年11月

［53］《中共中央 国务院关于全面推进乡村振兴加快农业农村现代化的意见》，2021年01月

［54］《国务院关于加快建立健全绿色低碳循环发展经济体系的指导意见》，国发〔2021〕4号，2021年02月

［55］《国家综合立体交通网规划纲要》，2021年02月

［56］《国务院关于新时代推动中部地区高质量发展的意见》，2021年04月

［57］《关于支持浙江高质量发展建设共同富裕示范区的意见》，2021年05月

［58］《横琴粤澳深度合作区建设总体方案》，2021年09月

［59］《全面深化前海深港现代服务业合作区改革开放方案》，2021年09月

［60］《黄河流域生态保护和高质量发展规划纲要》，2021年10月

［61］《国家标准化发展纲要》，2021年10月

［62］《国务院关于印发"十四五"旅游业发展规划的通知》，国发〔2021〕32号，2022年01月

［63］《国务院关于印发扎实稳住经济一揽子政策措施的通知》，国发〔2022〕12号，2022年05月

［64］《关于促进工业设计发展的若干指导意见》，工信部联产业〔2010〕390号，2010年07月

［65］《国家级工业设计中心认定管理办法（试行）》，工信部产业〔2012〕422号，2012年09月

［66］《加快发展服务型制造》，产业政策司，2015年05月

［67］关于印发《发展服务型制造专项行动指南》的通知，工信部联产业〔2016〕231号，2016年07月

［68］关于印发《促进装备制造业质量品牌提升专项行动指南》的通知，工信部联科〔2016〕268号，
　　　2016年08月

［69］《轻工业发展规划（2016–2020年）》，工信部规〔2016〕241号，2016年08月

［70］《深入推进新型工业化产业示范基地建设的指导意见》，工信部联规〔2016〕212号，2016年08月

［71］《两部委关于印发信息产业发展指南的通知》，工信部联规〔2016〕453号，2017年01月

［72］《工业和信息化部办公厅关于组织开展2017年度国家级工业设计中心认定工作的通知》，工信厅产
　　　业函〔2017〕186号，2017年04月

［73］《工业和信息化部办公厅关于深入推进工业产品生态（绿色）设计示范企业创建工作的通知》，工信
　　　厅节函〔2017〕243号，2017年05月

［74］工业和信息化部办公厅关于全面推进移动物联网（NB–IoT）建设发展的通知，工信厅通信函
　　　〔2017〕351号，2017年06月

［75］三部门关于深入推进信息化和工业化融合管理体系的指导意见，工信部联信软〔2017〕155号，2017年
　　　07月

［76］五部委关于加强长江经济带工业绿色发展的指导意见，工信部联节〔2017〕178号，2017年07月，
　　　2017年02月

［77］工业和信息化部办公厅关于做好2018年工业质量品牌建设工作的通知，工信厅科函〔2018〕83
　　　号，2018年03月

［78］《智能制造综合标准化与新模式应用项目管理工作细则》，2018年03月

［79］《工业和信息化部办公厅关于印发2018年消费品工业"三品"专项行动重点工作安排的通知》，工
　　　信厅消费〔2018〕35号，2018年05月

［80］　四部委关于加快安全产业发展的指导意见,工信部联安全〔2018〕111号,2018年06月

［81］　工业和信息化部关于工业通信业标准化工作服务于"一带一路"建设的实施意见,工信部科〔2018〕231号,2018年11月

［82］　两部门关于推进金融支持县域工业绿色发展工作的通知,工信部联节〔2018〕247号,2018年11月

［83］　四部门关于印发《促进大中小企业融通发展三年行动计划》的通知,工信部联企业〔2018〕248号,2018年11月

［84］　十部门关于印发加强工业互联网安全工作的指导意见的通知,工信部联网安〔2019〕168号,2019年08月

［85］　工业和信息化部关于促进制造业产品和服务质量提升的实施意见,工信部科〔2019〕188号,2019年09月

［86］　工业和信息化部关于加快培育共享制造新模式新业态 促进制造业高质量发展的指导意见,工信部产业〔2019〕226号,2019年10月

［87］　十三部门关于印发制造业设计能力提升专项行动计划(2019-2022年)的通知,工信部联产业〔2019〕218号,2019年10月

［88］　工业和信息化部关于推动5G加快发展的通知,工信部通信〔2020〕49号,2020年03月

［89］　工业和信息化部办公厅关于深入推进移动物联网全面发展的通知,工信厅通信〔2020〕25号,2020年05月

［90］　十五部门关于进一步促进服务型制造发展的指导意见,工信部联政法〔2020〕101号,2020年07月

［91］　十七部门关于健全支持中小企业发展制度的若干意见,工信部联企业〔2020〕108号,2020年07月

［92］　六部门关于加快培育发展制造业优质企业的指导意见,工信部联政法〔2021〕70号,2021年07月

［93］　工业和信息化部 科学技术部 生态环境部关于印发环保装备制造业高质量发展行动计划(2022—2025年)的通知,工信部联节〔2021〕237号,2022年01月

［94］　国务院工信部 人力资源社会保障部 工业和信息化部 国务院国资委 关于印发《制造业技能根基工程实施方案》的通知,人社部发〔2022〕33号,2022年01月

［95］　工业和信息化部办公厅关于成立国家制造强国建设战略咨询委员会智能制造专家委员会的通知,工信厅通装函〔2022〕4号,2022年06月

［96］　工业和信息化部等五部门关于印发《制造业可靠性提升实施意见》的通知,工信部联科〔2023〕77号,2023年01月

［97］　工业和信息化部 国家发展改革委 财政部 生态环境部 交通运输部关于印发船舶制造业绿色发展行动纲要(2024—2030年)的通知,工信部联重装〔2023〕254号,2023年03月

［98］　关于印发电子信息制造业2023—2024年稳增长行动方案的通知,工信部联电子〔2023〕132号,2023年03月

［99］　工业和信息化部关于印发《国家工业遗产管理办法》的通知,工信部政法〔2023〕24号,2023年06月

［100］　工业和信息化部 国家发展改革委 商务部 关于印发轻工业稳增长工作方案(2023—2024年)的通知,工信部联消费〔2023〕101号,2023年07月

［101］　工业和信息化部关于印发制造业技术创新体系建设和应用实施意见的通知,工信部科〔2023〕122号,2023年07月

［102］　工业和信息化部等三部门关于印发《制造业卓越质量工程实施意见》的通知,工信部联科〔2023〕249号,2023年08月

［103］　工业和信息化部办公厅关于印发钢铁行业智能制造标准体系建设指南(2023版)的通知,工信厅科〔2023〕55号,2023年08月

［104］ 工业和信息化部等八部门关于加快传统制造业转型升级的指导意见, 工信部联规〔2023〕258号, 2023年09月

［105］ 工业和信息化部关于印发《国家级工业设计中心认定管理办法》的通知, 工信部政法〔2023〕93号, 2023年12月

［106］ 工业和信息化部 国家发展和改革委员会 生态环境部 关于推动铸造和锻压行业高质量发展的指导意见, 工信部联通装〔2023〕40号, 2023年12月

［107］ 文化部关于印发《文化部"十二五"时期文化产业倍增计划》的通知, 文产发〔2012〕7号, 2012年02月

［108］《文化部关于加快文化产业发展的指导意见》, 文化部〔2009〕, 2009年09月

［109］《文化部关于加强文化产业园区基地管理、促进文化产业健康发展的通知》, 文产函〔2010〕1169号, 2010年06月

［110］ 文化部关于印发《文化部"十二五"时期文化改革发展规划》的通知, 文政法发〔2012〕13号, 2012年05月

［111］《文化部关于鼓励和引导民间资本进入文化领域的实施意见》, 文产发〔2012〕17号, 2012年06月

［112］ 文化部办公厅关于印发《文化部"十二五"文化科技发展规划》的通知, 办科技发〔2012〕18号, 2012年09月

［113］ 文化部办公厅关于修订印发《国家文化产业示范基地管理办法》的通知, 2014年04月

［114］ 文化部关于贯彻落实《国务院关于推进文化创意和设计服务与相关产业融合发展的若干意见》的实施意见, 2015年04月

［115］ 文化部关于推动数字文化产业创新发展的指导意见, 文产发〔2017〕8号, 2017年04月

［116］《国家级文化生态保护区管理办法》, 2018年12月

［117］《国家级非物质文化遗产代表性传承人认定与管理办法》, 2019年11月

［118］《文化和旅游部关于推动数字文化产业高质量发展的意见》, 2020年11月

［119］ 文化和旅游部 国家发展改革委 财政部关于推动公共文化服务高质量发展的意见, 文旅公共发〔2021〕21号, 2021年03月

［120］ 文化和旅游部办公厅关于推进旅游商品创意提升工作的通知, 办资源发〔2021〕124号, 2021年07月

［121］ 文化和旅游部关于推动国家级文化产业园区高质量发展的意见, 文旅产业发〔2021〕131号, 2021年12月

［122］ 关于推动文化产业赋能乡村振兴的意见, 文旅产业发〔2022〕33号, 2022年03月

［123］ 文化和旅游部等十部门发文促进乡村民宿高质量发展, , 2022年07月

［124］ 文化和旅游部办公厅关于实施"文化产业园区携行计划"的通知, 办产业发〔2022〕137号, 2022年08月

［125］ 国家发展改革委关于培育发展现代化都市圈的指导意见, 发改规划〔2019〕328号, 2019年02月

［126］"关于推动先进制造业和现代服务业深度融合发展的实施意见", 发改产业〔2019〕1762号, 2019年11月

［127］"国家发展改革委 市场监管总局关于新时代服务业高质量发展的指导意见", 发改产业〔2019〕1602号, 2019年10月

［128］ 关于加快推动制造服务业高质量发展的意见, 发改产业〔2021〕372号, 2021年03月

［129］ 关于促进消费扩容提质加快形成强大国内市场的实施意见. 发改就业〔2020〕293号, 2020年02月

［130］ 关于深入组织实施创业带动就业示范行动的通知, 发改办高技〔2021〕244号, 2021年03月

［131］ 发改委 国家发展改革委办公厅 国家能源局综合司关于促进光伏产业链健康发展有关事项的通知, 发改办运行〔2022〕788号, 2022年09月

［132］ 国家发展改革委等部门关于推进共建"一带一路"绿色发展的意见, 发改开放〔2022〕408号, 2022年01月

［133］ 国家发展改革委关于进一步完善政策环境加大力度支持民间投资发展的意见, 发改投资〔2022〕1652号, 2022年03月

［134］ 国务院办公厅转发国家发展改革委等部门关于加快推进城镇环境基础设施建设指导意见的通知, 国办函〔2022〕7号, 2022年07月

［135］ 国家发展改革委等部门关于推动大型易地扶贫搬迁安置区融入新型城镇化实现高质量发展的指导意见, 发展振兴〔2022〕1923号, 2022年10月

［136］ 国家发展改革委等部门关于新时代推进品牌建设的指导意见, 发改产业〔2022〕1183号, 2022年12月

［137］ 国家发展改革委关于印发《国家碳达峰试点建设方案》的通知, 发改环资〔2023〕1409号, 2023年10月

［138］ 文化和旅游部办公厅关于推进旅游商品创意提升工作的通知, 办资源发〔2021〕124号, 2021年07月

［139］ 关于印发《新兴产业创投计划参股创业投资基金管理暂行办法》的通知, 财建〔2011〕668号, 2011年08月

［140］ 国家发展改革委办公厅关于组织实施2012年高技术服务业研发及产业化专项的通知, 发改办高技〔2012〕

［141］ 3387号, 2012年11月

［142］ 关于印发《战略性新兴产业发展专项资金管理暂行办法》的通知, 财建〔2012〕1111号, 2012年12月

相关网站

［1］ 中国政府网: http://www.gov.cn/

［2］ 中华人民共和国工业和信息化部官网: https://www.miit.gov.cn/

［3］ 中华人民共和国国家发展和改革委员会官网: https://www.ndrc.gov.cn/

［4］ 中华人民共和国文化和旅游部官网: https://www.mct.gov.cn/

［5］ 中华人民共和国农业农村部官网: http://www.moa.gov.cn/

［6］ 清华大学x-lab官网: http://www.x-lab.tsinghua.edu.cn/

［7］ 科技部高新区网站: http://www.most.gov.cn/gxjscykfq/gxjsgxqml/

［8］ 中国工业设计协会官网: http://www.chinadesign.cn/

［9］ 国家级文化和科技融合示范基地服务网: http://www.whkj.org/

［10］ 中国文化创意产业网：http://www.ccitimes.com/

［11］ 上海市经信委网站：http://www.sheitc.gov.cn/

［12］ 751 D.PARK北京时尚设计广场官网：http://www.751info.com/

［13］ 海峡两岸龙山文化创意产业园官网：http://www.lswcy.cn/

［14］ 东方1号创意产业园官网：http://www.east01.cn/

［15］ 国家知识产权创意产业试点园区官网：http://www.nipcip.com/

［16］ 和丰创意广场官网：http://www.nidccn.cn/index.html/

［17］ 南京紫东国际创意园官网：http://www.zdicp.com/

［18］ 尚8文化创意产业园官网：http://www.shang8.com.cn/

［19］ 深圳设计产业园官网：http://www.szdip.com/

［20］ 中国工业设计（上海）研究院股份有限公司官网：http://www.cidichina.com/

［21］ 北京DRC工业设计创意产业基地官网：http://www.drcchina.com/

［22］ 上海国际时尚中心官网：http://www.in-sfc.com/

［23］ 中国（长沙）创新设计产业园官网：http://www.cs-id.cc/

［24］ 南京晨光1865置业投资管理有限公司官网：http://www.cg1865.com/

［25］ 黑龙江国际工业设计中心官网：http://www.gidmc.com/

［26］ 无锡（国家）工业设计园官网：http://www.dpark.gov.cn/

［27］ 中国（合肥）工业设计园官网：http://www.gjgysj.com/

［28］ 上海国际时尚中心官网：http://www.in-sfc.com

［29］ 上海国际工业设计中心官网：http://www.sidc-china.com/

［30］ 武汉创意天地官网：http://www.whcytd.com/

［31］ 德思勤城市广场官网：http://www.taskin.com.cn

［32］ 厦门海峡两岸建筑设计文创园官网：http://www.hxwcy.com/

［33］ 武汉D+M智能制造工厂官网：http://www.cqdsx.com

［34］ 深圳F518官网：http://www.cnf518.com

［35］ 广东工业设计城官网：http://www.gidc.cc

［36］ 顺德创意产业园官网：http://www.shundeidea.com/

［37］ 国家新媒体产业基地官网：https://open.beijing.gov.cn/html/park/xinmeiti.html

［38］ 邯郸工业设计创新中心官网：http://www.hididesign.com/